불교 입문

사이구사 미쓰요시 지음 | 이동철 옮김

AK

일러두기

1. 산스크리트어와 팔리어의 표기는 기본적으로 『요가사전』(여래, 2018년)의 부록에 실린 한글표기법을 따랐다. 이 표기법은 정승석, 「불교 원어의 음역 표기 조사 연구」(『가산학보』제4호, 가산불교문화원, 1995년)를 재정리한 것이다. 다만 두 가지를 수정하였다. 첫째 va가 자음 뒤에 있어도 '바'로 표기하였다. vi, ve의 경우도 '비', '베'로 하였다. 둘째 jña를 '갸'가 아니라 '즈냐'로 표기하였다. 예컨대 prajña를 '프라갸'가 아니라 '프라즈냐'로 표기한다. 수정 이유는 첫째, 백과사전 등 국내의 일반적 표기법에 더욱 가깝기 때문이다. 둘째, 저자의 표기법을 더욱 잘 반영하기 때문이다.

2. s.는 산스크리트어, p.는 팔리어, t.는 티베트어의 약자이며, s.p.는 산스크리트어와 팔리어의 원어 표기가 같은 경우이다. 원저는 색인에만 원어를 표기했으나 번역본에는 본문에도 삽입하였고 경우에 따라 보충하기도 했다.

3. 일본어 표기는 국립국어원 외래어표기법을 따랐다.

4. 중국어의 인명, 지명은 한자음을 그대로 표기하였다.

5. 티베트어를 비롯한 기타 외국어는 국내에서 일반적으로 사용되는 표기법을 따랐다.

6. 한국, 중국, 일본, 서양의 인명 뒤에도 생몰 연도나 재위 연도를 달아서 독자의 편의를 도모하였다.

7. 어려운 용어나 사항, 저자의 국내 관련 번역본의 경우, 해당 항목이나 내용 뒤에 '역자 주'를 달았다.

8. 서적 제목은 겹낫표(『 』)로 표시하였으며, 그 외 인용, 강조, 생각 등은 따옴표를 사용하였다.
　　예 : 『바웃다 불교』, 『리그 베다』, 『반야경般若經』, 『인도 불교의 인식과 논리』

9. 이 책은 산돌과 Noto Sans 서체를 이용하여 제작되었다.

머리말

불교란 무엇인가라는 테마로 이 책은 일관한다.

불교는 석존釋尊(고타마 붓다) 이래 약 2,500년의 역사와 그리고 인구가 조밀한 동아시아에 퍼져 있는 다종다양한 여러 민족에 매우 중대한 각인刻印을 새겨오면서 현재에 이른다. 이 책은 불교의 고향(heimat)인 인도 불교를 주제로 한다. 이는 불교가 탄생해 자라고 성숙해진 여러 연대의 과실들이 인도에 있으며, 그들의 종자 하나하나가 아시아 각지로 전파돼 그곳에서 꽃을 피워 열매를 맺고, 때로 얼마쯤 변종도 섞인다는 이유에서다.

불교는 두말할 나위도 없이 이른바 종교로서 수많은 사람들을 가르치고 그들을 평안으로 이끌고 있다. 나아가 사상(철학)을 쌓아올리고, 또한 실천의 버팀목이 되어서, 뛰어난 여러 문화의 형성·심화·전개 등에 크게 공헌했으며, 일부에서는 습속화한 흔적도 적지 않다.

다른 한편에서는 두 세기 가까이 세계적으로 확산된 불

교학이 우뚝 솟아 있다. 그 성과는 다수의 여러 자료를 해명하고 그 의미를 확정하는 데 기여했다. 그러한 과정에서 단지 하나의 용어에도 예리한 지능과 막대한 에너지가 주입돼왔다.

이 책은 불교는 무엇을 어떻게 말하였는가, 그리고 지금 말하는가를 둘러싸고 논의를 전개한다. 그러면서 불교학(그중에서도 문헌학)에 충분하게 배려를 하면서도 특히 사상(철학)을 축으로서 기술하고, 동시에 정말로 불충분하지만, 서양의 여러 사상과의 비교도 약간 시도한다.

보잘것없는 이 책에서는 '불교 입문'에 꼭 필요한 문제들에 전념해 종래의 학술 연구에 근거를 두면서 평이하고 분명한 어구와 문장으로 충실하게 서술하고자 미력微力을 다해 노력하였다.

3년 남짓 전에, 40여 년 동안 끊임없이 가르침을 받아온 은사 나카무라 하지메中村元 선생과 함께 펴낸 공저『바웃다 불교』(쇼가쿠칸小學館, 국내에는『바웃드하 불교』<김영사, 1990년>로 소개되었다.-역자 주)를 상재上梓하였다. 그 책에서는 각별한 여러 사항에 중점을 두고 논술하였지만, 이 책에서는 불교의 전체 상을 파악하는 데 유념하였다. 때로 전자 속에 있는 졸문의 일부를 여기에 전재轉載하였다.

이 책의 집필에는 나카무라 하지메, 히라카와 아키라平川彰 두 선생님을 비롯해 수많은 선학과 학우의 저작이나 논문에 절대적인 학은學恩을 입었다.

또한 출간에는 작년 초가을 이래 이와나미서점岩波書店의 아이바 아쓰시合庭惇 씨의 간절한 의뢰와 사카모토 준코坂本純子 님의 열성적 협력을 받았으며, 나아가 색인 작성 등은 문학석사 마루이 히로시丸井浩와 미쓰에光惠 부부에게 도움을 받았다. 이상의 여러분, 아울러 관계되는 모든 분들에게 심심한 사의를 표한다.

사이구사 미쓰요시三枝充悳

목차

붓다가야의 불탑

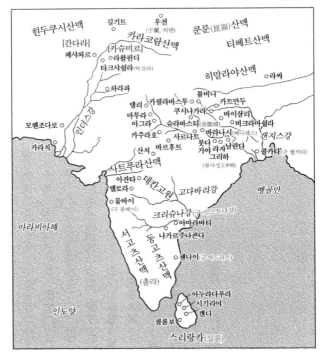

힌두쿠시산맥　길기트　　우전　　쿤룬(崑崙)산맥
　　　　　　　　　(于闐, 허톈)
[간다라]　　　카라코람산맥　　　　티베트산맥
[카슈미르]
페샤와르　　　○라왈핀디
타크샤실라(탁실라)　　　　히말라야산맥　○라싸

○하라파　　　룸비니
델리　카필라바스투○　　○카트만두
마투라　　쿠시나가라　　○바이샬리
아그라　　슈라바스티(舍衛城)　○비크라마실라
카주라호　　　　반라나시(베나레스)　○갠지스강
모헨조다로 ○　　사르나트　붓다가야　라자날란다　콜카타(구 캘커타)
　　　산치　바르후트　그리하
카라치 ○　　　　　　　　　(왕사성王舍城)
사트푸라산맥
아잔타　데칸고원
엘로라　　　고다바리강　　　　뱅골만
○뭄바이
(구 봄베이)
　　　크리슈나강(구 키스트나강)
아라비아해　　　○아마라바티
　서고츠산맥　동고츠산맥
　　　　나가르주나콘다
　　　　○첸나이(구 마드라스)
　　　(촐라)

아누라다푸라
인도양　　시기리야
　　　캔디
콜롬보
스리랑카(실론)

인도 불교 요도要圖

프롤로그

① '불교'라는 용어

현재 일본에서 상용되고 있는 '불교佛敎'라는 용어는 메이지明治(1868~1912) 시대에 쓰이기 시작했다. 그 이전의 1,000여 년 동안은 불법佛法이나 불도佛道 등으로 불렸다.

중국에서는 예전부터 흔히 불가佛家라고 칭했는데, 이윽고 그 안에서 천태종天台宗이나 화엄종華嚴宗 등의 여러 종宗(수나라 시대 이전의 옛날에는 비담종毘曇宗이나 지론종地論宗 등이 있었다)이 창시되어 그 각자의 가르침을 각각 '종교宗敎'라고 명명했으며, 이 호칭은 일본에도 널리 유포되었다. 다시 말해 불가나 불법에 많은 종교가 속하고 있으며, 그 역사도 1,000년 이상에 이른다. 중국에서는 또한 불교의 내실內實에 근거해 옛날에는 도교道敎로 번역한 사례도 있다.

현대 일본에서 '불교'라는 용어의 침투와 함께 19세기 말부터는 한자문화권漢字文化圈 일반에 이 용어가 보편적으로 사용되었으며, 동시에 영어의 릴리전religion(이 용어에도 변천의 역사가 있다)의 역어로서 '종교宗敎'라는 용어가 전용轉用되자 역으로 그 속에 불교가 포함되게 되어 현재에 이른다.

인도에서는 예로부터 오늘날까지 창시자인 붓다[s.p. Buddha]와 연관지어 바웃다[s. Bauddha]라는 용어가 관례가 되며, 그것은 붓다의 형용사형으로서 '붓다에 속한다', '붓다의 신봉자'라는 뜻이다. 이른바 불교는 바웃다 다르마[Bauddha dharma] 또는 바웃다 다르샤나[Bauddha darśana]로 불리는데, 다르마는 법法(종교·윤리·법률·진리 등을 포함한다), 다르샤나는 사상(넓은 의미의 철학)을 의미한다. 스리랑카 등에서는 붓다 담마[Buddha dhamma] 또는 붓다 사사나[Buddha sāsana]라는 명칭이 친숙한데, 담마는 다르마와 같고 사사나는 가르침을 뜻한다. 영어의 부디즘Buddhism은 문자 그대로 붓다에서 유래하며, 19세기가 되어서 처음으로 호칭으로 확정되었다. 유럽의 각 언어도 이에 준한다.

② 불교사의 개략

불교는 기원전 5세기 무렵 고타마 싯닷타[p. Gotama Siddhattha](가우타마 싯다르타[s. Gautama Siddhārtha])가 깨달음을 달성하여 붓다覺者(깨달은 이)가 되고, 그 가르침을 사람들 앞에 설교했던 시점에 시작된다. 그 가르침에 심복한 사람들이 불제자 또는 재가신자가 되어, 당초의 비교적 느슨한 서클은 이윽고 교단으로 발전하였다. 붓다의 입적 이후 교단의 정비가 진행되고 동시에 뛰어난 불제자들 몇 명이 인도 각지에 붓다의 가르침을 설교하면서 불교는 인도의 여러 지방에 보급된다.

불멸佛滅 후 100여 년(다른 설로는 200여 년) 무렵 확대된 교단은 전통적이고 보수적인 상좌부上座部와 진보적인 대중부大衆部로 나뉜다. 그 후 더욱 미세한 분열이 200년 남짓 계속되어 약 스물의 부파部派가 성립하였다. 이들 중 상좌부의 일파는 기원전 3세기 중반에 스리랑카에 전래되어 이른바 남전불교南傳佛敎(또는 남방불교南方佛敎)가 형성된다. 이는 뒤에 동남아시아 일대에 확대되어 오늘에 이른다.

인도에 부파불교가 번영하는 가운데 얼마 지나지 않아 대승불교大乘佛敎가 기원 전후 이후에 등장해 다종다양한 새로운 대승의 여러 부처와 여러 보살이 출현하는데, 이후로는 부파와 대승의 병렬이 지속한다. 7세기에는 밀교密敎가 성행하게 되어 이상의 세 가지가 일부 엇갈리면서 계승되지만, 이미 4세기 이후에는 차례로 쇠퇴로 기울며 13세기 초엽에 이슬람의 파괴에 의해 소멸하였다.

한편 북인도에서 서역西域을 거쳐 기원 후 이윽고 중국에 도달했던 이른바 북전불교北傳佛敎(또는 북방불교北方佛敎)는 대부분 대승불교를 주류로 하며 이후에 밀교를 더한다. 이는 4세기에 한반도로, 6세기에 일본으로, 또한 6세기 말과 8세기 중반 이후 인도에서 직접 티베트로 전해졌다.

각지에 전래된 불교는 인도 불교의 갖가지 모습의 일부를 답습하면서 거기에 다양한 변이를 더하고 갖가지 변천이나 전개를 이루어 각각의 지역과 시대와 민족성에 상응하는 불교로서 기능하였다. 그러나 그들의 교의나 전승 형태를 조망해보면, 인도 불교의 틀 외부로 나오는 일은 없었다고 평가될 것이다. 현재 전 세계 불교도의 총수는 약 5억 명이라고 한다.

③ 불교 성립 이전의 역사

세계의 저명한 선사시대 문명의 하나인 인더스 문명이 종식으로 향할 무렵, 기원전 13세기 말에 인도 북서부에서 아리아인(아리안인이라고도 함)이 펀자브(오하五河) 지방에 몇 차례에 걸쳐 침입하더니 이윽고 정착한다. 그들은 자신의 신화를 찬가집讚歌集 『리그 베다[s. Ṛg-veda]』에서 노래하며, 이어서 다른 3개의 베다[s. Veda]와 여러 주석 문헌을 창작하였다. 이들은 어느 것이나 천계天啓(슈루티[śruti])에 근거한다고 한다. 한편 서서히 제사를 담당하는 성직자 브라만[s. brāhmaṇa](바라문婆羅門)을 정점으로 하는 이른바 카스트 제도(사성제도四姓制度라고도 한다)가 구축되는데, 이 계층 구분은 인도의 전 역사를 일관하며 오늘날도 여전히 뿌리가 깊다.

아리아인은 기원전 7세기 무렵에는 갠지스강 중류 지역의 인도 대평원에 진출하는데, 그들의 생활이 유목에서 농경으로 전환하며 고정되는 가운데 최초의 철학 문헌이라고 할 수 있는 『우파니샤드[s. Upaniṣad]』(비밀의 교의, 오의서奧義書라고도 함)의 여러 텍스트가 생겨난다.

『고古우파니샤드』에서는 우주의 근본 원리로서의 '브라만[s. brahman](범梵)'과 또한 개인의 주체이자 내재적 원리인 '아트만[s. ātman](아我)'이 정립되며, 그들에 관한 교설이 연마되어가는 도중에 이윽고 양자의 동일시가 진행되어 '범아일여梵我一如'라는 장대한 지혜를 구축하였다. 이 원

리는 후대 인도 철학의 주류가 되고, 또한 힌두교의 근간
이 된다. 약간 늦게 개인 현실의 직시로부터 업業(카르만[s.
karman], 카르마[karma])에 의한 윤회輪回(상사라[s.p. saṃsāra])
사상이 『고古우파니샤드』에 싹트자, 그것은 급속하게 전
인도에 퍼지며 나중에는 동남아시아 전체를 지배한다.

기원전 6세기 이후 인도의 농경사회는 풍요로운 성숙
을 맞이하고, 화폐의 보급과 발전에 의해 상공업이 일어나
번영하며 허다한 도시와 군소 국가가 탄생하였다. 이러한
새로운 사회에서는 베다의 종교는 일단 이면으로 숨어들
며 브라만도 권위를 잃게 되자, 왕족(크샤트리야[s. kṣatriya])
의 발흥이 현저하게 되고 자유롭고 참신한 사상가들이 활
약한다. '사문沙門(슈라마나[s. śramaṇa], 사마나[p. samaṇa], 연구
에 힘쓰는 사람이란 뜻)'이라고 불렸던 그들은 출가하여 세속의
일체를 내버리고 각자 스스로가 개척한 다채로운 새로운
사상으로 살아가면서, 해방되어 새로운 바람이 부는 사회
의 환영을 받았다.

그들 새로운 사상의 수를 불교는 62가지, 자이나교는
363가지라고 하며, 각각의 대강을 전한다. 그중에서도 유
력한 여섯 사람의 이름을 그 교설의 개요와 함께 불전佛典

은 상당히 상세하게 기록하고 있는데, 그들을 '육사외도六師外道'라 명명한다. 이에 대하여 한 마디씩 언급한다면, 푸라나[p. Pūraṇa]의 도덕 부정론道德否定論, 아지타[p. Ajita]의 유물론에 근거한 쾌락주의, 파쿠다[p. Pakudha]의 7요소 환원론(일종의 유물론), 고살라[s. Gosāla]의 유물론을 수반하는 숙명론, 산자야[p. Sañjaya]의 회의론, 그리고 마하비라[Mahāvīra]의 자이나교 등이다.

고타마 붓다도 그리고 동시대의 자이나교 창시자 마하비라('위대한 영웅'이라는 뜻, 본명은 바르다마나[Vardhamāna])도 이 자유사상가에 속하는데, 불교와 자이나교는 특히 그 최초기에는 서로 상호 연관되며 공통되는 바가 많다. 양자는 브라만교 및 그 변신인 힌두교 이외의 2대 종교로서 인도인에게 다대한 감화를 지속적으로 주었다.

한편 자이나교가 불교와 다른 주요한 점들을 든다면, 자이나교는 전적으로 실천에 철저한데 예를 들면 고행苦行을 과도하게 평가하고 또 불살생不殺生을 고수하여 인도 전역에 보급했다. 하나 대승불교와 같은 큰 변혁은 보이지 않고, 또한 항상 인도 국내에 머무른다. 그러나 오늘날까지 활발한 경제활동을 전개하여 신도 수가 현재 약 200

만 명이라고 하며, 절대적인 금융자본을 장악하고 있다.

고타마 붓다에 의한 불교의 성립은 다음 장에서 다시 설명할 것이다.

④ 불교의 특질

다른 여러 종교 특히 그리스도교와 힌두교(이들 모두 결코 단일하지 않지만, 이하의 기본 노선은 일관된다)를 고려에 넣으면서, 불교의 현저한 여러 특징 가운데 가장 중요한 사항들을 기술하고자 한다.

(1) 불교는 고타마 붓다(다음 장 서두에서 자세히 설명하듯이, 이하에서는 석존釋尊이라고 부른다)를 창시자로 한다. 석존이 불교라는 일종의 종교 조직을 강하게 의도하고 있었다고 반드시 단정할 수 없지만, 그의 최초 설법 이래 45년에 이르는 편력 유행遊行 동안에 많은 제자와 신도가 석존 주변에 모이며 이윽고 교단이 형성되었다. 이 점은 나사렛 예수의 책형磔刑(기둥에 결박하고 찔러 죽이는 형벌-역자 주) 직후에 일단은 사방으로 흩어져 있던 베드로를 비롯한 사도들 중 누군가가 이미 죽은 예수의 목소리를 귀로 듣고서 그 부활을 믿고 올리브산에 모이고, 다시 예루살렘으로 돌아가 군중들 앞에서 십자가에 못 박혀 죽은 예수야말로 그리스도(메시아, 구세주)라고

서로 확인한 시점에 비로소 그리스도교가 성립했다고 하는 양상과는 근본적으로 상이하다. 또한 창시자를 세우지 않고, 인도의 여러 습속이 광범위하게 침투하는 이른바 민족 종교인 힌두교와도 두드러지게 그 성질이 다르다.

한편 인도사 전반에 걸쳐 말한다면, 힌두교가 정통이며 불교는 계속 이단시되었다.

(2) 석존의 가르침에 근거한 초기 경전 이외에 그 몇 배나 되는 대승 경전들이 불멸 후 대략 500여 년을 지나 출현했던 대승의 여러 부처에 의해 창작되었다. 나아가서는 탁월한 여러 논사論師의 저술인 논서論書들도 마침내 성전聖典에 더하여지는데, 그 수와 양이 대단히 방대하게 된다. 이런 가운데 인도 불교의 전통이 13세기 초에 소멸했기 때문에 원전이 소실된 것이 다수에 이르지만, 그에 대신하는 대량의 번역 불전이 현재에 남아 있으며, 그것은 다른 종교들을 압도한다.

(3) 석존에 의해서도 그러했듯이, 끊임없이 현실을 간파하고 특히 현실의 다양한 고뇌에 대응하는 가르침이 다종다양하게 설교되었다. 본래 현실 자체가 다양한 이상 교설의 전개 또한 변이가 풍부하며, 이런 점을 애초부터 '대기설법對機說法(가르침을 받는 사람의 능력에 따라 설법을 함-역자 주)', '응병여약應病與藥(병의 종류에 따라 이에 가장 적합한 약을 씀-역자 주)', '사람을 보고 법을 설함', '팔만사천의 법문法門' 등이라고 한다. 따라서 불교에는 교조적인 도그마가 존재하지 않으며, 이

설異說을 배제하는 사고도 대단히 희박하다. 거꾸로 말하면 불교의 교리 자체, 불교의 양상은 흔들리기 쉽고 그 일의적一義的 정의는 곤란하며 오히려 불가능에 가깝다.

(4) 위와 같은 정황은 불교 내부에 수많은 논쟁을 낳아서 불교 사상사는 한편으로 불교 논쟁사라고도 이해되지만, 다른 한편으로 때로는 상반될 정도로 다양한 교설들의 공존을 허용하며 인정하는 사상사가 형성되어 오늘날에 이른다. 예로부터 이단심문異端審問을 비롯해 폭력 행사 등의 흔적은 가끔 정치에 휩쓸린 극소수의 예외를 제외하면 불교에서는 전혀 없다. 또한 다른 종교들과의 알력이나 투쟁도 '드물며', 때로는 갖가지 신크레티즘syncretism(여러 종교 혼합)을 낳는다.

(5) 석존과 대승의 부처들에 대한 경모敬慕나 숭배, 귀의歸依는 심정적으로는 공통되지만 형식이나 내용은 상당히 다르며, 밀교를 더하면 한층 복잡하게 된다.

(6) 이상의 세 항에 의해 불교의 다양성은 군이 관용유화寬容宥和라는 술어를 필요로 하지 않을 만큼 당연시되며, 광신적인 태도는 일부의 예외를 별도로 하면 전반적으로 약하다. 힌두교에서 강조되는 박티[s. bhakti](신애信愛 또는 성신誠信)라는 산스크리트 용어를 불교는 채용하지 않았다. 다만 사상도 실천도 종종 방자함에 흐르며, 때로 남용조차 방임하여 불교 스스로의 혼돈스러움을 초래한 사례도 적지 않다.

(7) 불교사의 어떠한 장면에도 창조신은 존재하지 않는다. 창

조 등을 의미하는 니르마나[s. nirmāṇa]라는 말은 변화라는 뜻으로 전환되었다. 또 신神에 상응하는 데바[s. p. deva]라는 말은 중국에서 천天으로 번역되는데, 그것은 다수이며 게다가 사트바[s. sattva](생명을 지닌 것, 중생衆生 또는 유정有情으로 번역함)의 일원으로 간주된다. 혹은 부처를 극단적으로 이상화해도 깨달음과 구제의 근거가 되는 데에 머물며, 창조는 물론 지배나 정복이라는 성격도 부처에게는 없다. 또 대승의 여러 부처와 그 후보자라고도 할 수 있는 여러 보살은 그 수가 한없이 증가하며, 나아가 밀교는 한층 많은 권속眷屬을 거느려 말하자면 범신론적인 색채가 짙게 되지만, 그런 경사傾斜는 거꾸로 무신론으로 통하는 면을 부정하기 어렵다. 어쨌거나 그리스도교를 비롯한 일신교에서 도출되는 풍경이 불교에서는 보이지 않는다.

(8) 최초기에는 깨달음의 지혜가 조금 지나서 자비慈悲, 구제救濟, 이타利他가 어느 경우에는 한쪽이, 어느 경우에는 함께 아울러 강조된다. 자비에서는 자칫하면 사랑에 수반하기 쉬운 미움이나 원망 그리고 독선적 성격을 완전히 불식하고 무상無償으로 일관되고자 노력한다.

(9) 개인 스스로의 행동을 중시하고, 특히 마음의 양상에 시선을 주목하는 까닭에 행위에 관해서는 결과론이 아니라 동기론을 지킨다. 또한 실천의 기본에 무아설無我說이 있으며, 욕망이나 집착으로부터의 이탈과 해방을 특히 반복하여 강

조해왔다.

(10) 현실을 고정하여 바라보지 않으며, 주체를 포함한 일체를 끊임없이 생멸·변화하는 무상無常이라는 역동성에 표류漂流하게 한다. 언어 자체를 비롯해 모든 것이 무상이며 현실은 항상 유동해 마지않는데, 그 있는 그대로가 진실이라고 불교는 주장한다.

(11) 무상과 무아는 실체의 배제로 향한다. 현실의 끊임없는 생멸·변화는 여러 조건에 따른 관계성에 의해 유지되는데 이를 연기緣起라고 명명하며, 이는 거의 불교사를 일관한다. 나아가 그 철저함은 관계성을 상호관계로까지 심화시키면서 실체를 모두 파쇄하여 공空의 사상을 완성한다.

(12) 삼보三寶, 사제四諦, 오온五蘊, 육처六處, 십이인연十二因緣 등과 같이 불교에는 일반적으로 분석적인 경향이 강한데, 그들을 모아서 수數로 묶는다. 이를 법수法數라고 부르지만, 그것이 극도에 달하면 일전하여 폐기하고 직관 중시의 자세를 굳히는 사례가 두드러진다.

(13) 최초기 이래 불교가 이상으로 삼는 바는 흐트러짐이 없는 평안을 얻어 해탈解脫이 달성되어 적정寂靜 그 자체인 니르바나[s. nirvāṇa](닛바나[p. nibbāna], 열반涅槃, 절대적 평안)의 확보로 향한다.

(14) 인도 불교는 민중에게서 다대한 지지를 얻었던 시대에도 세상의 여러 습속에 물드는 것을 멀리하며, 갖가지 민간 의

례 등에는 거의 참가하지 않았다. 다른 한편 인도 바깥의 각
지로 전래된 불교들은, 위에서 언급한 관용에 의해 지역마
다의 습속이나 여러 문화들과 어울리며 변모를 주고받았
다. 특히 지난날에는 변경에 위치했던 일본이나 티베트에
서는 세속과의 관계가 깊었고, 그 습속이나 문화의 형성에
이바지하는 한편에서 인도 불교가 '전혀'라고 말해도 좋을
만큼 무시하고 있던 정치와 강하게 관계된다.

(15) 석존 이래 인도 불교는 평등平等을 기본 강령으로 삼아 브
라만교, 곧 힌두교의 기반인 카스트 제도를 일관하여 비판
하고 부정했다. 각지의 불교들도 각자 평등사상을 여러 민
족들에게 교시敎示했다고는 해도 부분적으로 머물며 철저
함이 결여된 사례가 많다.

(16) 인도 불교 특히 대승불교에는 이미 학자(예를 들면 나카무라
하지메『인도인의 사유방법』)에 의해 지적되고 있는 여러 특징들
이 수많이 보이는데, 부정적인 성격, 시간 및 역사적 의식의
결여, 공상성空想性, 나열주의, 극단으로 치닫는 경향 등이
현저하게 나타난다. 그 외 각지의 불교들도 각 민족의 사유
방법을 반영하고 있음이 지적된다.

(17) 인도인은 세상에서 말하는 종교와 철학 그리고 윤리의 구
분을 세우려 하지 않고 일괄하여 다르샤나라 칭하며, 다르
마라는 말의 의미 또한 한층 더 넓다. 인도 불교 역시 그것
을 그대로 계승하여 일반적으로 사상이라고 부르는 것이 어

울린다. 이런 경향은 각지에 전래된 불교 전반에 널리 퍼져
있다.

불교의 특질은 여전히 몇 가지 더 들 수 있을 것이다. 어
쨌거나 다양함이 대단히 풍부한 불교의 원류는 전부 인도
불교에 있다고 평해도 좋으나, 그것들은 불교사 내지 불교
사상사 위에서 해명되어야 한다.

사르나트의 불탑

제1부
인도 불교사

처음에

이 책은 인도 불교사를 초기와 중기, 그리고 후기의 셋으로 구분한다. 이는 세계 각지의 각종 역사학에서 흔히 사용되는 역사의 삼분법에 근거한다.

대략 일본에서만 메이지 후기 이래 사용되고 있는 원시불교原始佛敎라는 전문 용어(최근엔 근소하지만 중국 등지에서도 보인다)는 일반적으로 갖가지 협잡물을 수반하기 쉽기 때문에, 이를 바꾸어 이 책에서는 '초기 불교'라고 부른다. 초기 불교는 불교가 성립하여 그 융성이 진행된, 문자 그대로 초기 약 150년 내지 200년 동안의 불교를 말한다.

중기 불교는 교단의 분열에 의해 부파불교部派佛敎가 생기며, 그와 대체로 전후하는 아소카[p. Asoka]왕의 즉위(기원전 268년 무렵) 이후를 가리킨다. 각 부파는 초기 경전을 정비하면서 자설을 굳히는데, 그 후 얼마 지나지 않아 대승불교가 일어나 각종 초기 대승의 경전들이나 소수의 논서가 만들어졌던, 이후 4세기 초까지의 약 550년 동안을 중기 불교라고 한다.

후기 불교는 기원후 320년을 기점으로 한다. 이해에 순수 힌두이즘에 물든 굽타 왕조가 성립되자 불교는 브라만 문화에 압도되어 급속히 민중의 지지를 잃기 시작한다. 그러나 불교의 여러 전통은 부분적이지만 강고하게 유지되고, 때때로 불교의 부흥이 시도되며, 또한 교리의 발전과 확립 등에 현저한 활동들도 보이기는 한다. 마침내 1203년 불교 최후의 거점인 비크라마쉴라[Vikramaśilā] 대사원이 이슬람[al-islām] 군에 의해 아무런 흔적도 남기지 못한 채로 철저하게 파괴되어 그 막을 내린다. 그때까지의 약 900년 동안을 후기 불교라고 한다.

이하에서는 이 순서로 인도 불교사의 개략을 더듬고, 그중에서도 불교의 성립 및 대승불교의 등장에 중점을 둘 것이다. 한편 그들의 여러 사상은 다음의 제2부에서 논한다.

제1장 초기 불교

① 불교의 성립

히말라야 산기슭이 광대한 인도 대평원에 이어지는 현재의 네팔 남부지역에 석가釋迦(샤키야[s. Śākya], 사키야[p. Sā-kiya])족의 작은 나라가 있었는데, 그 왕족의 한 사람인 정반淨飯(숫도다나[p. Suddhodana], 숫도다나[s. Śuddhodana])왕의 장자로 고타마 싯닷타(가우타마 싯다르타)가 태어났다. 탄생 직후에 어머니와 사별하고, 죽은 어머니의 여동생이 왕비가 되어 이 양모에게 키워진다.

많은 불전佛傳에서 가능한 한 분식을 제거하고 고찰하면, 고타마는 소년 시절 왕족에게 어울리는 교육을 받고 안락한 생활 속에서 16세에 결혼하여 이후 자식 하나(아들)를 얻었다. 그러나 고타마는 어릴 적부터 사색에 잠기는 일이 많았으며, 29세가 되던 때에 일체를 포기하고 출가하여 일개 사문沙門이 된다. 남쪽으로 내려가 갠지스 강변에서 두 사람의 선인仙人을 잇따라 방문하여 도를 추구하고, 그 뒤 6년 동안은 단식을 포함한 고행에 힘쓴다. 그러나 심신의 쇠약과 소모에 대한 반성에서 고행을 버리고,

붓다가야[Buddhagayā]의 아슈밧타[s. aśvattha] 나무(무화과수 無花果樹, 후에 보리수菩提樹라고 함) 아래에서 명상하는 나날을 보냈다.

　마침내 고타마에게 깨달음이 열려 (성도成道라고 한다) 붓다 [s.p. Buddha](각자覺者)가 되었다. 이 붓다라는 용어는 당시 인도에서 일반적으로 사용되었고 고타마 붓다의 독점이 아니지만, 이윽고 불교에만 있는 고유한 명칭이 된다.

　붓다라는 말은 중국에 전래되었을 초기에는 부드[budh]라거나 부트[but] 등에서 전환된 듯하며, 당시에는 부도 浮圖나 부도浮屠 등의 음사音寫가 보인다. 그것이 고대 일본에 전래되어 '후토'의 독음讀音에 '케'를 덧붙이고, '후'는 '호'에 가까워서 '호토케'라는 일본어가 되었다. 말미의 '케'에 관해서는 현재도 이설異說이 많다. 중국에서의 음사는 이윽고 불佛이 일반화하는데, 이 불이라는 글자는 사람人과 불弗을 합성한 것이다. 불弗에는 '불不'과 같지만 어렴풋함厂이나 그 밖의 뜻이 있어서 불佛은 '사람이면서 사람이 아닌 것과 같은'이라고도 설명된다. 위대한 번역가 현장玄奘(600~664년) 이후에는 불타佛陀라는 음사가 확정되었다.

　붓다에게는 많은 이명異名(명호名號라고 한다)이 알려져 있다. 석가족 출신임에 연관지어 '석가불釋迦佛'이라고도 불리고, 또 성자를 나타내는 무니[s.p. muni]를 붙인 '사키야 무니[p. Sākiya-muni](샤키야무니[s. Śākya-muni], 석가모니釋迦牟尼)'는 석존釋尊으로 약칭하는데, 이 호칭이 가장 널리 퍼지고 오래 전해진다. 이 전설에 따라 이 책은 몇 안 되는 특별 사례를 제외하고 석존이라는 말을 사용한다. 한편 석존은 석가모니 세존世尊(세존은 존칭의 하나인 바가바트[s.p. bhagavat]의 번역)의 약어라고도 한다. 단지 석가釋迦라고 기록하는 것은 기원전 1세기에 북인도에 침입해서 왕조를 세운 사카[Saka]족을 중국에서 새종塞種 이외에 석가釋迦라고도 기록하고 있기 때문에 적절하지 못하다.

명호의 총수는 100개를 넘지만 위의 것 이외에 타타가타[s.p. tathāgata] 즉 여래如來라는 말이 유포되어 있는데, 그것은 타타[s.p. tathā](진리, 진실. 진여眞如로 번역함)와 가타[gata] 또는 아가타[agata](각각 '감[gam]'가다과 '아감[agam]'오다의 과거분사)의 합성어로서 '진실의 체현자', '이상적 인격의 완성자', '진실로부터 도래한 자' 등의 의미가 있다. 여래라는 말도 위에 서술한 붓다와 마찬가지로 고대 인도의 일반적 존칭의 하나였다. 그 나머지를 아울러 열 가지의 명호가 잘 알려져 있어 '부처의 10호十號'라고 한다.

깨달음을 얻은 석존은 몇 주 동안 주저하고 망설인 뒤, 차차 설법에 나서기로 결심하고 일찍이 고행을 함께했던 다섯 사람이 사는 베나레스Benares(현재 바라나시Varanasi 교외의 사르나트[Sārnāth])로 향한다. 도중에 이교도인 우파카[p. Upaka]와 만나서 그의 질문에 답하며 '모든 진리를 스승 없이 홀로 깨달았다(一切知者 無師獨悟)'고 알린다. 그 뒤 갠지스강을 건너 200여 km의 길을 지나 사르나트의 미가다야[p. Migadāya](사슴의 정원, 녹야원鹿野苑)에서 최초의 설법(초전법륜初轉法輪이라고 한다)을 행하는데, 다섯 사람이 최초의 불제자가 되어 이에 불교가 탄생하였다. 이를 교단 설립으로 간주하는 해석도 적지 않다.

이후의 석존은 항상 편력유행遍歷遊行의 여행을 하면서 다수의 괴롭고 번뇌하는 남녀노소와 접촉하여 다양한 질문과 호소에 종종 비유를 섞어가며 친절하고 적절하게 대답하였다. 그들의 대부분은 신자가 되었으며, 개중에는 출가하여 수계受戒를 받고 불제자가 된 사람도 있다. 옛 불전佛典에 고유명사가 남아 있는 불제자를 열거하며 1,157명의 수를 드는 학자(아카누마 치젠赤沼智善)도 있고,

또한 경전은 1,250명이라고 거의 일정하게 기록하고 있지만, 불제자의 실제 숫자는 이들보다 더 많았을 것으로 추정된다.

출가한 석존과 불제자는 완전한 빈털터리로서 넝마 조각을 합하여 몸에 걸치고 아침마다 재가신자에게 밥을 구걸하며, 얻어진 식사는 오전에 한 번만 먹는 것을 지켰다. 구걸하는 사람을 빅쿠[p. bhikkhu](비크슈[s. bhikṣu])라고 하며 비구比丘로 음사한다. 그 여성명사인 빅쿠니[p. bhikkhunī](비크슈니[s. bhikṣuṇī])에는 비구니比丘尼가 해당되지만, 최초기에는 그 존재가 희박하다.

인도는 여름의 몬순기가 3개월 남짓 계속되는데 이 기간은 유행遊行이 불가능하기 때문에 또한 보시布施를 받는 편의 등을 고려해, 동쪽은 왕사성王舍城(라자가하[p. Rājaga-ha], 라자그리하[s. Rājagṛha], 당시의 강국 마가다[Magadha]의 수도)의 죽원竹園(죽림竹林이라고도 함), 서쪽은 사위성舍衛城(사밧티[p. Sāvatthī], 슈라바스티[s. Śrāvastī], 코살라[p. Kosala]국의 수도)의 기타원祇陀園(생략해 기원祇園)에 있는 허술한 정사精舍에 머무르는 일이 많았다. 여기서 석존은 불제자와 함께 명상에 집중하고 또한 가르침과 계율을 서로 확인하였다.

그 외 1년의 대부분인 건기에는 아마도 석존 홀로, 만년의 25년 동안은 사촌에 해당한다고 하는 연소한 아난다[s. p. Ānanda](아난阿難)를 동반해 위의 두 지역을 잇는 타원형상 내의 각지를 순회하여 계속 걸으면서, 길 위에서 또는 나무 아래에서 밤을 보내고 한 조각의 저축도 갖지 않고 모든 욕망을 멀리하고 스스로의 길을 나아가, 다른 사람과 다투지 않고 싸우지 않으며 격하게 화내는 일도 없이 무無로 일관한 채 평안하고 청정하게 각 지역의 각계각층 사람들을 접하였다.

45년에 이르는 오랜 여행 끝에 석존은 왕사성으로부터 북상하며 최후의 여행에 나선다. 그 방향은 태어난 고향을 가리키고 있는데, 도중에 쿠시나라[p. Kusinārā] 교외의 사라沙羅(살라[sāla], 샬라[śāla]) 쌍수雙樹 아래에서 평안한 입멸入滅을 맞이한다. 이때 나이 80세. 여러 자료는 이 입멸을 '완전한 열반'(파리닛바나[p. parinibbāna], 파리니르바나[s. parinirvāṇa], 반열반般涅槃)이라고 기술한다.

입멸한 뒤 부근에 사는 말라[s. p. Malla]족의 신자들에 의해 다비茶毘(자페티[p. jhāpeti]의 음사, 화장火葬)에 붙여지고, 여덟으로 나뉜 불사리佛舍利(사리는 '사리라[s. sariral', 샤리라[s.

śarīra]의 음사. 이는 본래 신체를 의미하지만 이후 유골을 말하게 되었다)는 각지의 **불탑**佛塔(투파[p. thūpa], 스투파[s. stūpa])에 극진하게 매장되었다. 한편 이 중 하나는 19세기 말에 석존의 실재에 대한 의문이나 의심이 유럽에서 거칠게 불어대던 무렵, 영국인 페페W.C. Peppé(1852~1937년)에 의해 발굴되고 유골 항아리의 문자가 해독되어 이상의 전승이 고고학적으로 실증되었다. 그 유골 항아리는 캘커타(현 콜카타)의 박물관에 현존하며, 그 속의 유골은 불교를 독실하게 신봉하는 타이 왕조에, 그리고 그 일부가 일본 나고야시의 닛타이지日泰寺에 보내져 이를 모시고 있다.

부처의 입멸 후 제자들에게도, 신도들에게도 석존의 가르침과 계율은 계속 살아 있었다. 그것들을 다시금 서로 확인하는 모임(결집結集이라고 함)도 있었다. 그러한 설교의 핵심은 필시 최초에는 평이하고 분명한 시구 내지 짧은 산문으로 정리되어 함께 구송口誦되었을 것이다. 제자들의 집단은 교단으로 발전하지만, 그 지도자는 그들의 눈 속에 강렬히 새겨지고 귀 속에 여전히 남아 있는 형체가 없는 석존이었다. 이리하여 석존이 창시한 불교는 북인도 동부의 중앙(불교중국佛教中國이라고 한다)에 성립하게 된다.

본래 인도인은 역사에 대한 인식이 빈약하며 특히 고대에는 전무에 가깝다. 석존의 연대도 인도에는 전해지지 않으며 팔리어, 한역漢譯, 그리스 자료, 그 외(어느 것이나 다수)의 것을 총동원하여 불멸佛滅 연대를 둘러싸고 면밀하며 정치한 연구들이 반세기 이상이나 계속되고 있다. 붓다에 관하여 남전의 기원전 544년 설은 학계에서는 고려되지 않지만, 구미 등의 기원전 483~485년 설(남전 자료에 근거한다)과 현재 일본의 기원전 383년 설(북전 자료를 주로 한다)이 양립하는데 후자 쪽이 신뢰성이 높다. 그에 의하면 어림수이지만, 석존의 연대는 기원전 463~383년이 된다.

한편 석존의 출생지로 볼 때 네팔계라고도 생각되기는 하지만, 석존이 고古 네팔어를 사용한 흔적은 없다. 이 부근 일대는 당시 이미 인도 문화권에 귀속되어 있었다고 간주해도 좋다.

② 초기의 교단

불교의 교단은 상가[p.saṅgha](음사는 승가僧伽. 승僧이라고 약칭한다)라고 칭한다. 상가의 원래 의미는 모임, 집단, 회의 등이며 이윽고 조합길드나 공화국, 동맹국 등의 의미도 나타나게 된다. 석존의 재세 기간에는 석존 아래에 똑같이 석자釋子(석존의 아들, 또는 제자)로서 평등하며, 그 단결은 비교적 느슨하였다고 여겨진다. 불멸 후에 교단의 정비가 점점 진행되면서 남성의 비구와 여성의 비구니는 조직을 별도로 하였다. 그들을 가까이에서 모시는 사람을 의미하는 남성 우파사카[s.p. upāsaka](우바새優婆塞로 음사)와 여성 우파시카[s.p. upāsikā](우바이優婆夷로 음사)라는 말은 재가신자를 가리킨다. 이상을 사중四衆이라고 부르는데, 물론 출가자를 중심으로 한다.

비구도, 비구니도 출신은 학식이 높은 브라만계가 많았지만, 다른 카스트 전반에 이른다. 교단 내의 평등은 철저히 이뤄지고 있어 출가 이전의 차별은 모두 소멸되며, 석차는 출가 후의 수행 연수(年數, 법랍法臘이라고 함)에 따랐다. 다만 교단이라는 집단의 질서 유지를 위해, 또한 석존의 유훈도 있어서 석존이 일찍이 설교하였던 계戒에 기초하여 집단 규칙으로서의 율律(비나야[s.p. vinaya])이 확립되는데, 그것들은 구성원이 늘어나고 그 외의 여러 요인이 작용해 차례로 증가하였다. 이를 '수범수제隨犯隨制(해결해야

할 사건이 발생할 때마다 새로운 조항을 제정하는 것. - 역자 주)' 또는
'수범제계隨犯制戒'라고 칭하는데, 교단 전원의 합의에 의
해 결정되며, 그 수는 250개 내지 500개 조항의 율장律藏
(장藏은 피타카[p. piṭaka]의 번역으로 '수집'을 뜻함)으로 발전하였
다. 이 율을 위반한 경우에는 고백, 참회, 교단 추방 등의
벌칙이 있었으나, 다만 그 이상으로 미치는 일이 없었으며
폭력을 포함한 힘의 행사는 일절 없었다.

다른 한편에서 자발적으로 몸에 익힌 계戒(쉴라[s. śīla], 실
라[p. sīla])가 있어서, 벌칙에 의한 규제가 아니라 오히려
각자의 습성으로 높이고자 했다. 신자는 불법승佛法僧의
삼보三寶에 귀의하고 오계五戒(불살생不殺生, 부도不盜, 불사음不邪
婬, 불망어不妄語, 불음주不飮酒)를 서약하여 지켰다.

③ 아소카왕

인도는 같은 동양의 대국인 중국과는 달리 정치적으로
통일을 이룬 역사가 대단히 드물어 설령 있더라도 100여
년밖에 지속하지 못했으며, 군소 국가나 대국이 만들어져
도 군웅할거로 시종했다.

기원전 327년에 그리스의 알렉산드로스 대왕(기원전 356
~323년)이 서인도에 침입하여 그다음 해에 철수하자마자
부유한 마가다 지방에서 일어선 찬드라굽타Candragupta(기
원전 317~293년 무렵 재위)는 마우리아[Maurya] 왕조를 창시한
다. 마우리아 왕조는 인도에 최초의 통일 국가를 수립하
고, 제3대 아소카[p. Asoka]왕(아쇼카[s. Aśoka]왕, 아육왕阿育王, 무
우왕無憂王이라고 번역. 약 기원전 268~232년 재위) 시대에 전성기를
맞이한다. 이 아소카왕의 즉위에 대한 기록이 그리스 문
헌에 남아 고대 인도의 연대를 결정하는 열쇠가 된다. 아
소카왕의 즉위에 관해 후대의 스리랑카 전승 남전은 불멸
로부터 218년 이후로 5대의 불제자가 경과했음을 기록하
며, 북전은 불멸로부터 약 100년(일설에는 116년), 불제자는
4대라고 전한다. 남전과 북전 두 전승에 많은 논거가 있어
서 전 세계 인도 연구학자들의 논쟁이 계속되는 가운데,
현재 유력시되고 있는 북전에 따르면 앞에서 설명했듯이
불멸은 기원전 383년, 석존의 생애는 기원전 463~383년
이 된다.

아소카왕은 이윽고 불교에 귀의하여 특히 동해안의 칼
링가 지방을 공략할 때 보게 된 전투의 비참함을 부끄러워

하며 불교 존숭에 불타오른다. 동시에 브라만교나 자이나교, 그 외의 종교들도 보호하고 후원했다. 이러한 전통은 이후의 인도에 계승된다.

왕은 불필요한 살생을 금지하고, 도로를 놓고, 나무를 심고, 우물을 팠다. 휴게소와 병원과 보호소를 짓고, 약초를 재배하여 이른바 복지에 힘썼다. 또한 불적佛蹟(부처의 발자취)을 순배巡拜하고, 왕자(동생이라고도 함)인 마힌다[Mahinda]를 스리랑카에 파견해 불교의 보급과 확대에 진력하였다. 나아가 보편적인 법(다르마)을 정치 이념으로 내세워 스스로 서약하는 한편 그러한 신념을 토로한 조칙詔勅을 돌기둥과 바위 위에 새겨 민중의 협조를 호소했다. 또한 그 조칙을 사신을 통해 서방의 여러 국가(시리아, 이집트, 마케도니아 등)에까지 전하였다.

19세기 이후 여러 지방에서 발견된 돌기둥 조칙은 26개 남짓, 암석 조칙은 10개 정도다. 이 중에서 각각 14장, 7장 정도의 문장이 현재 전부 해독되어 있다. 사르나트 이외의 돌기둥 조칙은 당시 두드러지게 나타나기 시작한 교단의 분열을 걱정하고 두려워하며 경계한다. 또 바이라트[Bairāt]에서 발견된 암석에 새겨진 소小 조칙에는 불법승

佛法僧 삼보에 대한 귀의문 뒤에 불교의 정법正法에 도움이 된다며 일곱 가지의 경(다르마파리야야[s. dharmaparyāya], 법문法門이라고 번역)을 들고 있다. 이들 7개는 현존하는 경의 일부에서 흔적을 볼 수 있지만 차이점도 상당히 많은데, 그 때문에 아소카왕 시대에는 현재 전해지는 초기 경전의 틀이 아직 결정되지 않았다고 추측된다. 어쨌든 아소카왕 시대에 불교는 일대 약진을 이루었다.

아마도 이 통일국가와 제왕의 이상적 형상에서 이윽고 전륜성왕轉輪聖王(차크라 바르틴[s. cakra-vartin], 보편적 제왕)의 이념이 생겨나는데, 그것은 여러 불전과 많은 성전에서 자주 언급된다.

아소카왕은 만년에는 정무에서 떠나고 부하에게 배신당한다. 마우리아 왕조도 쇠퇴하여 기원전 180년 무렵 멸망하고 인도는 다시 분열 상태로 되돌아갔다.

④ 초기 불교의 자료

가장 오래된 『리그 베다』에 사용되었던 베다어와 매우 가까운 산스크리트어는 '고상·완전·순수하고 신성한 아름

다운 말雅語'을 의미하며, 중국에서는 범어梵語라고 불렸
다. 범梵은 인도 사상의 중추인 브라만[s. brahman]과 인도
신화에 나오는 창조신인 브라마[s. Brahmā]의 음사에서 유
래한다. 산스크리트어는 기원전 4세기의 위대한 문법학
자 파니니[Pāṇini]에 의해 완벽무쌍한 문법서가 만들어지
고, 이후 인도의 표준어로서 현재까지 이른다. 18세기 중
반 이후 산스크리트어의 학술 연구가 유럽에서 번성하여
유럽 언어들과의 비교·연구가 진행되어 인구어印歐語(인도
유럽어족)가 발견·확정되었다.

　표준어인 산스크리트어에 대해 속어 내지 방언을 프라
크리트Prakrit어(자연적인 풍속을 의미하는 프라크리타[s. prakṛta]에
근거한다)라고 하며, 여기에는 마가다Māgadhī어나 팔리Pāli
어 등이 있다. 또한 산스크리트어에서 파생된 다른 계통
의 아파브랑샤Apabhraṃśa어로부터 현재의 힌디어나 벵갈
어 등이 생겼다. 인도에는 이 언어들 외에 원주민의 언어
로서 드라비다어계가 있고, 나아가 외래의 셈어계도 사용
되어 지역마다 다르다.

　석존의 활동 범위로 추정하여 석존과 신봉자들은 마가
다어(혹은 아르다半 마가다어[Ardha-Māgadhī])를 사용했다고 유

추되지만, 마가다어만의 문헌은 현존하지 않는다. 북인도 동부의 마가다에 대해 팔리어는 중부 서쪽의 속어로 생각되며, 언어학상으로는 피샤차[Piśāca]어의 일종으로 '팔리'는 성전을 의미한다. 팔리어는 산스크리트어에 가깝고, 속어의 붕괴는 비교적 적다.

아마도 불멸 직후 최초의 결집結集(교단의 전체회의)에서는 마가다어가 사용되었고, 그 후에 불제자들이 서방으로 포교에 나서면서 팔리어로 이행되며, 또한 별도로 마가다어에서 산스크리트어로 변했다고 여겨진다.

팔리어 문헌은 아소카왕 시대에 스리랑카로 전해졌고, 그 뒤 동남아시아 전역에 퍼져 이후 이천몇백 년 동안이나 다소의 변천을 거치면서도 그대로 통용되어 현재는 한층 발전해 있다. 단지 그 속의 일부에 마가다어가 섞여서 오히려 성전聖典의 인상을 주고 있다. 남전불교권에서는 스리랑카의 싱할라어는 인도계, 미얀마는 티베트어계, 태국은 중국어계 등으로 각국의 언어가 전혀 다르지만, 불교 용어인 팔리어 사용은 변함이 없고 거꾸로 그들의 공통어로 되어 있다.

계戒에서 율장律藏(비나야 피타카[s.p. Vinaya-piṭaka])으로의 고정화와 병행하여 석존 및 최초기의 가르침(일부에 그 활동 기록도 포함한다)은 경經(수트라[s. sūtra], 숫타[p. sutta], 장문長文으로 된 것은 숫탄타[p. suttanta])으로 정리되는데, 그것이 수트라의 원래 의미인 '날실'이 되어 불교사상을 전하는 자료의 핵심이 된다. '황금입金口의 설법'이라고 일컬어지는 석존 자신의 말은 벌써 가려져 불분명하지만, 그것은 마가다어에서 팔리어로, 또는 산스크리트어(때로는 혼합 산스크리트어, 불교 범어라고도 한다)로 전환되고, 후자에서 한역이나 일부에선 티베트어역이 생겨나 현대에 전해지고 있다.

경은 초기 불교에 관련해서도 종류도 양도 많은데, '경장經藏(숫타 피타카[p. Sutta-piṭaka])'이라는 용어가 적합하다. 그것은 제자들의 구송口誦에 의해 각 세대로 전래되고 점차로 광범위하게 확대된다. 이들은 전래를 나타내는 '아가마[s. p. āgama]'('아ā'는 '이쪽으로', '가마gama=감'은 '온다'라는 뜻)로 불리는데, 중국에서는 아함阿含으로 음사되며, 팔리어는 '니카야[p. nikāya]'(부部라는 뜻)라고 일컫는다.

석존을 포함하는 초기 불교의 교설을 전하는 중요한 자료는 이 아가마 문헌에만 한정된다. 그러나 동시에 수백 년에 걸쳐 구전되는 사이에 그 전송傳誦이 증대·부가(증광增

廣)되거나 삭제·상실(손모損耗)되어 편집과 유사한 일도 일어났다고 이 아가마 문헌 안에서 언급되고 있다. 그들이 현재의 형태로 고정되는 것은 중기 불교의 부파불교에서 비로소 달성된다.

따라서 아가마 문헌은 석존 및 초기 불교의 가르침을 전하는 유일한 경전 집단이지만, 현존하는 그 문헌들이 원형 그대로는 결코 아니며 상당한 변용을 받고 있어서 당연히 그 자료의 취급에는 충분하고 정밀한 문헌학적 연구를 경유할 필요가 있다(덧붙일 필요도 없지만 후대의 대승 경전에서 초기 불교 더군다나 석존의 교설을 탐색하는 것은 도저히 불가능하다).

아가마 문헌에 관하여 오늘날 전해지는 가장 오래된 편집 형태로서 경經의 형식에 근거하는 아홉 분할이 있어서 이른바 '구분경九分經'이라 칭하는데, 아마도 이후 3종이 추가되어 십이분경十二分經이라 부르는 계보도 있다. 이 관련 술어에서 분分은 부部로, 경經은 교敎로 바꾸는 사례도 보인다.

이를 산스크리트어에 한역을 첨가해 제시하면 다음과 같다. (1) 수트라[sūtra](계경契經), (2) 게야[geya](응송應頌), (3) 가타[gāthā](풍송諷頌), (4) 니다나[nidāna](인연因緣), (5) 이티

브릿타카[itivṛttaka](본사本事), (6) 자타카[jātaka](본생本生), (7) 아드부타 다르마[adbhuta-dharma](미증유법未曾有法), (8) 아바다나[avadāna](비유譬喩), (9) 우파데샤[upadeśa](논의論議), (10) 우다나[udāna](자설自說), (11) 바이풀리야[vaipulya](방광方廣), (12) 비야카라나[vyākaraṇa](수기授記). 구분경은 이상의 십이분경에서 (4)와 (8)과 (9)를 제외한다. 이들은 명칭만 후대까지 널리 전해진 것에 불과하며, 그 실태는 분명하지 않다.

현존하는 아가마 문헌은 아래의 리스트처럼 대략 그 각각의 경전을 구성하는 문장의 길고 짧음에 따라 4개의 그룹으로 나누고 있다. 즉 (1) 긴 경, (2) 중간 정도의 경, (3) 짧은 경, 그리고 (4) 나머지를 1~11까지의 수로 묶은 그룹이다. 그리고 (5) 나아가 이상에서 누락된 15종으로 구성된 그룹으로 분류되고 있다(이 구분은 이미 마가다어의 자료에서

	[팔리 5부]	[일본어 번역]	[한역 4아함]
(1)	『디가 니카야[Dīgha Nikāya]』	『장부長部』	『장아함경長阿含經』
(2)	『맛지마 니카야[Majjhima Nikāya]』	『중부中部』	『중아함경中阿含經』
(3)	『상윳타 니카야[Saṃyutta Nikāya]』	『상응부相應部』	『잡아함경雜阿含經』
(4)	『앙굿타라니카야[Aṅguttara Nikāya]』	『증지부增支部』	『증일아함경增壹阿含經』
(5)	『쿳다카니카야[Khuddaka Nikāya]』	『소부小部』	

성립한 것으로 여겨진다).

　(5)의『소부』는 극히 일부의 한역이 남아 있을 뿐이지 만, '잡장雜藏'이라는 이름으로 그 존재가 여러 곳에서 전 해지고 있다. 또한 팔리 5부는 상좌부에 속하는데, 한역 4 아함은 원전을 전한 부파와 번역자 그리고 번역 시기와 번 역 장소가 다르지만 대략 5세기 초엽에는 빠짐없이 나타 난다. 한편 한역에는 이 외에도 부분적이지만 별역別譯이 존재하며, 또한 위의 그룹으로부터 독립된 단경單經도 적 지 않다.

　팔리 5부와 한역 4아함에 포함되는 경전의 수(일부는 어림 수)는 다음과 같다.

　팔리『소부』가운데『숫타니파타[p. Suttanipātal』(경집經集) 와『담마파다[p. Dhammapadal』(법구경法句經)가 가장 오래되 고 중요하며 잘 알려져 있는데,『우다나[p. Udāna]』(자설自說

[팔리 5부]		[한역 4아함]	
(1) 『DN, 장부』	34경	『장아함경』	30경
(2) 『MN, 중부』	152경	『중아함경』	222경
(3) 『SN, 상응부』	2,872경	『잡아함경』	1,362경
(4) 『AN, 증지부』	약 2,308경	『증일아함경』	471경
(5) 『KN,소부』	15경		

또는 감흥게感興偈), 『이티붓타카[p. Itivuttaka]』(본사本事 또는 여시
어如是語), 『테라가타[p. Theragāthā]』(장로게長老偈), 『테리가타[p.
Therīgāthā]』(장로니게長老尼偈), 『자타카[p. Jātaka]』(본생담本生譚)
도 빠뜨리기 어렵다.

『소부』를 제외한 팔리 4부와 한역 4아함은 위의 표 각
항목마다 대강은 거의 공통되지만, 세부에서는 차이가 상
당히 많고 완전히 일치하는 것은 전무하다고 해도 좋다.
양자의 각 경을 비교·연구해볼 때 양쪽에 공통하는 점은
그 원형이 대체로 부파의 분열 이전에 성립된 것으로 간주
된다. 또한 한역 불전은 (1) 연대가 거의 명확하고 게다가
오래되었으며, (2) 서사書寫가 그 당시 거의 고정되었다는
등의 이점이 있는데, 이것은 뒤에 서술하는 대승불전에도
통한다.

마우리아 왕조의 멸망 후 서북인도에 그리스인이 연이
어 나라를 세우는데, 그중 한 사람인 메난드로스왕(기원전
160년 무렵)은 현재의 아프가니스탄에서 인도 중부까지를
지배했다. 이 왕은 공식적으로는 그리스의 신을 신봉하고
있었지만, 불교에 대한 관심도 높아 불교 승려인 나가세나
[p. Nāgasena](나선비구那先比丘)와 이틀 동안 대화를 하고서 3

일째에 불교 신도가 되었다고 불교 측의 자료는 전한다.

이 대론집對論集은 팔리어의 『밀린다판하[p. Mil-indapañha]』(밀린다왕의 질문)와 한역의 『나선비구경那先比丘經』으로 현존하는데, 그 속에서 양자가 합치하는 부분이 오래된 것이다. 이 텍스트에서 그리스 대 인도의 대결은 대단히 흥미롭다.

한편 아소카왕의 시대에 불교 교단이 파견한 전도사 가운데 그리스인 비구가 포함되고 또한 산치Sāñcī의 비문碑文에 그리스인의 기부명寄附銘(재물을 기부한 것을 새긴 글)이 있는 등 인도에 들어간 그리스인의 불교 귀의에 대한 자료들도 전해지고 있다.

이상의 여러 자료 이외에 이른바 실크로드의 각지 등에서 발견·발굴된 여러 문헌이 있는데, 불교 범어에 의한 것이 많다. 또한 일부에는 티베트어 번역과 그 이외의 것이 있다.

초기 경전은 (1) 운문 즉 시詩만인 것, (2) 운문과 산문, (3) 산문만의 것 3종류로 나뉘는데, 현재 학계에서는 대체로 운문이 오래된 것이며, 산문은 후에 부가되었을 것으로 추정하고 있다.

출가자의 집단인 교단에는 율장이 있었는데, 비구와 비구니가 지켜야 할 규칙을 모은 것을 '바라제목차波羅提木叉(파티목카[p. pāṭimokkha] 또는 '프라티모크샤'[s. prātimokṣa], 계경戒經·계본戒本)'라 칭하는데, 이 조문집條文集은 비교적 일찍 정리되었다. 후에 그 규정의 해석을 둘러싸고 여러 부파로 분열하여 부파마다 율장을 정비했다. 즉 상좌부의 팔리율, 한역에는 법장부法藏部의 사분율四分律, 설일체유부說一切有部의 십송율十頌律, 화지부化地部의 오분율五分律, 대중부의 마하승기율摩訶僧祇律, 근본설일체유부율根本說一切有部律(티베트어역도 있음)의 다섯 종류가 전해진다.

율의 조항에 덧붙여 그 규정의 이유가 기록되어 이를 인연담因緣譚이라 칭하는데, 이것은 경장 속에 있는 석존의 회고담回顧譚과 함께 이윽고 본생담本生譚(『자타카』 등)이나 불전佛傳 또는 교단사의 귀중한 자료가 되었다.

불전 즉 석존의 전기傳記는 처음에는 별로 관심을 불러일으키지 못했지만, 불교의 보급과 함께 그 수도 증가하고 화려하게 장식되어 널리 유포되었다. 이들은 오히려 문학 작품으로서 중기 불교에 걸쳐 번성한다.

제2장 중기 불교

① 부파불교

석존이 입멸한 직후에 다수의 불제자가 왕사성에 모이는데, 석존으로부터 신뢰가 두터웠던 사리풋타[p. Sāriputta](샤리푸트라[s. Śāriputra], 사리불舍利弗)와 목갈라나[p. Moggallāna](마우드갈리야야나[s. Maudgalyāyana], 목련目連)는 불멸 이전에 세상을 떠났기 때문에, 장로長老의 한 사람인 마하카삿파[p. Mahākassapa](마하카쉬야파[s. Mahākāśyapa], 마하가섭摩訶迦葉, 대가섭大迦葉)를 중심으로 석존 생존의 가르침과 훈계(이를 준수할 것을 석존은 유언으로 남기며, 후계자는 지명하지 않았다)를 서로 확인하는 회의가 열렸다. 이 회의를 '결집結集'이라 하는데, 그 뒤로도 몇 차례 개최되었기에 특히 제1 결집이라고 한다.

결집의 원어인 상기티[s. p. saṅgīti]에는 합송合誦이라는 뜻도 있는데, 아마도 그 모임에서 각자 기억하는 석존의 설법을 서로 말하며 확실한 교설을 가려내어 함께 외었을 것이다. 그러나 회의가 개최된 것은 전해지더라도, 그 내부 실정은 전혀 알지 못한다. 결집된 것도 다분히 단편적이었을 것이라고 추측된다.

애초에 불교는 중인도의 일부를 차지하는 작은 조직에 지나지 않았지만, 불멸 후 약 100년 동안에 인도 서남부를 거쳐 이윽고 마투라[Mathurā](마두라[Madhurā])를 중심으로 하는 서방까지 전해지며 교단도 확대되었다. 여기에는 서인도와 관계가 깊은 훌륭한 불제자(마하캇차나[p. Mahākaccā-na]나 푼나[p. Puṇṇa] 등)와 나아가 그 제자들의 눈부신 포교가 있었다고 한다. 또 남방으로부터의 불법을 듣는 문법聞法도 있었다.

서서히 인도 각지로 진전되었던 불교 교단은 불멸 후 100여 년(일설에는 약 200년)이 지났을 무렵 교단의 각 성원을 규제하는 율의 조항에 대한 해석을 둘러싸고 신구의 대립이 일어나 마침내 분열한다.

많은 문헌에 의하면, 밧지[p. Vajji](브리지[s. Vṛji])족 출신의 비구들이 용인하고 있던 열 가지 항목(10사十事라고 한다)을 둘러싸고 베살리[p. Vesālī](바이샬리[s. Vaiśālī])에서 700명의 장로 비구가 제2 결집이라고 불리는 회의를 열어 각 항목 특히 그중 제10조의 금, 은, 금전의 보시를 받는 것을 완화함은 '비법非法'이라고 결의하여, 보수파의 주장 앞에 진보파가 패배해 물러났다.

그래서 관용을 추구하는 진보파는 새로이 집회를 개최하는데 1만 명으로 전해지는 다수의 참가자를 얻어 독립을 선언하고 대중부大衆部(마하상기카[Mahāsāṃghika])를 결성한다. 이로부터 교단은 분열하여, 엄격하고 보수적인 장로들의 그룹은 상좌부上座部(스타비라 바다[s. Sthavira-vāda]) 내지 장로부長老部(테라바다[p. Theravāda])라 불리며, 이후 그 전통과 보수의 핵심이 된다. 이 이후의 각각 다른 집회를 제2 결집이라 명명하는 자료도 있어서, 원래 지방 분산적인 성격이 강한 인도인이 당시 어느 정도까지 집합集合했느냐는 상당히 의문스럽다.

최초의 분열을 근본분열根本分裂, 이후에 잇따라 일어나는 것을 지말분열枝末分裂이라 부른다. 다시 말해 먼저 최초의 약 100년 동안에 대중부의 내부에서, 그 뒤의 약 100년 동안에 상좌부에서 각각 재再·세細분열이 생겨나 대중부계는 9부, 상좌부계는 11부가 되어 합 20부(18부설도 있다)라고 일컬어지는 여러 부파가 기원전 100년 무렵까지 성립하였다. 부파의 실제 수는 20개를 넘었던 듯하며, 그 명칭도 남전과 북전 그리고 여러 비문의 기재 사이에서 반드시 일치하는 것은 아니다. 후세까지 중요한 부파는 상좌부, 그리고 여기서 분파된 설일체유부說一切有部(간단하게 '유부'有部라고 약칭함), 법장부法藏部, 독자부犢子部, 화지부化地部, 경량부經量部, 정량부正量部 등과 대중부가 있다. 상좌부계는 주로 인도의 서쪽과 북방 그리고 스리랑카에, 대중부계는 중부와 남방에서 번성했다.

근본분열의 연대가 아소카왕 이전이라는 것은 거의 확실시되며 산치, 사르나트, 코삼비[Kosāmbī] 등의 돌기둥 소조칙小詔勅에는 왕이 교단의 분열을 근심하며 경계하는 문구가 보인다.

여러 부파는 다소의 영고성쇠는 있었지만 교단으로서는 항상 우위를 차지하며 이후 기원 전후 무렵 이후에 대승불교가 발흥하여 번영을 맞이할 때에도 인도로부터 서역 일대까지의 불교의 주류는 부파가 차지하였다.

대승불교도로부터 부파의 일부(대개 '유부'에 한정된다)가 소승小乘이라고 불리는 일이 있었으나, 부파는 대승불교 그 자체를 계속 무시했다. 소승의 원어인 히나야나[s. hīnayā-na]는 원래 '작다' 이외에 '비천하다, 열등하다'라는 뜻이 있는데, 이러한 폄칭의 원어 사용은 대승(마하야나[s. mahāyānal)이란 말보다 상당히 늦고 또한 그만큼 빈번하지 않다. 다만 중국이나 티베트 등의 북전불교는 대승불교로 독점되었기 때문에, 여기서는 대승과 소승이란 호칭이 일반화하였다. 그 소승에는 초기 불교까지 포함하는 경우가 많고 적절함을 결여하였기에 본서에서는 언급을 피한다.

부파불교의 내부 사정은 인도 지역 내에서는 기록되지 않았으며, 중국에서 도천渡天(천축天竺=인도에 건너감)의 여행을 완수한 뒤에 여행기를 남긴 3인의 구법승求法僧, 즉 법현法顯(여행은 399~414년), 현장玄奘(여행은 629~645년), 의정義淨(여행은 671~695년)에 의하면 항상 부파불교(소승으로 기록된다)가 압도적으로 우세하며 특히 유부, 정량부, 상좌부와 대중부가 우뚝하게 있다. 또한 스리랑카로, 나아가 후대에 동남아시아 일대로 확산된 것은 상좌부 계통인데, 지역마다 오랜 세월 동안에 일시적인 쇠멸이 있고 대승과 밀교 등의 전래도 있었지만 정통 상좌부를 자칭하는 대사파大寺派(마하비하라 바딘[Mahāvihāra-vādin])가 오늘날까지 번성한다.

기원전 1세기에 스물 남짓한 부파가 지향한 것은 스스로의 정통성을 증명하기 위해서라도 근거할 바가 되는 경과 율의 정비였다. 위에서 서술했듯이 석존의 교설을 포함하는 초기 불교의 경전은 아가마[s. p. āgama](전래라는 뜻)로서 구송口頌의 형태로 전해지고 있으며, 그것을 각 부파에서는 집대성하고 새로 편집해서 형식과 내용을 정비하여 이윽고 고정되었다. 초기 경전의 현재 형태는 이와 같이하여 성립되었고, 그것이 팔리 5부, 한역 4아함, 여타의 것으로 전해진다.

한역의 여러 자료는 4아함 이외에 '잡장雜藏'의 이름을 기입하는데, 여기에는 4아함에 빠진 경전들이 포함되고 팔리의 소부에 상당하는 신구의 잡다한 것을 모았던 것 같으나 거의 현존하지 않는다.

한편 팔리 소부의 원어에서 쿳다카[Khuddaka](산스크리트어는 크슈드라카[s. kṣudraka])는 그 뜻이 소小보다도 잡雜이 적절하지만, 한역의 '잡아함경(크슈드라카 아가마)'과의 혼동을 피하기 위해 잡부雜部가 아닌 소부小部로 칭한다. 이 팔리 소부는 다른 4부보다 양이 훨씬 많고, 그중에 현존하는 『자타카』등에는 성립이 새로운 것도 적지 않다.

경과 율의 확정에 이어서 자설을 구축하고자 경의 주석이 만들어진다. 그 일부는 팔리 소부의 내부에 있고(예를 들면『의석義釋』이라고 번역되는『닛데사』[p. Niddesa]는『숫타니파타』제4장, 제5장, 그리고 제1장 일부의 주석 등이다), 후에는 이것이 발전해서 '논장論藏'이라고 불린다.

이런 일들이 가능하게 된 것은 몇 개의 유력한 부파 교단이 왕족과 귀족 그리고 부유한 상인 등의 신도로부터 두터운 후원을 얻고, 개중에는 장원의 기부를 받아 학설의 연찬에 전념할 수 있었기 때문이다. 한편 부파를 산스크리트어로 '니카야'라고 불렀던 흔적이 의정義淨의 여행기나 티베트어 등에 보인다. 다만 팔리어 문헌에는 없다.

② 아비다르마

부파에 의해 창작된 문헌류의 대부분을 아비다르마[s. abhidharma](아비담마[p. abhidhamma], 아비달마阿毘達磨, 아비담阿毘曇. 비담毘曇이라 약칭하며 논論이라고 번역함)라고 한다. 이들의 수집은 '아비다르마장藏'이라 부르며 논장論藏으로 번역하는데, 초기 불교로부터 전해졌던 경장 및 율장과 합해져 이에 비로소 '삼장三藏'이 성립한다. 삼장은 불교 성전을 나타내며, 팔리 불교의 내부에서는 그 전체를 광의의 불설

佛說로 간주한다. 중국에서는 또한 삼장을 일체경一切經이나 대장경大藏經이라고도 부른다.

아비abhi는 '대해서, 관해서'를 의미하고, 또한 '다르마 dharma'는 불설을 나타내는 경과 거의 동일시되는데 법法이라고 번역되는 것은 불설에서 제시되는 진리, 진실을 가리킨다는 해석에 따른 것이다. 아비다르마는 '법의 연구'를 나타내며 대법對法이라고 번역된다. 팔리 문헌에서는 아비를 '뛰어난, 능가하는'을 의미한다고 하며, 아비담마를 '우수한 법'으로 해석한다.

팔리 상좌부에는 기원전 250년에서 기원전 50년 무렵의 약 200년 동안에 『카타밧투[p. Kathāvatthu]』(논사論事)를 포함한 7개의 논이 성립하는데 이 7론이 논장(아비담마 피타카)이 되며, 그 외의 주석서나 연구서 등은 전부 장외藏外로 취급한다.

유부有部(설일체유부說一切有部의 약칭)에서도 『발지론發智論』 이외 6종의 족론足論이라고 불리는 논서가 만들어져 일반적으로 '육족발지六足發智'라고 칭한다. 이들은 기원전 1세기까지 성립되었다. 그중에서도 『발지론』(이역異譯 『팔건도론八揵度論』)은 위대한 논사論師 카티야야니푸트라[s.

Kātyāyanīputra](가다연니자迦多衍尼子)의 저술로서,『발지론』의 광범위한 내용이 유부 교학의 기본을 제시하기 때문에 신론身論이라고 칭한다. 이들 7론은 한역이 갖추어져 있다. 이들의 산스크리트어 단편이 얼마간 중앙아시아에서 발견되어 독일에서 교정·출간되었다.

이 외에 논장에는 포함되지 않는 주석서나 해석서 또는 논서도 다수 만들어졌다.

팔리 문헌에는 2세기 우파팃사[p. Upatissa] 사후, 5세기에 남인도에서 스리랑카로 건너와 장기간 체재했던 붓다고사[Buddhaghosa](불음佛音)가 삼장의 거의 전부에 걸쳐 상세하고 방대한 주석서를 만들고 또한 독자적으로 명저『비숫디막가[p. Visuddhimagga]』(청정도론淸淨道論)를 저술했다. 그의 해석은 상좌부 교리의 표준으로서 현재도 끊임없이 인용되고 있다.

팔리어에는 스리랑카 역사를 전하는『디파방사[p. Dīpavaṃsa]』(도사島史)와『마하방사[p. Mahāvaṃsa]』(대사大史)가 5세기 전반에 성립하며, 나아가 이후 18세기까지를 추가로 서술한『출라방사[p. Cūḷavaṃsa]』(소왕통사小王統史)가 있다. 이들은 불교사로서도 또한 정치사로서도 가치가 높고 항상 참조된다.

북인도의 카슈미르에 견고한 근거지를 구축한 유부는 약 200년을 경과해 『발지론』에 주석을 달면서 새로운 교학을 저술한 『대비바사론大毘婆沙論』(mahāvibhāsā-śāstra)을 완성한다. 이것은 많은 학설을 소개하면서 엄격한 비판을 기술하는데, 현장의 번역은 200권에 달한다. 중앙아시아에서 인도 중부에 이르는 일대를 정복한 쿠샨[Kuṣāṇa]왕조의 카니슈카[Kaniṣka]왕(약 129~153년 재위)의 이름이 이 방대한 저서 가운데 인용되어 있으며, 권말에 있는 현장의 '발跋'에는 불멸 400년 카슈미르에서 카니슈카왕이 아라한阿羅漢(아라하트[p. arahat], 아르하트[s. arhat], 존경받는 수행의 완성자) 500명을 모아서 삼장을 결집하는데, 그때의 논장에 이 책이 해당한다고 한다. 한편 비바사毘婆沙(vibhāsā)는 주석을 의미한다.

이 책은 너무나도 방대하고 여러 설의 나열이 많아서 다소 조직적 성격이 결여되기 때문에 유부의 학설을 체계적이고 간명하게 서술하는 강요서綱要書가 만들어지는데, 한역으로 『비바사론鞞婆沙論』, 『아비담심론阿毘曇心論』 등이 있다.

그 뒤 탁월한 논사인 바수반두[Vasubandhu](세친世親, 천친天親, 약 400~480년, 별설 320~400년. 저자의 관련서가 번역되어 있다.『세친의 삶과 사상 : 명쾌하게 정리한 유식사상의 요점』불교시대사, 1993.-역자 주)가 나타나 가장 뛰어난 논서『아비달마구사론阿毘達磨俱舍論』(아비달마 코샤 바쉬야[s. Abhidharma-kośa-bhāṣya])을 저술했다. 그는 먼저 유부를 배워 이 책에 포함된 운문 600송 남짓을 지었는데, 이것은『대비바사론』의 가장 좋은 개론서로서, 유부의 학자들로부터 널리 절찬을 받았다. 그러나 바수반두는 후에 경량부經量部로 전환하여 대중부의 이론 등도 고찰에 넣으며 "이理에 뛰어난 것을 종宗(근본)으로 삼는다"는 입장에서 비판적이면서도 상세한 훨씬 긴 산문을 이 책에 기록한다. 한역 2종(현장의 번역은 30권. 진제眞諦의 번역은 22권), 티베트어 번역, 또한 1967년 간행된 산스크리트본이 갖추어져 있다.

이『구사론』은 단지 한두 부파의 교설만이 아니라 불교학 전반의 기본과 여러 분야에 걸친 정수를 정말로 적절하게 전하고 있어 그 저술 직후부터 끊이지 않고 현재까지 인도, 중국, 티베트, 일본 등의 불교학자들에게 활발하게 읽혀지고 있으며 전 세계 불교학자의 필독서가 되었다.

한편 바수반두는 이후 다시 대승불교로 전환하는데, 뒤에서 설명하는 유식唯識에 대한 명저를 비롯한 여러 논저를 저술하였다.

『구사론』이 유부에 대하여 비판적인 것에 대항하여 상가바드라[Saṅghabhadra](중현衆賢)는『아비달마순정리론阿毘達磨順正理論』80권을 저술하여 유부설을 강조하고, 또한 별도로『아비달마현종론阿毘達磨顯宗論』40권의 저술도 남겼다. 그럼에도『구사론』은 널리 읽혔고 몇 가지의 주석서가 만들어졌으며, 또한 그 내용을 답습한 논서로『아비다르마디파[s. Abhidharmadīpa]』(산스크리트본만 있음) 등이 있다.

팔리어로 된 유부계의 완전한 논장 이외에 법장부의 논서『사리불아비담론舍利弗阿毘曇論』30권이나, 하리발마訶梨跋摩(하리바르만[Harivarman], 250~350년 무렵)의『성실론成實論』16권의 경량부계 등이 한역되어 남아 있다. 한편 이들 이외에 여러 부파의 많은 논서가 현장에 의해 전래되지만, 현장 역은 유부와 대승의 경과 논(이외 인도 철학의 논서)만이며 다른 것은 전부 소실되었다.

또한 부파의 분열과 각각 교리의 개요는 유부의 세우世友(바수미트라[Vasumitra], 『대비바사론』의 위대한 논사인 세우世友와는 다른 사람)가 저술한 『이부종륜론異部宗輪論』(이역異譯에 『부집이론部執異論』, 『십팔부론十八部論』. 티베트역)에 기록되어 있다.

③ 대승불교 운동

대승불교 성립까지의 여러 활동을 여기서는 대승불교 운동이라고 명명한다.

대승불교의 성립과 그 활약은 불교사를 화려하고 내용적으로 풍부하게 부흥시켰을 뿐만 아니라 극단적으로 말하면 불교를 일약 이른바 세계종교로 만든 강력한 원동력이었다. 중국, 한반도, 일본, 또한 티베트의 불교 즉 북전의 불교는 초기 경전이나 부파의 논서도 그 일부가 포함되어 있으나 거의 대승불교 일색으로 채색되어 있으며, 특히 일본과 티베트 불교는 각각의 원류도 형태도 두드러지게 다르다고는 하지만 대승불교만이 번성하여 오늘에 이른다.

그러나 아래에서 제시하듯이 대승불교는 석존, 즉 고타마 붓다가 직접 설파한 가르침(황금입金口의 설법)과는 상당히 떨어져 있다. 게다가 현재까지 이미 이른바 대승비불설大

乘非佛說(대승은 불설佛說이 아니라는 설)이 인도, 중국, 일본에서 주장되어 이를 다시금 스스로 부정하려는 대승불교 측의 자기변명만이 눈에 띈다. 한편 부파불교는 대승불교에 관해서는 아무것도 말하지 않고, 문제조차 삼지 않는 것 같다. 그렇지만 여전히 대승불교가 다름 아닌 '대승제불大乘諸佛의 교설教說'이라는 점에서 위의 주장은 '대승비석가불설大乘非釋迦佛說'로 정정되어야만 한다.

그와 동시에 대승의 여러 부처는 석가불의 설(비록 일부일지라도)을 무언가의 형태로 계승하여 발전시키고 있는 이상 '대승은 불설'이라는 주장 또한 올바르다. 대승 경전의 몇 가지인가가 '불설佛說'을 특별히 내세워 머리에 붙이고 있는(예를 들면 『불설무량수경佛說無量壽經』 등) 것은 위와 같은 사정에 근거했을 것이다. 또한 대승 경전은 초기 경전과 완전히 동일한 형식을 지키며, 이미 수백 년 이전에 사망한 불제자들(샤리푸트라=사리불, 아난다=아난)도 부처와 함께 등장하는 체재를 취한다. 그래도 위에서 서술했듯이 대승 경전에서 곧바로 초기 불교 내지 석존의 교설을 찾아내기란 도저히 불가능하다.

대승大乘은 마하야나[s. mahāyāna]의 번역으로 마하

[mahā]는 대大, 야나[s. yāna]는 타는 것을 의미하며, 애초에는 가르침을 지시하던 것이다. 마하연摩訶衍이라는 음사도 많다. 대승이란 말을 최초로 사용했던 것은 『반야경般若經』인데, 이 말이 점차 보편화한다. 대승에 대하여 소승小乘(히나야나[s. hīnayāna])이란 말의 사용은 시대도 늦고 범위도 상당히 한정되며 내용적으로는 거의 유부만을 가리킨다. 그것을 부파 일반(나아가 초기 불교도 포함하는)에 대한 호칭으로 삼은 것은 중국(그리고 티베트) 불교도이며, 인도에서의 남용은 보이지 않는다. 소승이라는 폄칭貶稱은 특수한 경우를 제외하고는 사용을 피하는 것이 바람직하다.

대승불교 성립 이전의 역사로서 나타나는 대승불교 운동에는 불교 이외의 여러 사정이 지적된다. 그중 중요한 세 과정을 기록한다.

(1) 마우리아 왕조 붕괴 이후 서북 인도 전체에 대혼란이 있었다. 즉 기원전 2세기에 그리스인의 왕들이 잇따라 침입해 여러 왕조를 세우고, 그 후에 사카족(샤카족, 색족塞族), 파르티아(안식安息)인 그리고 기원후 1세기에 쿠샨[Kuṣāṇa]족(월지月氏)의 대제국이 세워져 3세기 중반까지 지속되고 있었다.

남인도는 인도인의 안드라[Andhra] 제국이 장기간에 걸쳐 힌두 문화를 유지하였으며, 쿠샨 왕조의 카니슈카왕처럼 불교를 후원하고 보호한 왕의 통치도 있었지만, 이를 제외하면 이민족의 지배를 받은 북인도나 서인도의 주민은 약탈이나 폭정의 고통을 당하였다. 이 상황은 인도의 대서사시 『마하바라타[s. Mahābhārata]』의 일부에 전해져 인도인이 겪은 비참함을 뼈저리게 노래하고 있다. 외래의 야만인들이 온갖 폭력과 행패를 다 부려 사람들은 서로 증오하고, 상처를 주고, 훔치고, 빼앗으며, 죽이는 등의 무도한 일에 물들었다고 한다. 이런 모습은 성립 연대가 늦은 초기 경전(예를 들면, 팔리 『장부』 중의 일부)에도 기록되어 있으며, 이것이 이윽고 불교의 '후오백세설後五百歲說'로 전개됐다고 추측된다.

'후오백세설'이란 500년마다 구분하여 정법正法→상법像法→말법末法→법멸法滅로 불교가 점차 변화해간다고 말하는 것이다. 불교의 교教(가르침)와 행行(실천)과 증證(깨달음)에서 그 세 가지 모두 갖춘 것이 정법이며, 상법에서는 증이 사라지고, 말법에서는 나아가 행까지도 잃어버려 교教만이 남아 있지만, 법멸에서 전부 완전히 소멸해버린다고 한다. 위의 500년을 1,000년이라고 하는 설도 있는데, 이후에 말법 돌입이 중국(남북조 말기의 552년)이나 일본(헤이안平安 중기의 1052년)에서 열심히 주장되는 것은 이런 사관에 근거한 것이다.

다만 외래 민족이 침입 직후에는 갖가지 폭행을 일삼아도 지배가 장기화함에 따라 각자의 문화, 경제, 사상 등의 상호 교류를 꾀하는 면도 아울러 지닌다. 위의 시대에는 인도의 문물이 서쪽으로 흘러가고, 중앙아시아와 그 이서 또는 그리스나 로마까지 이르는 동유럽의 여러 문물이 인도에 전해져 서로 영향을 끼쳤다. 또한 외래의 여러 민족이 불교의 귀의로 전환한 사례도 적지 않다. 한편 이 시대의 인도는 외래의 권력자 아래에서 카스트 제도의 규제가 완화되어 그만큼 개인의 활동에 자유와 해방이 찾아왔다.

(2) 출가자는 누구든 각자의 부파 내부에 틀어박혀 수행과 면학에 정진하여 전문가의 색채가 한층 짙어졌다. 그들에게 귀의해 보호·지원한 것은 당시의 왕족이나 자산가, 상공업자들로서 그들은 교단에 사원, 석굴 사원, 스투파(불탑)뿐 아니라 정사나 가람伽藍(상가라마[s.p. saṅghārāma]) 그리고 토지나 재산을 기부하였다.

이리하여 승원 소속의 토지는 장원과 비슷하게 되었으며, 그 활동들에 과세가 면제되어 구성원의 생활은 안정되고 출가자는 오로지 자기완성에 전념했다. 이러한 가운데 불교의 교학은 아비달마로서 번성하여 체계의 웅대함과 정치함이 진행된다. 그러나 그것은 점점 번잡을 더하여 엘리트 전문가의 독점물로 제공되기에 이르는데, 이런 사정은 유럽 중세 교회와 스콜라 철학과 유사하다.

이렇게 되는 과정에서 재가신자의 활약이 있었다. 이미 석존 시대부터 재가신자는 조식朝食의 보시布施 등을 통해 출가자와 매일 접촉하고 그들이 생활을 지탱하도록 도와주었다. 나아가 석존이 입멸했을 때 그 유체를 다비에 붙인 것도, 불사리를 여덟으로 나누고 기념하는 스투파를 세운 것도 전부 각지의 재가신자였다.

스투파[s. stūpa]는 팔리어로 투파[p. thūpa]라고 하며, 부처나 성자의 유골이나 유품 등을 묻은 뒤에 벽돌이나 토사를 봉분 형태로 쌓아 올린 기념물의 일종인데 불탑佛塔으로 번역한다. 총塚으로 번역되는 경우가 많은 차이티야[s. caitya](체티야[p. cetiya])보다도 규모가 크다. 스투파 건설은 불교나 자이나교에서 이뤄졌으며, 기원전 2세기 이후 몇

백 년 동안 특히 성행하였다.

스투파의 가장 크고 훌륭한 사례는 인도 중앙의 산치에 남아 있다. 그것은 기원전 2세기에 건립된 대탑大塔을 중심으로 다소 후대에 만들어진 울타리와 사방의 문이 주위를 둘러싸는데, 거기에는 석존의 전생담前生譚이나 불전 등을 주제로 한 정밀한 부조浮彫가 전면에 설치되어 있다. 스투파는 이보다 다소 늦게 바르후트, 붓다가야, 비르샤(현재의 비르하), 안데르, 파탈리푸트라, 서쪽의 카키시라 각지, 남쪽의 나가르주나콘다[Nāgārjunakoṇḍa] 등에 세워져 현재까지 60기基 이상이 발견되었다. 지난날에는 아마도 훨씬 다수의 스투파나 차이티야가 건설되었던 것 같다(후대 이슬람의 파괴를 받았다). 그중의 한구석에 세워져 있는 비석이 다수 발견되고 해독도 종료되어, 이들을 기부한 사람이나 건립 목적 등도 거의 해명되어 있다.

스투파는 동남아시아에서는 파고다가 되어 석조石造가 많다. 중국이나 일본에서는 탑塔이 되는데, 중국에서는 흙과 나무, 일본에서는 목조에 의해 몇 층으로 나뉘는 지붕을 지닌 우아한 모습으로 서 있다.

스투파 이외에 인도 남부 데칸고원에서는 석굴사원(레나

[p. lena], 굴원窟院)이 개착開鑿되는데 산속 깊은 곳에 있어서 이슬람의 파괴로부터 벗어났기 때문에 200개 이상이 현존하며, 그중 약 75%는 일찍이 불교에 속해 있었다. 이들은 기원전 2세기에 만들어졌으며 놀랄 만큼 정교한 것도 적지 않은데, 특히 아잔타[Ajantā]와 엘로라[Ellora]가 명성이 높다. 한편 석굴사원에는 예배당과 승원의 두 종류가 있다.

스투파도 석굴사원도 그것을 건조하는 데는 많은 액수의 비용이 소요되었으며, 무일푼의 출가자에 의해서가 아니라 자산이 풍부한 재가신자의 기부에 의한 것임이 비문碑文이나 명문銘文에 새겨져 있다. 기부한 남녀의 수는 거의 동등하다. 덧붙여 말하면, 인도에서는 『고古우파니샤드』이후(불교의 등장 이전에) 윤회전생輪回轉生의 사상이 민중에게 널리 퍼져서 죽은 자는 49일(7×7일) 이내에 다섯 종 또는 여섯 종의 생명체(사트바[s. sattva], 삿타[p. satta], 중생衆生 또는 유정有情으로 번역함) 가운데 무언가로 다시 태어나 이 세계로 되돌아온다고 믿어졌는데, 일반인은 시신을 화장한 뒤 강에 흘려버렸으며, 특별히 제사를 지내지도 않았고, 그 때문에 망자를 위한 무덤도 만들지 않아 존재하지 않는다.

스투파를 구축한 뒤 이를 관리하고 유지·운영하는 것이 요구되어 그 임무가 재가신자에게 위임되었다. 율장을 보면 팔리율은 불탑에는 전혀 언급하지 않는데, 한역의 율은 다섯 가지 모두 출가자의 불탑 공양을 금지하며 불탑 관계자와 출가 교단을 명확히 구분한다.

이리하여 계율에 제약이 없는 자주적인 불탑 운영은 재가자의 자유로운 발상에 따르는데, 예를 들면 일종의 축제가 개최되고 시장 등도 열려 부근에 거주하는 신자나 여행하는 순례자 등으로 홍청거렸던 경우가 추정되며 불탑 경제가 번창했던 것 같다. 이윽고 운영도 다소 전문화하여 실체가 불분명하기는 해도 재가신자도 아니고 무언가 부파에 속하는 출가자도 아닌 일종의 비승비속非僧非俗의 관리자가 등장하여 특이하고 강력하게 활동을 전개했다고 짐작된다. 단지 그것을 곧바로 예를 들어 초기 대승불교에서 활약하는 법사法師(다르마바나카[s. dharmabhāṇaka])와 결부하는 것은 불가능하며, 말하자면 독특한 일종의 전위적인 운동을 추진했다고 하는 데 머무른다. 뒤에서 설명하듯이 초기 대승 경전에서는 불탑 공양을 떠나 경전 중심으로 이행한다.

(3) 불교의 확대 보급과 함께 수많은 신자에게 호소할 수 있는 갖가지 문학 활동이 성행하게 된다. 그것들은 일단 찬불문학讚佛文學과 불전문학佛傳文學으로 나뉘지만, 또한 종종 혼동된다.

찬불문학에는 예를 들면 팔리 소부에 총 547편의 이야기로 이루어진 『자타카』나 35편의 이야기를 포함하는 『차리야피타카[p. Cariyāpiṭaka]』가 있다.

이들은 석존(때로 불제자)의 전생前生(본생本生이라고도 하는 이른바 전세前世)을 주제로 하며, 아마도 당시의 민중에게 널리 알려져 있던 우화나 전승 등에서 힌트를 얻은 이야기로 구성된 것 같다. 그리고 그 전생에 헌신獻身 내지 사신捨身이라는, 아마도 불교사상사에서 처음으로 타자구제他者救濟를 내거는 다양한 선업善業을 이루어 그 보답으로서 현세에 석존(때로는 불제자)으로 태어났다고 설한다. 이 이야기의 주인공에는 왕과 선인仙人을 포함하는 사람, 사슴이나 코끼리, 소나 원숭이 그 외의 짐승과 갖가지 조류, 신이나 야차夜叉(야크샤[s. yakṣa], 특수한 반신半神) 등이 등장하여 민중과 친숙하였다. 한편 『자타카』 부류의 작품은 그 뒤로도 속속 생겨나 대승불교의 초기·중기에 이른다.

불전문학은 석존의 탄생에서 입멸까지를 문학작품으로 그려낸다.

초기 불교 당시에는 불전에 대한 관심은 거의 없으며, 여러 경전에는 석존의 아무렇지도 않은 듯한 자전적인 회상이나 체험의 편린이 단편적으로 이야기되는 데 머무른다. 나아가 율장에는 석존이나 불제자 그리고 교단의 인연담이 있었다. 그들이 발전하여 분명히 불전을 의도한 작품이 완성된다. 게다가 그중에는 석존의 초인화 나아가 신격화가 진행되어 갖가지 기적을 창작하고 부가했다.

그 외 앞에서 설명한 구분경의 '미증유법未曾有法'이나 십이분경의 '비유'와 '인연', 팔리어에서는 비유로 번역되는 '아파다나[p. Apadāna]'가 다수의 비구·비구니의 전기를 미화하여 그려낸다.

가장 저명한 불전문학에 위대한 시인 아슈바고샤[Aśvag-hoṣa](마명馬鳴, 50~150년 무렵)의 『붓다차리타[s. Buddhacarita]』(불소행찬佛所行讚)가 있고, 또한 대중부 계통의 설출세부說出世部의 『마하바스투[s. Mahāvastu]』(대사大事, 장기간의 편집으로 완성됨)에는 교리 등도 섞여 있다. 한편 이 두 가지는 팔리어가 아니라 산스크리트어로 기록되었다.

불전은 이러한 과정 속에서 유형화되어 팔상성도八相成
道의 이름으로 알려진다. 그것은 (1) 전생의 석존이 투시
타[p. Tusita, s. Tuṣita](도솔천兜率天)에 있다. (2) 마야부인摩耶
夫人(생모 마야[s.p. Māyā])의 오른쪽 겨드랑이에 들어가 모태
에 머무른다. (3) 그 오른쪽 겨드랑이에서 탄생하여 일곱
걸음을 걷고서 오른손을 위로, 왼손을 아래로 향한 채 '천
상천하유아독존天上天下唯我獨存(=세계 안에서 나는 가장 뛰어난
사람)'을 선언한다(이로부터 후대의 탄생불誕生佛이 제작된다). (4) 출
가. (5) 고행 후 선정禪定에 드는 것을 방해하고 유혹하려
는 악마를 항복시킨다(항마降魔). (6) 성도成道하여 붓다(깨달
은 자)가 된다. (7) 전법륜轉法輪, 가르침을 설한다. (8) 입멸
入滅. 이상의 여덟 가지를 말한다.

신격화에는 이 외에, 예를 들면 32상相(후에 80종호種好도
부가됨)으로서 머리에 작은 나선형의 모발(나발螺髮), 금색의
신체, 손가락 사이의 물갈퀴 등이 고안된다. 또한 부처만
의 18불공불법不共佛法(불공不共은 공통의 부정으로, 부처만을 의미)
은 십력十力이나 대비大悲를 포함한다.

이상의 이것저것은 상상력이 풍부하고 참신한 문학자

들이 불교에 가담하게 됨으로써 문학적 효과를 최우선적인 것으로 여겨 상당히 자유롭게 구상되며 창작되었다고 추정된다. 그런 것들이 반드시 불교의 교의에 제약받지 않고 오히려 교의를 펼쳐나가고자 하는 바는, 말하자면 아마추어에 가까운 점에 의해 도리어 성공을 보았다. 그러나 동시에 일단 이들의 형과 틀이 정해지자 대부분 그에 고정되어 같은 유형의 모티프를 지닌 같은 종류의 이야기나 작품의 반복이 두드러지게 된다.

어찌되었든 찬불과 불전의 문학에 의해 석존에 대한 관심이 인도인 일반에게 친근하게 되고 확대되어 불교도의 급속한 증가를 촉진하였음은 의심할 여지가 없다.

아마도 석존, 즉 석가불의 전생담에서 한 걸음 더 나아가 다른 명칭을 지닌 부처가 내세워졌을 것이다. 먼저 한 세대 앞의 가섭불迦葉佛(카삿파[p. Kassapa], 카쉬야파[s. Kāśyapa])이 태어나고, 나아가 그 전생으로 거슬러 올라가 궁극적으로는 가장 오래된 비파시불毘波尸佛(비파시[p. Vipassī], 비파쉰[s. Vipaśyin])에 이르는 '과거칠불過去七佛'이 언급된다. 이 '칠'의 수는 『리그 베다』에서 말하는 '7인의 선인'의 영향이 있다고도 할 수 있으며, 혹은 다시 제7불(즉 석가불)

을 나타내는 팔리어의 이시 삿타마[p. isi-sattama]가 '선인仙人의 상수上首(이시 사트+타마[p. isi-sat+tama])로 해석되는 가능성도 고려할 수 있다. 한편 가섭불보다 한 세대 앞이며 또한 비파시불로부터는 제5불에 해당하는 코나가마나[p. Koṇāgamana, s. Kanakamuni](구나함拘那含)불의 명칭이 아소카왕의 비문에 새겨져 있어서 과거불 신앙이 오래되었음을 방증한다.

과거칠불을 주제로 한 경전이 만들어지고, 그들을 한역한 단경單經이 몇 종류 알려져 있으며, 또한 팔리『장부』와 한역『장아함경』에 포함되는 『대본경大本經』(마하파다나숫타[p. Mahāpadāna-sutta])은 오로지 이 이야기만을 말한다. 한편 이 7불은 전부 석가불에게 수렴된다고 하는 특질을 지적할 수 있다.

결국 말하자면 과거불을 반전시켜 미래불이 설해지게 되었는데, 그 부처는 멧테이야[p. Metteyya], 마이트레야[s. Maitreya], 미륵彌勒이라고 불린다. 미래불인 이 미륵불은 이미 입멸한 석가불의 전생과 마찬가지로 지금은 투시타(도솔천兜率天)에 있고, 이 지상에는 56억7,000만 년 후에 하생下生한다고 한다. 그때까지는 부처라 부르기엔 부적합하고 보살에 머무르기에 미륵보살이라는 이름이 어울린다.

현재불現在佛에서 과거, 현재, 미래의 삼세三世로 확대된 부처는 말하자면 시간이라는 관념을 뛰어넘고 공간적으로도 확대·투영되어 동서남북의 사방에 부처가 세워짐으로써 그것이 현재의 다방불多方佛이 된다. 이런 생각이 부파의 일부에 이윽고 싹이 트고, 특히 진보적인 대중부는 시방세계十方世界의 다불多佛을 설하기에 이른다. 이리하여 새로운 여러 부처의 출현은 석가불과는 별도로 대승제불大乘諸佛, 곧 대승불교의 성립을 이끄는 중요한 뿌리의 하나가 된다. 한편 보수적인 상좌부계는 항상 석가일불釋迦一佛만을 엄수하며, 그것은 현재도 남전불교에서 변한 바가 없다.

④ 대승불교의 등장

앞 절에서 서술한 여러 조건과 그 밖의 것이 서로 겹치고 얽히면서 부파의 출가교단들이 한층 전문화돼가는 가운데 그들과는 별도로 혁신적인 성격을 지닌 운동들이 긴 세월 동안 아마도 인도의 여러 지역에서 태어나고 성장하

며 숙성되어 드디어 그것이 대승(마하야나)을 선언하기에
이른다.

여기에는 부파 특히 아비다르마 체계의 완성에 열중한
전통·보수적인 유부(일부는 대중부)에 맞서 그들로부터 대단
히 많은 것을 흡수하면서도 그 아비다르마에 대한 고집을
격렬히 비판하고 비난까지 퍼붓는 움직임이 있다.

또한 초기 불교에서 부파까지의 엘리트들이 거의 개인,
곧 자기의 수행 완수에 열중했던 것과는 달리 이미 외래의
이민족 지배에 의해 오히려 해방되고 동시에 또한 스스로
의 무력함에서 의욕을 잃게 된 끝에 같은 길을 걸으며 자
기와 대등한 타자를 발견했던 일군의 사람들이 있다. 그
들은 서로 협동하고 제휴하여, 전에는 고려되는 경우가 적
었던 자타 사이의 구제라는 테마를 심각하게 고찰하며 논
구論究하게 되었다. 그 경우에 자기가 타자를 또한 타자가
자기를 그 고뇌나 비참으로부터 벗어나게 만들고, 구제를
달성해야 하며, 이를 목표로 혼신의 노력을 경주했다. 때
로는 절대적인 힘을 가진 구제자를 내세워 거기에 정성을
다해 신심信心을 바치는 사례도 보인다.

어느 쪽이든 그때까지의 불교 내부에서는 그 편린이 극

히 일부에서 어렴풋이 보이고 있던 것에 불과한 이념이 이 대승불교 운동에서 클로즈업되며, 나아가 확대되고 철저하게 되어 일종의 이상理想으로 결정되면서 이 운동을 지원하고 촉진해 마침내 대승불교로서 갖가지로 분출하게 된다.

이런 흐름에서 앞에서 서술하였던 재가자의 열렬한 신심과 자유로운 발상이 엿보인다고 해도, 역시 경전 창작의 위업을 완수한 것은 의심할 여지없이 부파의 교의를 배운 출가자였다. 또한 그들이 이름 없는 대승의 여러 부처로서 활약함으로써 경전들이 만들어지고 그 일부는 유명有名(이름을 가진)한 여러 부처를 구상하였다. 어쩌면 여러 부처에 이르는 일보 직전에 대승의 여러 보살이 있고, 그 대승의 여러 보살은 초기 불교에서 부파에 이르는 석가 일불과 같은 종류의 석가일보살釋迦一菩薩(불전佛傳의 보살)과는 근본적으로 다르며 훨씬 보편화된 이른바 '누구(범부)라도 보살'로서 단지 한 사람인 자기의 연찬이 아니라 확대된 타자 일반에게 이르는 것을 항상 목표로 하고 있었다.

대승불교의 이념, 이상을 조목별로 쓴다면 대략 다음과 같다.

(1) 새로운 부처들과 보살들

(2) 공空의 사상, 이에 관련된 육바라밀六波羅蜜, 특히 반야바라
　　밀般若波羅蜜

(3) 구제와 자비, 넓게 말하면 이타利他. 이에 관련된 서원誓願,
　　그리고 회향廻向의 새로운 전개

(4) 일종의 현세 지향과 동시에 피안彼岸에 대한 희구

(5) 신(信)의 강조

(6) 삼매三昧의 정화

(7) 장대한 우주관

(8) 자기 마음의 추구

(9) 방편方便, 즉 수단의 중시

(10) 일종의 신비화. 거기에는 예로부터의 전통이나 당시의 여
　　러 정황 또한 토착문화의 영향 등

　이상의 무언가 하나 내지 복수를 내세우며, 먼저 초기
대승 경전이 속속 등장한다. 그 각각은 이 책의 제2부에서
경전의 이름을 들면서 논술하겠지만, 매우 흥미롭게도 각
종의 여러 경전은 출현 당시에 대부분 각자 독립해 있고,
일부의 예외를 제외하고는 상호 관련이 적으며, 각각 독특
한 특질을 갖추었다.

　한편 비교적 최근까지 부파 가운데 진보파인 대중부가

대승불교로 발전했다고 설명되고 있지만, 예를 들면 대승불교가 성립하고 번성했던 후대에도 여전히 대중부가 존속했던 사실이 실증되어 이 설은 오늘날 승인되지 않는다.

초기 대승 경전이 생겨나 거기에는 부파(특히 유부)에 대한 강렬한 비판과 비난이 있었지만 부파로부터의 반론은 전무하며, 대승불교 쪽에서 홀로 자기의 우월함을 강조하고 그것이 반복되며 계속되었다는 점이 주목된다. 이미 서술했듯이 인도에서는 부파가 불교의 정통을 계승하며 동요하지 않았는데, 그에 대해 대승불교는 초기, 중기, 후기 그리고 위의 (1)~(10)의 후반에 의거하면서 갖가지 새로운 사상과 새로운 학설을 낳아 불교의 내용을 풍부하게 만들고 나아가서는 세계 사상에 크게 공헌했다고 평가받는다.

그중에서도 초기 대승 경전이 갖추어진 후에 등장하는 나가르주나[Nāgārjuna](용수龍樹, 150~250년 무렵)가 확립한 공空의 사상 및 그 논증은 불교, 특히 대승불교가 자랑할 만큼 대단히 철저한, 일종의 관계주의(복잡한 상호 관계에 의한 성립을 말한다. 특수한 상대주의라고도 할 수 있다)의 철학적 사색의 절정을 나타낸다. 그에게서 초기 대승은 최고조에 이르렀기 때문에 이 4세기 초기까지를 중기 불교로서 다룬다.

이상의 시대를 후대에서 바라본다면, 부파 및 초기 대승이 경쟁하듯이 보이며 인도 불교의 전성기를 형성한다.

제3장 후기 불교

① 대승불교의 중기와 후기

기원후 320년 인도 마가다 지방에서 일어난 굽타 왕조는 이윽고 전 인도를 정복하여 마우리아 왕조 이후 처음으로 통일국가를 성립한다. 이 왕조는 힌두적인 색채가 매우 짙으며, 이른바 인도 정통의 종교, 철학, 문학, 예술, 법전 등이 풍성하고 화려하게 개화하여 결실을 맺으면서 인도 고전古典의 정수가 극에 달한다.

그들이 광범위하고 강렬하게 사회에 침투함에 따라 불교는 비교적 급격히 신도 수가 감소하기 시작하여 그 세력을 상실해갔기 때문에, 이 책에서는 이 4세기 초 이후를 인도 불교사의 후기 불교로 다룬다. 이 시대의 전반에는 중기 대승, 그리고 7세기 이후의 후반에는 밀교와 후기 대승이, 또한 그 전체를 통해서 몇 가지의 부파불교가 인도에서 유행하였다.

대략 4세기부터 6세기까지의 중기 대승불교에는 그 이전 전성기의 잔재가 여전히 상당히 강렬하게 남았으며, 특히 여래장如來藏(불성佛性)과 유식唯識, 그리고 불신론佛身論

의 삼신설三身說이 결정처럼 조직되었다. 그들 각각에는 초기 대승에 보이는 것과 같은 적극적인 외향성은 사라지며 내성적이고 소극적이었지만, 종교로서 또한 철학으로서 불교사상의 일종의 정점을 나타내는 높은 수준의 모습을 전개하고, 게다가 각각의 논술은 체계적으로 진행된다.

초기 불교에서 마음의 중시가 역설되어, 마음의 본체는 청정하며 또한 마음이 기능하여 일체 만물이 전개한다고 주장되었다. 이를 기원으로 하여 그 과정에 갖가지 설이 겹쳐진 뒤에, 위의 전자에서는 여래장 사상이 그리고 후자에서는 유식설이 창출되었다.

여래장은 불성佛性이라고도 칭하는데, 모든 중생衆生(생명이 있는 것)이 평등하다고 하는 불교의 기본적 입장에 아마도 인도의 토착사상과 아트만설이 반영되어, 중생은 여래 내지 부처의 소질을 태어나면서 자신의 내부에 지니고 있다고 가르친다.

이는 중기 대승의 경론經論에서 설해진 이후 당분간 지속되고 나서 인도에서는 소멸하지만, 후대에 밀교가 번성하여 적극적으로 즉신성불卽身成佛을 설할 때에는 여래장 사상이 그 배후에 있다고도 해석할 수 있다.

또한 여래장설은 중국 불교에서, 또한 일본 불교의 대부분에서 그 긍정적인 성격 때문에 대환영을 받고 각별히 중요시되어, 그들의 교학과 실천에서 중추를 차지하게 된다 (다만 티베트 불교에는 여래장설이 빠져 있다).

유식은 사람이 어쩔 도리가 없는 번뇌를 응시해 이를 추구해가며, 모든 대상적 존재를 각 사람이 가진 표상에 귀납시키고 표상의 투영이 다름이 아닌 외계의 사물이라는 점을 분명히 한다.

그것은 모든 인식·의식의 밑바닥에 잠재하는 알라야[s. ālaya-vijñāna]식識에 도달하지만, 요가의 실천자인 유가행瑜伽行(요가차라[s. Yogācāra])파의 요가[s. yoga] 체험에 뒷받침되면서 일체화되고 있다.

동시에 유식설을 선도한 『해심밀경解深密經』에는 오성각별五姓各別(견고한 차별사상)의 교의가 있으며, 불교가 추구하는 평등에 도달하기 위해서는 공空 사상에 의한 역전을 필수로 하였다.

한편 극단적으로 말해 걸핏하면 여래장설은 이상을 추구하며 보편성에, 유식설은 현실에 육박하며 개별성에 기운다(다만 양자가 모두 깨달음을 지향한다는 것은 새삼스레 더 말할 나위도 없다)고도 할 수 있고, 또한 중국의 고대 사상풍으로 극히 개략적으로 표현하면 여래장은 성선설에, 유식은 성악설에 배치할 수 있다.

유식의 분석이론은 학문으로서도 지극히 정치한데, 그 교학에 있어서는 점차적으로 인식론이, 동시에 이를 필요충분하게 표현하며 전달하는 논리학이 뛰어난 학자들에 의해 구축되고 발전한다. 게다가 그것은 4세기 이후에 화려하게 전개된 인도 정통철학(여기에는 여섯 가지 학파가 있으며, 육파철학六派哲學이라고도 부른다)의 현인들과 논쟁도 불가피하였으며, 오히려 이를 경과하여 쌍방 모두 일대 비약을 이룬다.

불신佛身(붓다카야[s. buddha-kāya], 부처의 신체)론은 석존의 입멸 직후부터 일어나며, 초기 불교부터 중기 불교에 걸쳐서는 석가불에만 착안해 이신설二身說(색신色身이라고도 일컬어지는 육신과, 법 자체를 본체로 하고 있는 법신法身의 두 가지)에 일관되고 있었지만, 다수의 대승제불大乘諸佛이 등장하여 활약하는 장면을 맞이하여 뒤에 서술하는 삼신三身의 전개가 설해지고 특히 유가행파에서 이론화되었다.

이들 세 가지 사상의 상세한 내용은 제2부에서 설명할 것이다.

7세기 이후의 후기 대승은 일부에서 밀교로부터 예를 들면 방편 중시를 수용하면서 일찍이 나가르주나가 설했던 공관空觀의 부흥이 있어서 중관파中觀派라고도 불린다. 중관과 유식은 때마침 번성한 인도 정통의 여러 학파가 뒤섞여 진행된 많은 방면에 걸친 논쟁에서 커다란 비중을 차지했을 뿐만 아니라, 티베트에 전해져 티베트 불교의 본류가 되고 이윽고 중관파의 독무대가 된다.

② 밀교

고대 인도에서는 주술이나 밀의密儀가 성행하였으며, 그것은 브라만교, 이후의 힌두교에 상당히 많이 유입하여 혼재混在한다. 그러나 석존이 설한 초기 불교는 이를 명료하게 불식하여 늘 만인에게 열려 있는 지적 요소로 차 있으며, 그것은 부파불교에도 계승되었다.

대승불교의 선구인 그 운동이 광범위한 민중에게 지원받기 시작하던 당시, 민중 가운데는 직접적으로 현세의 이익을 구하며 나아가 구제를 바라는 경향이 있었다. 그리고 그것을 굳이 엄격하게 배제했던 초기 대승의 내부에서 오히려 그것은 인도 토착의 주술적 활동과 결부되어 친하게 접근하고 이윽고 침투해가서 그 추세는 가속화된다.

예를 들면 앎知을 나타내는 비디야[s. vidyā](독일어의 빗센 [wissen, 알다]과 동일한 어원)라든가 또는 직관지直觀知를 나타내는 '프라즈냐[s. prajñā]'(반야般若라고 음사된다)는 모두 이윽고 그 자체로 주술적인 성격을 띠게 된다. 게다가 대승불교의 폭넓은 포용성은 이들도 차례로 그 속에 흡수한다.

대승불교가 오랫동안 전승되는 동안에 그 교의에서 독창성도 신선함도 잃고 다소 정체의 기미가 나타난다. 이윽고 교의의 매력은 상대적으로 약해지는데, 그와 아울러 새롭게 채용된 주술적인 활동들이 분명히 드러나게 되어 마침내 그것이 독립하여 밀교를 형성한다.

밀교의 정식 호칭은 산스크리트어에는 존재하지 않고 갖가지 이름으로 불리는데, 이런 점은 인도에서 밀교의 모습이 어떠했는지를 말해준다. 단지 연구자는 이를 순수밀교(순밀純密)라고 부르고 그때까지의 갖가지 주술적인 요소들은 잡밀雜密이라 명명하여 분명하게 구별한다.

밀교를 나타내는 산스크리트어는 다음과 같다. (1) 탄트라[s. tantra] 불교, 탄트라라는 말은 힌두교를 포함한 인도 일반에 유포되어 기원도 내용도 그리고 성격도 막연하여 정의하기 어렵다. (2) 만트라야나[s. mantra-yāna](진언승眞言乘)와 (3) 바즈라야나[s. vajrayāna](금강승金剛乘)는 기원이 불분명하며 정착도 늦고 일부에 편향된다. (4) 사하자야나[s. sahajayāna](구생승俱生乘)나 (5) 칼라차크라야나[s. kāla-cakrayāna](시륜승時輪乘) 등은 후기에만 존재했다. 이상의 어느 것도 밀교 전체를 대표했던 적은 없다.

밀교의 영향을 받으면서 후기 대승의 중관과 유식의 두 파는 이윽고 통합되어 그와는 다른 흐름의 여러 부파와 함께 인도 일부에서 번성하지만, 이슬람의 압박을 바로 정면으로 받아서 티베트로 옮겨간다. 또한 7세기에 밀교의 근본 성전(『대일경大日經』과 『금강정경金剛頂經』)이 성립하자마자 전성기의 당나라에 전래되며, 이에 의거하는 진언종眞言宗이 머지않아 구카이空海에 의해 일본에 전해진다.

한편 여러 종파로 이루어진 일본 불교의 대부분은 그 기본 교리나 실천과는 별도로 밀교를 어떤 형태로든 섞어놓으며 오늘날에 이른다.

산치의 불탑

제2부
인도 불교의 사상사

불교사상사에 대해서

이 책의 제1부에서 기술한 시대 구분에 근거하면서 인도 불교의 사상사를 아래에서 기술한다. 이때 초기 불교는 그대로 다루며, 중기 불교는 다시 부파불교와 초기 대승불교의 둘로 나누고, 그 이후에 중기 및 후기 대승으로 일괄해 합하여 넷으로 분할한 뒤에 기술해간다.

각별히 강조할 필요도 없이, 4장으로 구분한다고는 해도 그들 전체는 불교사상으로서 통괄되며 불교사상사로서 일관되어 있다.

예를 들면 초기 불교에서 문제로 삼는 항목들, 즉 마음(心), 고苦, 무상無常, 무아無我, 중도中道, 사제四諦와 이외의 것들이 초기 불교에서만 문제가 되었다고 하는 일은 결코 있을 수 없으며, 그들은 전체 불교에서 끊임없이 근본이 되고 가장 중요시되었다. 혹은 또한 부파불교의 단락에서 기술하는 업業(카르마)이나, 초기 대승불교에서 논하는 공空 등에 관해서도 전혀 다르지 않다.

나아가서는 중기 대승의 여래장如來藏(불성佛性)이나 유식唯識과 같은, 그때까지의 술어에 없고 내용도 전혀 새로운 것처럼 보이는 설도, 이 책의 해당 단락에서 상세히 서술하듯이 초기 불교, 부파, 초기 대승의 여러 사상을 계승하며, 그런 전개 위에서 참신한 술어 등에 의거하면서 이론화되었던 것은 명백하다고 해도 좋다.

그러한 점을 함축하면서 이 제2부에서 문제로 삼는 모든 것이 중요한 불교사상인 것이고, 이는 동시에 불교 전체를 투철하게 관통한다. 이렇게 일관하면서 각 시대마다 다양한 전개나 강조를 선보이는 한편 나아가 새로운 해석과 그 이외의 설명을 더한다. 이 점은 예를 들면 이 책의 '서언 ④ 불교의 특질'에서 기술한 불교 자체의 다양성(대기설법對機說法) 그리고 논쟁의 활발한 모습에 부합하고 있는데, 이를 통해 불교가 도그마를 피하고 모종의 자유로운 사유를 항상 보지하고 있음을 이야기한다.

특히 종교사상에 관해서는 통상적으로 그 종교의 개창자에게 모든 것이 함축되어 있으며, 후대의 다양한 교설은 그 창시자 내지 그에게 한없이 근접하는 인물의 언행 일부의 전개와 다른 것이 아니라고 강변되는 경우가 지극히 많다. 이에 근거하여 "예수 그리스도에게로 돌아가라!"고 하는 슬로건과 마찬가지로 불교에도 "붓다에게 돌아가라!",

"석존에게 돌아가라!"는 테제가 불교사에 몇 번이나 반복되었다. 이와 같은 종교의 특수한 사정에 따라 "과학은 새로운 만큼, 종교는 오래된 만큼 가치가 높다"라는 속담이 알려져 있다.

그러나 이 책은 이와 유사한, 쓸데없이 개조開祖(불교의 개창자)인 석존에게 일체를 돌린다고 하는 태도도 기술도 피하고 싶다. 원래 석존이 이 세상에 출현하여 설법을 행하지 않으면 불교는 존재하지 않았다. 그런 의미에서 개조인 석존이야말로 출발지이며 도착지라는 점은 조금의 의심도 없다. 확실히 불교는 석존으로부터 유출流出을 시작한다. 그러나 그 거대한 강물은 유유한 흐름의 각 장면에서 다양한 형상이나 활동을 보인다. 그들은 공간적으로-풍토적일 뿐만이 아니라 나아가 좀 더 강고하게 시간적으로- 그리고 역사적으로 온전하게 배려하면서 다루지 않으면 안 된다고 생각하여 이 제2부에서는 특히 그 역사에 중점을 두고 불교사상을 논한다.

나아가 다음과 같은 점에 대해서도 명심할 필요가 있을 것이다. 한 세기 넘게 이어져온 불교 문헌학이 원래는 유럽에서 시작해 그곳에서 번성함과 동시에 전 세계에 퍼져 눈부신 성과를 다수 이룩하여 많은 연구 업적을 쌓아 올리고 있다. 그중 하나의 결론으로서 석존의 직접 교설(이른바 금구金口의 설법)을 현재에 전하는 문헌상에서 명확하게 지적하기란 지극히 곤란하며 오히려 불가능에 가깝다고 이야기된다.

초기 경전에 관해 그 형식 등을 면밀히 탐색하여 신고新古의 차이를 판정하는 것은 가능하며, 현재 이루어지고 있다. 그것은 불교사상 연구에 필수이며 이미 탁월한 여러 성과가 알려져 있지만, 이에 의한 해설이 석존의 전체에 미칠 수 있는지 여부는 여전히 의심스럽다.

이리하여 현재 석존 사상에 관해서 어디까지나 불가결한 문헌학을 통과한 후에 무언가의 기술記述을 행하였다고 해도, 그 기술은 이를 기술한 연구자 스스로의 연구 태도와 그 퇴적에 근거하며 다름이 아닌 그런 것들을 직접 반영하는 것이다. 따라서 그것은 거기에 기술되어 있는 석존이 아니라 오히려 그 기술자 내지 연구자에게 귀속한다는 것이 이미 분명하게 되어 있다.

문헌학에 의한 이와 같은 엄격한 현상을 그대로 숙지하며 그 위에서 이 책이 아래에 초기 불교의 사상을 논술하는 데 즈음하여, 이들 여러 자료의 거의 전부를 수집하고 그들을 가능한 한 학문적으로 검토하면서 일단 오늘날의 학계에서 개략적이지만 정설로 되어 있는 여러 성과에 따라서 기술해가는 것으로 하고 싶다.

거기에는 그러나 동시에 위에서 서술했듯이 연구자 스스로의, 즉 필자인 나 자신의 해석이 다수 부수되며 때로는 그 해석이 여러 자료의 취급을 좌우하고 선도하여, 그 편이 기술 안에서 클로즈업되는 일도 많이 있을 수 있다. 그런 의미에서 다시금 거듭 다짐해 말한다면, 불교 특히 초기 불교사상의 해명에서는 연구자 개인의 '나의 불교'라는 형식과 내용을 취하지 않을 수 없게 된다. 그렇다 치더라도 이 책의 기술에는 장구하고 광범위하며 높게 구축되어온 불교문헌학의 방법론과 여러 성과를 이어받아, 그 축을 이탈하지 않도록 충분히 노력하고 싶다.

나아가 이 곤란한 연구 과제와 관련해서, 불교학의 내부에는 불가피하고 중대한 테마가 있는데, 그것은 바로 불교의 술어로 등장하는 '일체지자一切智者(사르바즈냐[s. sarva-jñā])'를 어떻게 다룰 것인가 하는 문제이다.

한편 이 테마는 유럽 중세의 그리스도교와 스콜라 철학

에서 신의 전지全智(옴니스키엔스[omnisciens])와 전능全能(옴니포텐스[omnipotens])을 둘러싸고 안셀무스Anselmus(1033~1109년), 토마스 아퀴나스Thomas Aquinas(1225?~1274년), 윌리엄 오컴William Ockham(1285?~1349년) 등이 그랬듯이 현대의 논리학자들이 말하자면 논리학적 모순을 찌르면서 되풀이하여 논구하고 있다.

불교에서 일체지자의 문제는 오래되고 유구하다. 이 말은 이미 석존의 생애를 기록하는 이른바 불전의 최초에 나타난다. 즉 다섯 명의 비구에 대한 최초의 설법(초전법륜初轉法輪이라고 한다)에 앞서 이교도인 우파카[p. Upaka]에 대해 석존 스스로 '일체지자'(일체승자一切勝者, 무사독오無師獨悟 등을 포함한다)의 선언이 있으며, 그것은 오래된 다섯 가지의 자료에 운문으로 전해진다.

게다가 이 일체지, 일체지자의 테마는 그 후의 불교사를 통해 설해진다.

예를 들면, 부파불교의 가장 중요한 논서인 『구사론俱舍論』「파아품破我品」에, 혹은 초기 대승 『반야경般若經』의 각종 텍스트에서도 반복된다. 특히 후기 대승에서는 7세기의 다르마키르티[Dharmakīrti](법칭法稱)와 8세기 샨타라크쉬타

[Śāntarakṣita](적호寂護)라는 대논사, 나아가 그 이후의 논사들이 인도 정통 철학까지도 끌어들인 논쟁을 거행하고, 그런 가운데 일체지자를 논증했다고 하는 경위도 최근에는 분명하게 되어 있다.

어떻든 석존 내지 붓다를 일체지자로서 받든다고 하는 전통이 인도 불교(그것을 그대로 받아들인 티베트 불교)에서 명확히 드러나고 있다. 이를 그대로 묵수한다면 앞에서 상세히 설명하였듯이 불교사상의 전개 전부를 그 기점인 석존에게로 복귀시키지 않으면 안 될 것이다.

한편 일본 불교에서도 "붓다에게 돌아가라"고 하는 목소리가 물론 없는 것은 아니다. 그러나 그보다도 훨씬 강하게 일본 불교의 성격이 이미 나라奈良 불교 이래, 특히 헤이안平安 불교 이후 특정한 종파불교로서 일본 각지에 퍼졌기 때문에, 각 종파의 개창자인 종조宗祖에게 돌아가라는, 예를 들면 사이초最澄에게, 구카이空海에게, 신란親鸞에게, 에이사이榮西에게, 도겐道元에게, 니치렌日蓮에게 돌아가라는 슬로건이 되풀이하여 외쳐졌으며, 그것은 현재에도 거의 변함이 없다.

이상의 모습은 불교 신자의 태도로서 굳게 믿어지며, 나아가 논쟁도 끝났다고 해도 좋다. 단지 그럼에도 불구하고 이 책에서는 그것은 그것으로서, 다시 말해 일체지, 일체지자, 각 종파의 종조도 역시 도도한 불교사상사에 있어 하나의 설로서 다루며 어디까지나 불교사상사의 성립, 발생, 전개를 논술해가고 싶다.

이는 앞에서 서술한 그리스도교 신자에 대해서도 마찬가지라고 해도 좋다. 즉 안셀무스, 토마스 아퀴나스, 오컴 등으로 대표되는 스콜라 철학의 계보는 종종 언급되는 것처럼 신학의 시녀(안칠라 테오로기아에[ancilla theologiae], 본래는 11세기 페트루스 다미아니[Petrus Damiani, 1007~1072년]의 말)로서의 중세철학을 신학의 멍에에서 해방시켜 독립된 철학체계로서 장대하고 치밀한 논리로 확립한 걸출한 스콜라 철학자들에 의해 계승되었다는 것은 잘 알려져 있다. 확실히 그들에 의해, 이른바 신앙과 철학이 긴밀히 연계된 스콜라철학이 완성되었다.

그와 마찬가지로 분석과 종합의 지성이 가장 강하고 찬란하게 빛난 『구사론』의 저자 바수반두, 나아가 후기의 다르마키르티, 샨타라크쉬타 등이 위의 논증에서 활약하고 있다. 이들의 완전한 논리체계의 확보가 그리스도교 세계에서도, 인도 불교사에서도 이윽고 쇠퇴로 향하고자 하기 직전의 마지막 대사업이라는 점이 흥미로운 사건으로 평가될 것이다.

한편 위에서 기술한 "개조 붓다로 돌아가라", "교조로 돌아가라"는 목소리는 일부를 제외하면 그 교설과 교의에 관한 것이라기보다는 오히려 기성 교단의 일종의 안일, 타성, 무기력 등을 각성시키고자 하는 정신적인 호소로 간주하는 편이 타당할 것이다.

제1장 초기 불교

① 기본적 입장

팔리 5부와 한역 4아함에 따라 석존에서 시작되는 초기 불교에 관해서 그 기본적인 입장으로 간주되는 것을 논하고, 그 후에 불교의 여러 술어가 이끄는 항목들에 대해서 기술한다. 이 기본적 입장은 이하의 항목들에서도, 또한 불교의 전체를 통해서도 그대로 일관한다.

초기 경전에 나타나는 석존의 교설은 석존 쪽으로부터의 일방적인 제시라는 사례가 적으며, 거의 대부분이 석존을 방문한 사람들이 묻고 그에 응하여 석존이 답하는 형태를 취한다. 사람들의 질문은 각양각색인데, 석존은 임기응변으로 종종 비유를 섞어가면서 적절하고 온화하게 이들에게 대답하고 있다. 그러한 점에서 대기설법對機說法, 즉 사람을 보고 법을 설한다는 양상을 특히 초기 불교에서는 명확하게 특징 지울 수 있다.

나아가 그 문답에서는 묻는 사람의 현실적 고뇌가 곧바로 치유되는 직접적인 처치나 방책을 석존이 강론하는 것이 아니라 그 고뇌에 대처해나가는 현실적인 양상이나 태도 등을 둘러싸고 문답이 이루어진다. 그런 것들을 전하는 자료들에서, 석존 내지 초기 불교에는 현실을 중심에 두는 것과 마음을 중시하는 두 가지 기본적인 입장이 있었음을 지적할 수 있다. 이 항목에서는 그중 현실 중심에 대해서 논한다.

앞에서 서술한 문답의 경과에서는 일테면 외부의 상황이나 기타의 것이 특별히 변화하는 일은 거의 보이지 않고, 일체가 본래 그대로이며 변동은 없다. 그러면서도 상대는 스스로 묻고 석존의 답을 듣고 있는 동안에 자신의 고뇌가 사실은 고뇌가 아니며 어느새 그 고뇌가 자신의 내부에서 소멸되어 있음을 깨닫고 마음이 편안한 경지에 도달하게 되는, 그러한 도식을 그리며 문답이 진행된다.

석존의 대답에는 예를 들면 일찍이 베다 성전이나 브라만교에서 설한 바와 같이 인간의 힘을 아득히 초월한 신도, 하물며 창조를 관장하고 혹은 우주의 진행과 그 외의 것을 관리하는 신도, 또한 기도나 주술 그리고 마력을 연출하는 신비도, 나아가서 우파니샤드에 나타나는 우주나 인간의 근원에 있다고 하는 원리적 존재 등도 일절 등장하지 않고, 오히려 그들은 전부 배척되고 있다. 말하자면 불가사의하고 초자연적인 것은 모조리 배제되고, 그와 유사한 것도 전부 떨쳐버린다.

후세의 불전佛典에서도 설해지는 갖가지의 신통神通(아빈냐[p. abhiññā], 아비즈냐[s. abhijñā])을 비롯해 불멸 후에 점차 증가하여 초기 경전에서도 보이는 초인화超人化나 나아가 신격화가 시행된 석존상釋尊像은 다름이 아니라 공상을 갖고 놀면서 그칠 줄 모르는 인도인의 특성에 따라 부가되고 분식된 산물이며, 그런 허식의 일체를 걷어치워도 석존의 위대함은 조금도 손상되는 바가 없다. 오히려 최초기의 경전은 그러한 허구는 전혀 언급하지 않고, 석존이 통상적으로 살아가는 현실의 인물과 조금도 다를 바 없는 채로 모습을 드러내고 행동하며 말한다.

그럴 때 질문은 이 현실로부터 제기되고, 대답도 이 현실에 의거해서 이루어지며, 시종일관 이 현실에 투철하며 현실적으로 해결을 완수하려고 한다. 석존은 그리고 일반적으로 불교는 항상 이 현실을 직시하고 응시하며, 문답도 설법도 현실로부터 떨어지지 않는다는 입장에 근거하고 있는데, 이를 현실 중심이라고 표현할 수 있을 것이다.

단지 이 현실 중심은 현실의 외계가 의식과는 독립적으

로 존재한다고 생각하는 소박실재론 그대로는 물론 아니
며, 이른바 공리주의나 찰나주의와 결부되는 현실주의도
아니다. 또한 일상의 비속한 현실에 물들게 되어 그 충족
에 빠져 있고 어떠한 목표도 품지 않고 이상도 아주 잊어
버려 본래의 뜻도 지니지 않는, 단지 안이하고 제멋대로인
현실주의도 아니다.

그런 의미에서 앞에서 기술한 것처럼 오로지 부정적인
면으로 스스로 경도되고, 타인으로부터도 마이너스로만
평가받는 현실 중심이 아니라 그렇기는커녕 그러한 것과
는 정반대의 훨씬 긍정적인 현실 중심이라고 말할 수 있을
것이다.

확실히 어떤 사람이라도 이 현세에서 살아가고 있는 하
나의 인간으로서 다양한 고통을 안에 품어, 세속의 욕망
(번뇌)에 일시적으로 눈이 어두워지는 일은 피할 수 없을
것이다. 그런데도 여전히 불교가 설하는 현실 중심은 그
고통을 있는 그대로 응시하여 그 소멸을, 그리고 맹렬히
유혹하는 욕망(번뇌)을 자각하여 그 초극을, 이 현실의 세
계에서 실현하고자 한다.

나아가 그것은 이상의 경지인 니르바나(닛바나, 열반涅槃,

절대의 평안)를, 또한 그와 같은 의미로서의 해탈, 즉 크나큰 해방 내지 자유를 바로 이 현실에서 획득하려고 한다. 이를 지향하는 정진精進과 노력, 그 마음(주체)의 확립, 동시에 그 과정에 생기는 갖가지 집착에서의 해방을, 이 현실 중심은 되풀이하여 강조하며 일상의 행보에서 실현하고자 한다.

그런 것들을 강고하게 지탱하는 것은 다름이 아니라 불교의 이른바 종교성이다. 종교로서의 불교는 앞에서 서술하였듯이, 이상을 적어도 지향을 당시의 사람들만 아니라 전 인류에게 부여하고 격려하며 고무하는, 그러한 현실 중심으로 일관한다. 게다가 그 이상을 계속 내세우는 바에 불교, 곧 종교가 있으며 그의 텍스트들은 현실 처리가 아니라 현실을 인도하는 이상 아래에서 여러 설을 전개한다. 이를 종교철학적으로 표현한다면, 어디까지나 현실에 뿌리를 두고 서 있으면서 그 당면한 현실에서 '초월과 내재의 일치'(초월즉내재超越卽內在)의 길을 밟아 다지며 간다.

한편 대중에게 열정적으로 호소하며 비일상적인 감동으로 잠시 유혹하는 듯한 카리스마적인 인격에서 석존은 아득히 멀리 떨어져 있다.

그런데도 여전히 그러한 현실 중심을 내세우는 기본적 입장에는, 종종 덮쳐오는 쉽사리 회피하기 어려운 하나의 아포리아(난문難問)가 있다. 그것은 석존 당시의 인도에서도 62견見이라고 말해질 정도로 극히 다채로운 여러 논쟁이 자유분방하게 행해지고 있던 가운데 이미 분명히 되어 있고, 그 이후에도 끊임없이 전 인류에게 공통되어 있는 테마이기도 하다.

이를 이른바 철학에서 찾아서 한마디로 응축한다면, 현실 속 깊게 잠재하며 현실을 유지한다는 형이상학에 대한 대응 내지 형이상학적 지향과의 대결이라고 할 수 있을 것이다.

이 형이상학에서 끌어내고자 하는 여러 테마를 팔리 5부와 한역 4아함으로 이루어진 초기 불교 경전은 정리하고 총괄해서 다음의 열 가지로 요약하며, 이를 종종 '십난十難(열 가지의 난문)'이라고 술어화한다.

말하자면,

A. (1) 세계는 상주常住한다(세계는 시간적으로 무한하다).
   (2) 세계는 무상無常하다(세계는 시간적으로 유한하다).
B. (3) 세계는 유변有邊하다(세계는 공간적으로 유한하다).

(4) 세계는 무변無邊하다(세계는 공간적으로 무한하다).

C. (5) 신체와 영혼은 동일하다.

　　(6) 신체와 영혼은 별개이다.

D. (7) 진리 달성자(여래)는 사후에도 생존한다.

　　(8) 생존하지 않는다.

　　(9) 생존하며 또한 생존하지 않는다.

　　(10) 생존하는 것도 아니며 또한 생존하지 않는

　　　　것도 아니다.

　한편 여기에 다음의 네 가지를 더하여 '십사난十四難'이
라고 하는 용례도 있다.

A. (1)과 (2) 다음에 1) 상주하며 또한 무상하다.

　　2) 상주하는 것도 아니고 또한 무상한 것도 아니다.

B. (3)과 (4) 다음에 3) 유변하며 또한 무변하다.

　　4) 유변하지도 않고 또한 무변하지도 않다.

　이 '십난'을 내세우는 경전은 팔리 5부 전부와 두 가지
한역 아함경으로 총 20종의 자료가 있고, 그중 몇 가지의
경은 수차례 반복된다. 또한 '십사난'을 설하는 자료는 팔
리에는 빠져 있다. 그것은 두 가지 한역 아함경에 총 다섯
곳이 있고 그 다섯 곳 각각이 팔리 자료들이 설하는 십난

의 개소에 해당하고 있어서, 팔리의 십난이 한역의 십사난
으로 전환했음이 자료에 의해 판명된다.

　나아가 위의 십난 또는 십사난 중의 일부를 기록하고 또
는 어떤 변형을 서술하는 등의 자료가 다수 있으며, 그것
들 전부를 더한다면 총 53여 종의 자료를 찾아볼 수 있다.
그들은 전부가 이 난문을 내걸어 석존에게 강요하는데, 바
꾸어 말한다면 석존은 몇 차례나 되풀이하여 사람들로부
터 이 난문을 받았다.

　그에 즈음하여 석존은 항상 무기無記(아비야카타[p. avyāka-
ta], 아비야크리타[s. avyākṛta]의 역어)로 일관했다.

　어떠한 유도가 있거나 혹은 비방이나 중상 등을 당하더
라도, 석존은 그에 응하지 않고 어디까지나 침묵을 계속
지키는 채로 아무런 대답도 하지 않는다. 어째서 대답하
지 않는가? 그것은 이들 '십난'이 전부 형이상학에 관계가
있으며, 다름이 아니라 형이상학에 대한 지향 내지 관심에
근거한 문제 설정이라는 점을 석존은 충분히 통찰하고 있
었던 때문이라고 여러 자료는 말한다.

　다시 말해 위의 십난과 십사난 중 어느 하나에 답한다고
해도 그 내용 여하에 무관하게 해답한다는 그 자체가 이미

형이상학에 발을 들여놓고 있으며, 현실에서 유리된 논쟁에 빠져 현실 중심에 어긋나버린다(한편 위에서 형이상학이라는 말을 사용했지만 여러 경전에서 그러한 말이 사용된다는 것이 아니며 좀 더 구체적인 가르침으로서 설명되고 있다. 그 점은 아래의 문장에서 한층 분명하게 될 것이다).

나아가 이 질문을 내건 질문자들 중에서는 어떻게든 앎에 의한 해결만을 찾으며, 그렇다면 왜 '무기'냐고 질문을 계속한다. 그에 대해서도 여전히 석존은 응답하지 않고, 일관하여 무기 그대로의 자세를 흐트리지 않는다.

당시는 이러한 난문이 상당히 빈번하게 행해진 것 같다. 석존보다 다소 앞에 활동하는 육사외도六師外道의 한 사람인 산자야에게도, 또한 자이나교를 창시한 동시대인인 마하비라에게도 이와 유사한 문답이 있었다고 불전佛典은 기술한다.

경전에 따르면 산자야는 "뱀장어(처럼 뺀질뺀질하여 붙잡기 어려운) 궤변"('아마라빅케파'[amaravikkhepa]라고 한다)을 상용하며 "그렇다고는 생각하지 않는다, 그런 것 같다고도 생각하지 않는다, 그것과는 다르다고도 생각하지 않는다, 그렇지 않다고도 생각하지 않는다, 그렇지 않은 것이 아니라고도 생각하지 않는다"라고 답하여, 일종의 불가지론不可知 論으로 시종일관하면서 이른바 '판단중지'(철학 용어의 '에포케 [epoche/epochē]')를 선언했다.

또한 마하비라는 확정적인 대답을 피하고 미정인 채로 두고서 전부 "어떤 점에서 보면 있을 수 있다"('시야트[syāt]라 고 한다)는 한정을 붙여, 역시 일종의 상대주의, 부정주의不 定主義에 의거하였다.

이렇게 당시를 대표하는 위의 두 사람은 말하자면 대답 할 수 없는 것을 어떤 형태로든 대답하고 있다. 그에 비하 여 석존은 대답할 수 없을 때에는 침묵을 지킨다. 그리고 그 침묵에 대한 집요한 추구追求가 있으면, 드물게 석존은 적절한 비유를 상대 또는 제자에게 보여준다.

이 비유에는 여러 가지가 있는데 그 하나는 '독화살의 비유'로 잘 알려져 있다. 즉 "독화살에 맞은 사람이 이를 쏜 사람의 신분, 성명, 신장, 피부색, 주거지, 그 활의 강 약, 시위나 화살의 형태, 화살 깃의 재료를 알고 싶다고 하 여 친구나 친족이 화살을 빼고 의사를 부르려는 것을 막는 다면, 그 사람은 독으로 죽어버릴 것이다. 마찬가지로 세 계의 상·무상 등을 언제까지나 구하는 사람은 해답을 얻지 못하는 동안에 죽는다. 세계의 상·무상 등에 관계없이 생로병사의 괴로움苦은 있으며, 나는 그 제압을 설한다. 그에 대해 현실의 실천, 깨달음, 니르바나(닛바나, 열반)에 도움이 되지 않으므로, 세계의 상·무상 등을 나는 설하지 않는다. 내가 설하지 않은 것, 설한 것을 그대로 수지受持하라"(요지)고 말한다.

동과 서의 사상사와 철학사에서 항상 볼 수 있듯이, 논의를 위한 논의, 게다가 어떠한 원리를 탐구하여 구극究極에 도달하고자 하며 일단 이를 세운 뒤에 논의의 체계를 구축하려고 지향하는 형이상학적인 논의는, 이에 골몰하는 사람들로서는 확실히 흥미가 끝이 없을 것이다.

그러나 이는 대부분의 경우 다른 원리에 의한 별개의 형이상학과 논쟁을 일으키는데, 게다가 그 논쟁은 어디까지나 계속되어 결말이 나지 않고 결국은 '앎知'을 위한 '앎'의 향연에 지나지 않게 되며, 대부분은 아무런 성과 없이 끝난다. 그것은 또한 현실 그 자체에는 아무런 보탬이 되지 못하며, 더구나 실천과는 아득히 멀어져버릴 것이다.

다양한 질문과 대답을 반복하며, 석존은 이렇게 말한다.

"이것을 나는 설한다"는 것이 나에게는 없다. 가지가지의 사물에 대한 집착을 집착이라고 확실히 알고, 가지가지의 편견에서 (과오를) 보고, 고집하지 않고 성찰하면서 내적인 평안을 나는 보았다.

(『숫타니파타』 제837시, 나카무라 하지메 역 참조.)

한편 앞의 십난 내지 십사난에서 A의 "세계는 시간적으로 무한한가 유한한가"와 B의 "세계는 공간적으로 유한한가 무한한가"라는 질문은 석존은 물론 불교 전체와도 전혀 관련되는 바가 없는 칸트Immanuel Kant(1724~1804년)에 의해서도 문제가 되고 있다.

칸트의 주저인 『순수이성비판』 후반의 선험적(초월론적) 변증론은, 일체의 경험을 섞지 않은 순수이성(이론이성이라고도 한다)이 낳는 자연적이고 불가피한 미망을 선험적인 가상假象(Schein)이라고 하고, 그 가운데 "세계는 시간상의 시초와 공간에 관한 한계"를 "가진다"는 테제와 "가지지 않는다"는 안티테제가 각각 이론으로서 성립하는 것을 상세하게 논증한다. 그리고 이런 종류의 가상을 순수이성의 이율배반二律背反(안티노미[Antinomie])이라 명명하며, 이성이 전혀 상반하는 두 개의 결론에 도달하는 것을 분명히 하였다. 나아가 세계라는 현상을 물자체物自體로 오인하고, 주관에 의해 성립하고 있는데도 불구하고 주관에서 독립하여 존재한다고 하는 오류를 저지르고 있기 때문에 이 이율배반은 어느 쪽도 오류라고 칸트는 결론을 내린다.

한편 서양에 불교가 알려져 연구하게 되었던 19세기 중반 이래 극히 최근까지 혹은 현재에도 초기 불교, 때로는 불교를 종교라기보다는 논리에 훨씬 가깝다고 해석하는 경향이 적지 않다.

이는 그러한 서양 연구자들의 뇌리에 있는 종교란 그리스도교이며 극소수로 유대교나 이슬람 등 서아시아의 종교들이라는 점에 근거한다. 그들의 심상에 있는 종교는 어느 것이나 유일한 신을 엄격하게 지키며 또한 독자적인 종말론을 장래에 설정하는 등의 도그마에 기초를 두고 있다. 이에 비해 석존도, 초기 불교도, 불교 전체도 그러한 설을 일절 세우지 않고 이제까지 서술했듯이 현실 중심으로 상황이 변해가는 데 따른다.

이에 대해서 여기에서 논하여왔듯이 불교가 현실에서 문제들을 해결하는 자세를 계속 취하는 것은 서구인(뿐만 이 아니라 불교를 도교道敎라고 불렀던 고대 중국인 등)에게는, 불교가 윤리를 설하는 것에 지나지 않는다고 종종 이야기되며, 혹은 윤리의 원천 또는 근원(메타 윤리학)을 뒷받침하는 것이 불교라고 해석되었다. 이 점을 거꾸로 말하면, 불교를 윤리설로 보는 만큼 불교는 현실 중심으로 관철되어 있었다는 것이다.

② 마음

석존을 포함하는 초기 불교가 문제로 삼은 테마 또는 다양한 물음에 대한 답은 거의 전부가 '마음'의 양상을 나타내고, '마음'에 근거하여 힘을 받으며, '마음'에 의해 성립한다. 각양각색의 현실에 대응해가면서도 그 현실에 끌려가는 것이 아니라, 현실에 대처하는 '마음'을 무엇보다도 무겁고 강하며 깊게 똑똑히 응시하면서 '마음'의 중대하고 존엄함을 말로 표현한다.

'마음'의 원어에는 칫타[s.p. citta]와 마나스[s.p. manas](팔리어와 산스크리트어가 같다)가 있는데 각각의 어근 치트[s.p. √cit]도 만[s. √man]도 둘 다 '생각한다' 등을 의미하며, 양자의 내용도 용례도 거의 다르지 않아 특히 인도 불교에서는 거의 같은 의미로 간주된다. 5세기 무렵의 한역에서는 칫타를 '마음(心)', 마나스를 '뜻(意)'으로 번역해 구분하는 것이 눈에 띄지만, 어느 쪽이나 옛 번역에서는 '심의心意'로 한 예도 있어 각별한 구분은 없다.

한편 '마음'의 원어에는 본래 심장을 나타내는 하다야[p. hadaya](산스크리트어는 흐리다야[s. hṛdaya])가 있지만 이 말은 초기 경전에서는 그다지 중요시되지 않는다(후대의 예를 들면 『반야심경』에서 '마음'은 이 흐리다야이다). 그보다도 식識으로 한역되는 빈냐나[p. viññāna](산스크리트어는 비즈냐나[s. vijñāna])가 칫타와 마나스의 동의어로 여겨지는 사례도 적지 않다.

'마음'을 말하는 구절이나 문장은 너무나도 많이 있는데, 예를 들면 가장 오래된 시집의 하나인 『담마파다』(법구경法句經)도 그 서두부터 '마음'에 관해 다음과 같이 말하기 시작한다.

　　다양한 사물 허다히 이끄는 것은 마음, 중심이 되는 것은 마음, 마음에서 이루어진다.
　　더럽혀진 마음에 의해 이야기하고 말하거나 행하는 바 있으면,

괴로움은 그 사람을 따른다. 수레 끄는 (소의) 발에 수레 바퀴 (따르는 것)처럼. (제1시)

다양한 사물 허다히 이끄는 것은 마음, 중심이 되는 것은 마음, 마음에서 이루어진다.

청정한 마음에 의해 이야기하고 말하거나 행하는 바 있으면,

즐거움은 그 사람을 따른다. 그림자 붙어서 떨어지지 않는 것처럼. (제2시, 이 두 시에 있어 '마음'의 어원은 '마나스')

또한 이 텍스트의 제3장은 '마음'(여기에서의 어원은 '칫타')이라는 제목을 붙여 제33~43시에 걸쳐 총 11수의 시를 말한다. 그중에서 몇 사례를 인용해보자.

흔들리고 떠들썩하며 지키기에 어렵고 절제하기에 어려운 마음,

지혜 있는 사람은 (이를) 곧게 한다. 활 만드는 사람이 화살을 곧게 하는 것처럼. (제33시)

알아보기에 몹시 어렵고 몹시 미묘하면서, 욕망하는 대로 나아가는 (마음).

지혜 있는 사람은 마음을 지켜야 한다. 마음 지키면 안락을 가져온다. (제36시)

마음 안주하지 못하고 올바른 가르침 분별하지 못하며
신심이 흔들리고 있다면, 깨달음의 지혜 완전하지 않다.
(제38시)

마음 번뇌에 물들지 않고, 생각 미혹에 어지럽지 않아
선하고 악함의 조치를 넘어 깨어 있는 사람은 두려움 있
지 않다. (제39시)

특히 다음 시는 그 한역과 함께 가장 잘 알려져 있다.

온갖 악은 하지 말며, 선함을 행하여 바쳐라.
스스로의 마음을 깨끗이 하라. 이거야 실로 온갖 부처
의 가르침. (제183시, 이 '마음'의 원어는 '칫타')

제악막작 제선봉행 諸惡莫作 諸善奉行
자정기의 시제불교 自淨其意 是諸佛敎
여러 악을 짓지 말고 여러 선을 받들어 행하며,
스스로 그 뜻을 깨끗이 하라. 이것이 여러 부처의 가르침.

마지막 구절의 '제불諸佛(부처의 복수형)'을 '과거칠불過去七
佛'(이 책의 제1부 제2장 ③[76쪽]을 참조)로 해석하고, 이 시를 그
칠불 전부가 말했다고 하여 '칠불통계게七佛通誡偈('게'는 '시'

와 같다)'로 명명하는 일이 적지 않다. 또한 이 시는 불교를 한 편의 시로 나타낸다고도 생각되어왔다. 한편 이 시 제2구의 '제선諸善'을 아마도 수사修辭(레토릭)상의 고려에서 '중선衆善'으로 변경하는 사례도 아주 많다.

이처럼 '마음'을 불교의 기본적 입장으로 하는 예문은 시에서도 산문에서도 초기 경전에 극히 다수가 있으며, 이는 석존으로부터 시작되었다고 볼 수 있다.

그럴 경우『담마파다』의 인용 속에서도 말해지고 있듯이 어떤 사람에게도 '마음'은 변동하기 쉽고, 지키기 어려우며 제어하기 어렵다. 확인하는 것도 파악하는 것도 어렵고, 미묘하며 경솔하게 들떠 있고, 욕정에 응하여 '마음'은 동요한다.

'마음'은 자주 더럽혀지고, 탁해지며, 짓눌려지고, 답답해진다. 안정되지 않을 뿐만 아니라 원한, 노여움, 무서움, 질투, 다툼, 게으름, 탐욕, 미혹, 얽매임 등은 전부 '마음'에 있으며, 부끄럼 없고, 수치 자체를 알아차리지 못하고, 잘못을 저지르고, 잘못을 숨기며, 남한테 주기 싫어하고, 원망, 의심, 불화, 나태, 음울, 아첨, 기만, 교만, 후회, 불신, 오만, 무지 등은 '마음'에서 시작한다.

'마음'이 그러면 그런 만큼, 그 있는 현실의 실태를 응시하며 '마음'은 이런 것들을 불식해간다. 이를 완수하는 것이 다름이 아니라 '마음' 자체라고 여러 자료에서 상세하게 서술한다.

게다가 위에 든 『담마파다』 서두의 시 2편에서 말해지고 있듯이, '마음'은 온갖 사물(제법諸法)을 만들어내고 지배한다. '마음'이 일체의 주인이며, 각 개인에게서 '마음'으로부터 말도 행동도 모두 시작된다.

이렇게 일체의 '사(행위)·물(물체)'에 우선하여 '마음'을 가장 중요시하는 방향은 석존에 의해 끊임없이 교시되며, 초기 경전에 충만되어 있다. 그리고 이윽고 부파불교는 '마음'의 상세한 분석으로 이루어지는 '심식론心識論'이라는 체계를 전개하는데 그것은 팔리 논장에서 특히 상세히 논술되어 있다. 또한 대승불교는 한층 더 선명한 유심론唯心論을 펼치는데 『화엄경』(「십지품十地品」의 '제육현전지第六現前地')에 다음과 같이 끊임없이 인용되는 유명한 구절이 있다.

삼계三界는 허망한 것으로 단지 이 일심一心의 조작에 불
과하다.

　　십이(인因)연분緣分은 모두 이 마음에 의거한다.

　이 구절과 그 전후는 산스크리트문도 갖추어져 있는데,
내용도 전혀 변함이 없다.

　이 유심론에서 중기 대승불교의 확고한 유식설唯識說이
태어나며, 치밀한 이론이 구축된다. 동시에 '마음'에 대한
한없이 깊은 신뢰는 뒤에서 서술하는 이른바 '심성청정心
性淸淨'·'자성청정심自性淸淨心'의 사상으로 전개되고, 또 그
전개 과정에서 여러 가지 교설을 받아들여 같은 중기 대승
불교의 여래장如來藏(불성佛性)이라는 불교의 독자적인 술어
로 결정된다. 이 술어는 일체중생一切衆生(존재하는 모든 생명
체)이 전부 여래 즉 부처에게로 통한다는 길을 연다.

　한편 우리들의 일상에는 이른바 신심론身心論(심신론心身論
이라고 해도 좋다)이 있고 근래 장족의 진보를 이룩한 현대 의
학에서도 신체의 조화로운 상태와 그렇지 못한 상태의 대
부분이 바로 '마음'으로 귀인歸因하는 것을 강조하는데, 우
리들은 현재 이를 강하게 체험하고 있다.

　또한 '마음'은 중국 사상의 핵(의 하나)인 '기氣'의 일부와

서로 통한다.

③ 고

고苦는 산스크리트어의 두카[s. duḥkha], 팔리어의 둑카
[p. dukkha]에 해당되는 것으로 그 어원은 분명하지 않다.
인도에서는 가장 오래된 베다 성전과 인도 사상사에서 종
종 등장하는 유물론을 제외하면 고대에서 중세에 이르는
거의 모든 종교·철학이 고를 중요한 테마(의 하나)로 문제
삼으며 갖가지 고찰을 시도하고 있고, 불교도 그 중요한
일익을 담당한다.

석존은 말하자면 혜택 받은 환경에서 태어나 자라면서
유·소년 무렵부터 혼자 사색과 명상에 잠기는 일이 많았
는데, 그것은 인생에 있어서의 고苦를 일찍이 직면하고 체
험했기 때문이라고 한다. 그래서 그의 출가는 다름이 아
니라 즐거움에 가득 찬 현세의 일체를 포기하는 것인데,
출가 후 6년 동안의 수행을 거쳐 고로부터의 이탈과 그 초
극을 달성하여 이른바 성도成道를 획득하고 '붓다' 즉 '각자
覺者(깨달은 자)' 내지 '무니[s.p. muni]' 즉 '성자聖者'가 되어 석

존이 탄생한다. 성도 후에 이윽고 스스로의 깨달음의 내용을 사람들에게 설하기 시작함으로써 불교가 출현하고 창시되었다는 것은 이미 서술하였다.

이러한 개략적 설명에서 분명하듯이, 고는 바로 석존 자신의 그리고 또 불교 그 자체의 이른바 원점原點이며, 혹은 불교의 성립에 대하여 시간적인 관점에서 보면 그 시원始原에 해당하는 것으로도 볼 수 있다.

고라는 말은 이미 『숫타니파타』에 빈번하게 등장하고, 두카와 그 복합어는 이 텍스트에 몇십 회나 사용된다. 그리고 『담마파다』를 비롯한 여러 가지 운문 경전과 산문 경전에서도 고를 둘러싼 예문은 그 수가 매우 많다.

고는 이렇게 초기 경전 속에서 되풀이하여 설해진다. 개중에는 일상의 이른바 감각적 내지 생리적인 고통(영어의 pain)도 있다고 해도, 오히려 심리적인 고뇌(영어의 suffering)를 많이 역설하고 있다. 그리고 무릇 이 세상(사하로카[s. sahāloka] 다투[s. dhātu], 사바세[계]娑婆世[界])에 산다는 현실이 고로 가득 차 있음을 분명히 한다.

그렇기는 하지만 그들 다수의 용례를 모은 뒤 새삼스레 고찰하면, 거기에는 '고란 무엇인가'라는 설문도 해답도 전혀 나타나지 않는다고 해도 좋다. 그래서 그 전체 자료에 근거하여 극히 간결하게 현대의 어휘로 요약한다면, "고라는 것은 자기가 생각한 대로 되지 않는 것"이라는 정의를 일단 얻을 수 있다. 여기서 이것을 '고의 본질'로서 내걸며 다시금 고찰을 진행해가자.

수많은 자료를 '고는 무엇에 근거해서 생겨나는가'라는 관점 아래 정리·구분하여 말하자면, 고의 근거를 개괄할 경우 대략 다음의 네 종류가 된다. 즉 (1) 욕망과 그 변형에 근거하는 고, (2) 무지와 그 변형에 근거하는 고, (3) 인간존재 그 자체 내지 실존에 근거하는 고, (4) 무상에 근거한 고가 된다. 아래에서는 각각에 대하여 논한다.

(1) 욕망과 그 변형은 탐욕, 애욕, 정욕, 애착, 애집愛執, 집착, 번뇌 등이 여러 자료에 보인다.

생명이 있는 것은 전부 무언가를 바라는 욕망을 가지고 있는데, 오히려 욕망에 따라 움직이면서 그것으로 살고 있다. 그리고 욕망은 본래 그 충족을 지향한다. 본능적이건 그 이외 또는 그 이상의 욕망이건 또한 얼마나 작거나 크거나 반드시 그 달성을 추구하며 계속 추구하고 있다.

이리하여 어떤 목표를 진행해온 그 욕망은, 그 목표에

도달한 순간 즉 그 욕망이 충족되는 그때, 동시에 그 욕망은 소멸해버린다. 이를 도식적으로 말하면 추구-완성(만족)-소멸이 된다. 제아무리 강하고 격렬하며 깊게 추구해 마지않던 욕망이라고 해도, 그것이 일단 달성된 그때 스스로 사라져 없어지며, 이미 그 욕망은 존재하지 않는다.

이와 같은 욕망의 양상을 다시 검토해보자.

스스로 발생하여 추구해온 그 욕망은 그것이 마침내 만족된 그 지점, 시점에서 스스로 무無로 변해버린다. 나아가 이 욕망의 무화無化는 결코 다른 것에 의하지 않고 욕망 그 자체에서 생겨나 스스로를 부정해가고 있음이 분명하다. 따라서 욕망 그 자체는 틀림없이 부정적, 더구나 자기부정적이며 또한 모순적, 더구나 자기모순적이라고 표현될 것이다.

나아가 욕망에 관해서는 욕망 일반이라는 것은 무의미하고, 현실에서는 반드시 구체적인 하나의 특정한 욕망으로서 존재하며, 욕망은 항상 개별적이라는 성격을 지닌다. 그리고 그 특정된 하나의 욕망이 추구되고 달성하여 만족되면, 스스로 소멸한다는 자기부정과 자기모순을 진행하는 곳에서 곧바로 다른 하나의 욕망이 생겨나며, 게다가 새롭게 특정된 그 욕망도 또한 동일한 궤적을 밟게 된다.

그들을 겹겹이 포개면서 거시적으로 바라본 일종의 연쇄를 둘러싸고 '욕망은 무한'이라는 속칭이 언급된다. 그렇다고 해도 그 속칭은 질적으로 반드시 구체적인 특정한 욕망과 그 하나하나 주검의 누적을 본래는 무의미한 양量으로 추상화한 언사에 불과하며, 욕망의 구체성은 결코 사상捨象할 수가 없다.

본래 욕망은 항상 달성된다고 한정할 수 없다. 오히려 달성되지 않은 경우가 훨씬 많다. 그렇다면 그러한 달성될 수 없는 욕망을 어째서 스스로 품는 것일까? 이를 분명히 한 그대로 달성할 수 없는 것을 스스로 욕망하고 추구한다는 것 그 자체가 자기부정적, 자기모순적인 면으로 통하고 있다.

밖에서 구하는 욕망이든, 안으로 향한 욕망이든, 그리고 그것이 달성되거나 혹은 실패로 끝나서 좌절하거나 이 자기부정적, 자기모순적이라는 욕망의 양상은 전혀 변하지 않는다. 욕망이 있는 한 그것은 언제나 붙어다니며 계속해서 가고, 이리하여 '자기가 생각한 대로 되지 않는 것'인

고는 끊어지는 일이 없다.

단지 한마디 덧붙인다면, 위에서 설명하였듯이 욕망이 개별적인 것과 마찬가지로 이 경우의 고苦도 반드시 개별적이며, 그 하나하나의 고를 스스로 낳고 또한 짊어진다.

한편 이 고로 이끄는 욕망을 불교 술어로는 번뇌煩惱(클레샤[s. kleśa], 킬레사[p. kilesa])라고 하는데 이 말은 일상어로도 사용된다. 그리고 허다한 번뇌가 열거되어 '백팔번뇌'라고 일컫지만, 실은 한층 더 개별적이고 구체적인 번뇌가 범부凡夫에게 시시각각 생겨나고 있다.

이 '욕망에 근거하는 고'의 가르침은 뒤에서 서술할 사제설四諦說에도 그대로 수용된다.

(2) 무지無知와 그 변형은 여러 자료에 무명無明, 어리석음, 치癡, 미망迷妄 등으로 언급된다.

무지는 다름이 아니라 지知의 결여이지만, 여기에서 말하는 무지는 무언가의 사·물을 모른다고 하는, 세상에서 말하는 지식의 결여를 가리키는 것이 아니라, 생명이 있는 것 특히 지를 특성(의 하나)으로 하는 인간에게서 나타나는 본래적인 무지를 말한다.

지는 그 성격상 어디까지라도 알고자 하며 작용하는데,

지의 작용은 통상 그치는 일이 없다. 그 결과 인간은 이제까지 방대한 지의 재고를 자랑하고, 그 지의 산은 다시 한층 팽창·확대하려고 한다.

그렇지만 지라는 작용에 대하여 고찰하면, 그것은 그 출발에서 반드시 대상화에 의해 시작되고 있다. 그리고 이미 거기에는 지의 자기외화自己外化(자기가 자기를 대상화하는 활동)가 있고, 지의 작용이 결과로서 알려진 그 내용이 아니라 지 그 자체를 안다고 하는 일종의 지의 퇴행退行(자기반성)은 보류되고 있다.

혹은 다음과 같이 설명할 수도 있을 것이다. 일반적으로 지라고 일컫는 작용의 내실은 대상에 관한 지인 것인데, 대상 즉 밖으로 향해진 그 지는 때로 막대한 에너지나 시간 등을 필요로 하면서도 그 외적인 대상을 분명히 하여 그 지를 수용한다. 이 성과와 동시에 지가 증가하면 증가할수록 오히려 무지의 개소가 판명되어, 그에 의해 다시 지는 활기를 띠고 지의 대상을 증대시키며, 지는 밖으로 향해 어디까지라도 진행하고자 한다. 그럼에도 불구하고 그 지의 외적인 대상은 실은 전부 그 지 스스로가 투영한 외부의 그림자인 것이고, 다름이 아니라 일종의 영상이다. 적어도 오온설五蘊說(이 장의 ⑨를 참조)이 보여주듯이 대상(색色)은 반드시 표상表象(상想, 이미지) 등을 통과하여 인식(식識)되며, 지는 그 여러 인식에 근거한다.

더구나 이를 행하고 있는 지 그 자체, 혹은 지의 내면에 관해서는 어떠한 지라도 아무리 해도 알 수 없으며 전혀 무지라고밖에 말할 수가 없다.

표현을 달리 하자면, 지의 목표는 진리라고 하지만 진리는 결코 알 수 없고, 바로 알 수 없기 때문에 다시 지의 작용은 진행되어 머무르지 않으며, 그럼에도 여전히 알기 어렵다. 이 무한한 진행을 계속하는 지 그 자체가 지 스스로를 알 수 없다. 이리하여 여기서도 또한 본래적 무지라는, 지의 자기부정적이고 자기모순적인 양상이 드러나게 된다.

일상적으로는 종종 '한 치 앞은 어둠'이라고 하여, 자신과 자신을 둘러싼 세계의 아주 가까운 앞조차 타인은 물론 자기 자신도 알 수 없다. 극단적인 예로서 자신의 죽음은 어떤 사람에게도 명확하지만, 자신이 언제 어떻게 죽느냐를 자신은 알지 못한다.

또한 현대는 '정보에 의해 비로소 알려진다'고도 말한

다. 그것은 지의 주체성의 결여를 폭로하고 불확정성 등
도 고백한다. 이런 사례들 외에 친근한 일상도 나도(세계
도) 만반의 본래적인 무지에 휩싸여 있다.

이러한 본래적인 무지는 그로부터 필연적으로 거기에
근거하는 고에 직결된다. 즉 지가 밖으로 향해 확대되지
만 그러나 그 안에 관해서는 전혀 무지한데, 이 밖과 안의
이반은 점점 증대하고 자기부정·자기모순의 알력이 격화
하여 고는 한층 심각하게 된다.

한편 이 무지를 후대에 '무시無始의 무명無明'이라고 칭
한다. 또한 『반야무지론般若無知論』(승조僧肇, 5세기 초)이라는
책도 있다. 근원에 있는 이 무지무명이라는, 인간 본래의
양상을 불교가 지시하는 것은 아우구스티누스A. Augusti-
nus의 명명에 의해 잘 알려진 그리스도교에서 특필되는
'원죄原罪'라는 표현과 일맥상통하는 부분이 있다.

앞에 기술한 번뇌에 대하여 탐냄(탐貪)과 미워하며 성냄
(진瞋), 그리고 어리석음(치癡)을 각별히 문제로 삼아 삼독三
毒이라고 명명한다. 탐과 진은 앞에서 서술한 '욕망'에, 치
는 '무지'에 수용된다.

또한 뒤에 서술하는 연기설緣起說 중에서 그 완성 형태

인 12인연설因緣說은 이 무명에서 시작되어 생·노·사에 이르며, 그 후 원초적 형태는 고苦(비우뇌상悲憂惱想) 또는 모든 고의 집합인 생기(와 소멸)를, 다수의 경전이 기록하고 있다.

(3) 인간존재 그 자체(실존)에 관하여 생존, 출생, 늙음, 죽음, 병, 업業, 윤회輪廻 그 외의 많은 것을 여러 자료는 내세운다.

이 인간존재(실존)에 근거하는 고는 가장 선명한 전형이 이른바 생로병사의 사고四苦라 하며, 여기에 원증회고怨憎會苦(미워하는 사람을 반드시 다시 만나지 않으면 안 되는 괴로움-역자 주), 애별리고愛別離苦(사랑하는 사람과 끝내는 헤어질 수밖에 없는 괴로움-역자 주), 구불득고求不得苦(아무리 구하여도 결코 얻을 수 없는 괴로움-역자 주), 오온성고五蘊盛苦(총괄하여 일체는 5요소의 집합으로, 여기에 항상 내재하고 있는 괴로움-역자 주)를 더하여 팔고八苦로 나타낸다.

태어나 늙고 병들고 죽는다. 이는 오로지 자신에게 속하며 자신의 일이지만, 자신이 생각한 대로는 되지 않아 자신의 소원에 어긋나고 자신에게는 결코 따르지 않는다. 혹은 미워하고 원망하는 사람을 만나지 않으면 안 되고,

사랑하는 사람과 헤어지지 않으면 안 되며, 스스로 얻을 수 없는 것을 구하여 마지않는다는 인간존재(실존)가 어떻게도 벗어날 수 없는 참으로 역설적인 현실의 양태는 그대로 고로 통하고, 종합하여 존재하는 일체(오온五蘊)가 고로 가득 차 있다고 말한다.

다시 검토하면, 태어남의 괴로움에 대해서도 태어났을 때 모친의 극히 좁은 산도産道를 통과하지 않으면 안 된다는 감각적인 고로부터 시작되어 자신이 생각하는 대로 태어날 수 없고, 나아가 필연적으로 늙고 병들고 죽는 존재로 태어났다고 하는, 태어나는 것의 부정과 모순이 출생 시에 이미 프로그램이 되어 있는 점에서 바로 자기부정적이고 자기 모순적이며, 이런 점들에 근거하는 고를 생명이 있는 것 특히 인간은 태어날 때부터 짊어지고 있다.

한편 불교에서 말하는 '생'은 항상 '생기다'와 '태어나다'라는 의미로서 '살아가다'는 뜻이 아니다.

이 인간존재(실존)에 근거하는 고는, 앞의 무지에 근거하는 고와 함께 극히 인간적인 고라고도 할 수 있다. 또한 이들 (2)와 (3)의 두 가지 고는 (1)의 욕망에 근거한 고가 구체적, 개별적, 일회적인 것에 비하면 너무나도 본래적이고 불가피하여 고라는 의식이 적을지도 모른다. 그렇지만 이들 두 가지 고는 잊어버리는 것이 곤란하고 거의 항상 각 개인에게 부수되어 있으며, 실은 좀 더 깊고 좀 더 강하게 "자신이 생각하는 대로 되지 않는 것"이라는 고의 본질을 폭로한다.

(4) 무상에 근거하는 고는 다음 항목에서 '무상'을 논하는 곳에서 기술한다.

이상의 고의 논술에서 분명하듯이 고는 '생명이 있는 것'(삿타, 사트바, 중생衆生 또는 유정有情으로 번역한다) 특히 인간에게 불가피한 필연적인 양상이며, 게다가 고에 있어서 최대의 문제는 결국 자기에게 귀결한다. 즉 자기가 자기를 배반하고 부정하고 모순하며, 이를 자기가 한층 더 촉진한다. 바로 그런 까닭에 각각의 고비에서 자기는 다시금 모색하고 탐구하고 노력하며 정진한다. 그러한 영위의 총체가 바로 산다고 하는 것이며, 그 과정을 경과해야 비로소 좀 더 큰 충실함을 얻을 수 있다, 그리고 그 활동과 과정 그리고 결과가 다시금 확충하고 혹은 심화되어가서, 그 극한의 체험과 통찰에서 고로부터의 이탈과 해방을 획득한다고 불교는 말한다.

이러한 고로부터의 해방이란 고의 본질인 자기부정과 자기모순에서 나아가 스스로를 부정하는 것이며, 말하자면 이중부정의 구조를 가진다. 그리고 그러한 경지가 달성된 경지에서 자기는 말하자면 진정한 본래의 자기로 전신轉身하여, 문자 그대로 자재自在하며 절대적 평안인 니르바나가 현전現前한다. 위와 같은 내용을 불교는 그 최초기부터 일관되게 이상으로 삼고 있다.

④ **무상**

무상에 해당하는 팔리어는 아닛차[p. anicca](산스크리트어는 아니티야[s. anitya])인데 드물게 아삿사타[p. asassata](아샤슈바타[s. aśāśvata]), 아두바[p. adhuva](아두루바[s. adhruva])라는 말도 자료에 보인다. 다만 이 말들은 『숫타니파타』 이외의 운문으로 제시된 가장 오래된 경전에서는 극히 드물게 나타나고 용례도 전무에 가깝다.

그와 동시에 예를 들면 『숫타니파타』 제574~593의 총 20편의 시, 또는 『담마파다』의 여러 곳에 새겨넣은 약 20편의 시는 인간존재(실존)에 필연적인 죽음에 관해서 엄숙하고 절실한 아픔이나 애석함을 되풀이하여 노래한다. 그들은 죽음, 죽음의 불가피함, 죽음의 잔혹함을 강조함과 아울러 그 죽음에 대한 한탄과 슬픔으로부터의 탈각脫却과 버리고 떠나는 사리捨離를 장황하게 설교하며 "태어난 것은 죽어야 하는 것", "생명이 있는 것은 반드시 죽음으로 끝난다" 등의 구절을 보여준다.

이들은 이윽고 "모든 생기生起한 것은 어떤 것도 소멸한다"는 일종의 정형구가 되어, 팔리 5부의 산문 경전에도 또한 팔리율 등에도 빈출하며 '생자필멸生者必滅'이 되풀이되고 있다.

이상은 죽음에 관해서 기술했지만, 그에 이르기까지의 늙음이나 병 등 갖가지 재앙 등에 대해서도 거의 마찬가지로 언급된다. 나아가 팔리와 한역의 산문 경전에서는 인간존재(실존)에 내재하거나 혹은 이를 둘러싼 일체의 것에 같은 종류의 표현이 있을 뿐만 아니라, 이들에게는 위에 서술한 아닛차, 무상無常 등의 말이 많이 사용되어 그 예문이 200여 개에 달한다.

게다가 죽음도 늙음도 병도 그들을 포함하는 내적인 것의 무상도 그리고 외적인 것의 무상도 그 어느 것이나 그

와는 다른 타자가 덮쳐오는 것이 아니라 스스로가 스스로
에게 불러 모으고 있다고 말한다. 게다가 그것은 질그릇
이 스스로 부서지고 쇠가 녹스는 것처럼 비유된다.

이와 관련하면서 이들 엄청난 수의 예문을 상세하게 조
사하여 알게 된 특징적인 점은, 무상을 나타내는 말이 언
제 어디서도 아무런 수식어도 없이, 어째서 무상인가 등의
이른바 이론적인 근거가 일절 질문되는 일이 없이, 말하자
면 돌연히 튀어나온다는 것이다. 이처럼 무상이라는 말에
는 원인도 이유도 근거도 또한 그 기원도 전혀 추구되는
일이 없다.

이러한 용례의 특징에서 분명하듯이 무상은 인간존재
의 가장 적나라한 사실과 현실을 그것이 있는 그대로 직접
적으로 감성이 받아내고 받아들여 그에 촉발되어 생기며,
또한 특히 깊은 관심과 공감을 수반하면서 솟아나는, 일종
의 영탄詠嘆이라고 표현할 수밖에 없다.

이러한 영탄은 인간존재(실존)의 가장 깊은 심연의 감탄
사인 것이며, 따라서 그것이 무상이라는 말로 응축되어도
이는 불교만의 특수한 술어術語인 것은 아니다. 그렇기는
커녕 무상은 그러한 술어적 발상과는 어떠한 관련도 갖지

않고, 단지 깊이를 알 수 없는 영탄에 근거하여 최초기의 운문 경전이 인간존재의 현실을 읊고 있는 가운데 문득 나타난 것이다. 나아가 산문 경전에서도 말하자면 벌거벗은 무상이 그대로 등장한다고 평가할 수 있다.

물론 이와 같은 현실에 직결되고 있는 무상이라는 영탄은 아마도 석존 자신이 실제로 체험하고 내성內省하며 자각했었을 것이다. 동시에 또한 석존에게 호소한 수많은 비탄에 석존이 공감하면서 인간존재를 있는 그대로 직관·응시하고 인식하며 체득하여, 그 심연에서 그것이 발생했을 것이다.

이리하여 무상이라는 말로 결정結晶됨에 의해, 일체가 무상이라는 자각과 공감에 근거한 체험이 앞서 기술한 '고'의 항목 (4)에서 내건 '무상에 근거하는 고'에 결부된다. 게다가 위에서 기술했듯이, 무상은 타자로부터의 요인에 의한 것이 아니라 스스로가 스스로에게 불러들이며, 게다가 그것은 스스로에게 반드시 부과되고 있다.

즉 자기부정과 자기모순의 깊이를 알 수 없는 심연이 이 무상에서 드러나고, 이 점에서 바로 자기부정과 자기모순을 본질로 하는 고로 귀결된다고 해도 좋다.

앞서 '고'의 고찰 서두에서 고는 석존 및 불교의 시간적인 시원始元으로 정립되었다. 그리고 여기에 위의 무상·고의 논구에 의해, 무상은 고의 근거(의 하나)라는 점이 명백하게 되고, 이리하여 무상은 석존 또는 불교의 논리적인 시원에 안치되는 것이 된다.

나아가 또한 적어도 초기 불교에서 무상은 상常의, 그리고 무상·고는 상常·낙樂의 반명제反命題(Antithese)로서 있는 것이 아니라, 상이나 낙과는 어떠한 관계도 갖지 않는다. 오히려 초기 경전은 곧이곧대로 무상과 고를 말하고 있는데, 그러한 무상·고라는 현실의 응시와 체험에 근거하여 그 초월이 추구되며 이윽고 이상의 니르바나에 도달한다고 설해진다.

부언하자면 앞서 '십사난무기十四難無記'를 논하는 가운데 "세계는 상인가 무상인가"라는 질문이 그 첫 번째에 놓여 있다. 이 장면의 원어는 언제나 상常은 사삿타[p. sassata](샤슈바타[s. śāśvata]), 무상無常은 아사삿타[p. asassata](아샤슈바타[s. aśāśvata])로 통일되어 있다. 거기에는 이 항목에서 설명한 무상의 원어인 아닛차[p. anicca](아니티야[s. anitya])라는 말이 사용되는 예는 하나도 없다.

또한 뒤에서 서술할 '중도中道'에 나타나는 '불상不常(부단 不斷)'에서도 그 불상은 위의 아삿사타이며 역시 아닛차는 등장하지 않는다. 한역에서는 명확하게 구별되지 않는 무상과 불상도, 원어에서는 확실히 사용을 구분하고 있다.

나아가 무상이라는 말에서 명백하듯이 불교는 그 최초기부터 자기와 세계를 포함하는 현실의 전부를 정지의 상태가 아니라 반드시 운동의 상相 아래에 두고 있다고 말할 수 있다. 즉 불교에서는 일관하여 고정적인 태도는 터럭만큼도 엿볼 수 없으며, 끊임없이 역동적인 양상으로 시종하여 일체를 생멸하고 변화하는 유동 그대로 내맡겼다고 평가해도 좋다.

⑤ 무아

무아無我는 비아非我라고도 번역된다. 단적으로 말해 무아는 "내가 없다", 비아는 "내가 아니다"이고, "자아가 없다"와 "자아가 아니다"를 나타낸다.

무아의 원어는 아我·자아自我를 의미하는 팔리어의 '앗탄[p. attan]', 산스크리트어의 '아트만[s. ātman]에 '안(an-)' 또는 '니르(nir-)'라는 부정을 나타내는 접두사를 붙인 것이다.

이 교설은 이미 『숫타니파타』에 상세히 서술되며, 총 1,149시 가운데 절반 이상의 시가 직접·간접으로 무아설과 관련된다.

이들 여러 자료에 특징적인 점은 집착 내지 그와 동의어(알라야[s. ālaya], 우파디[p. upadhi], 우파다나[s.p. upādāna] 등)의 부정을 강조한다. 여기에서 말하는 집착은 위에서 서술한 욕망과는 다르며, 오히려 특정한 개별 사례가 아니라 막연하고 추상적이며 익명(anonym, 무명)인 채로 인간존재(실존)의 근간에 숨어 깃들고, 바닥 깊게 뿌리를 내리고 머물러 있으면서 주춤거리지 않는다. 바로 이 때문에 집착하고 사로잡히며 구애되는 것이며, 이러한 일종의 혼돈인 집착에서 개개의 구체적인 욕망이 잇따라 산출된다. 그러한 참으로 섬뜩하다고밖에 말할 수 없는 집착 속에서 가장 강렬하고 완고한 것이 바로 아집我執이며, 그것은 집착의 더욱 근저를 자아가 확고히 하고 있는 것에 근거한다.

이처럼 집착, 아집, 자아라는 근원을 『숫타니파타』는 명확하게 지적한 후에 그 제어, 부정, 사리捨離, 초월에 대해 말한다. 이상이 이 텍스트에 기술된 무아설이라고 할 수 있다.

이것을 일상의 극히 평이하고 분명한 말로 표현한다면, 『숫타니파타』가 가르치는 무아라는 것은 "집착, 특히 아집을 버린다", "구애받지 않는다", "얽매이지 않는다"로 총괄될 것이다.

그보다 다소 후대에 성립하고 가장 널리 알려진 운문 경전인 『담마파다』에서는 지금까지 '자아'라고 번역해왔던 원어(팔리어)의 '앗탄'에 약간 변용이 가해진다.

즉 그 '앗탄'은 지금까지의 '자아' 이외에 때로 '자신' 그리고 '자기'라고 번역하는 것이 적절한 용례가 유달리 눈에 띈다.

'최초기 불교의 금언적 설법의 시집'이라고도 칭해지는 이 『담마파다』에 '앗탄'이 '주체적인 자기'를 말하는 시는 여기저기에 걸쳐 20여 편에 이르는데, 그 예를 세 개 인용한다.

자기야말로 자신의 주인, 다른 누가 (자기의) 주인이 되겠는가.

실로 자기를 잘 제어한다면, 참으로 얻기 어려운 주인 얻게 된다. (제160시)

너 자기의 모래톱(洲. 의존할 곳)을 만들어, 서둘러 노력하라, 현명하도록. (제236, 제238시)

참으로 자기야말로 자기의 주인, 자기야말로 자기가 의존할 곳.

그러니까 자기를 제어할 수 있으니, 상인이 좋은 말을 (제어)하는 것처럼. (제380시)

여기에 다른 여러 용례를 더하여 이 텍스트의 무아설을 고찰해보자.

무엇보다 먼저 자신이 지금 여기에서 그 내면을 동시에 다양하게 전개하는 현실에 대한 대응을 생각하는데, 마음으로 생각하고 말로써 입에 나타내고 신체가 행한다. 뒤이어 그들의 근거에 파고들어 '집착하는 자아'와 '자아에 대한 집착'에 맞부딪치며 그들의 탈각, 초월, 해방, 해탈을 지향한다. 그리고 그 탈각에서 해탈까지를 실현해가는 것은 주체로서의 자기인 것이며, 그 결과로서의 해탈에 도달하는 것 역시 다름 아닌 이 자기이다.

이상을 정리하여 기술하면, 인간은 출생하자마자 매 순간 끊임없는 행위의 연속 사이에서 그 주체인 앗탄은 일상에 대해, 또한 자신에 대해 자기긍정과 자기부정을 반복하면서 자아를 굳혀간다. 한편 결국에는 자아를 초극하는 무아를 자기가 완수하고, 진실된 주체이며 언제나 평안한 자신을 획득하여 이를 의지처로 삼는다. 대체로 이상이 『담마파다』가 가르치는 무아설이라고 할 수 있다.

이윽고 초기의 산문 경전이 되면 앗탄은 거의 '자아'와 유사한 것으로 여겨지며, 불교 특유의 분석이 행해져 '나의 것(마마[mama])'과 '나(아함[aham])'와 '나의 자아(메 앗따[me attaj])'의 세 가지로 분할된다.

이리하여 산문 경전에 보이는 무아설의 대부분은 "이것은 나의 것이 아니다", "이것은 내가 아니다", "이것은 나의 자아가 아니다"라는 정형定型으로 거의 이행하고 있으며, 이 문장 가운데 '이것'에 구체적인 하나하나의 예를 들어 정말로 극도로 번잡할 만큼 같은 종류의 문장을 반복하여 강조한다.

그렇지만 여전히 산문 경전에서도 '앗탄'을 '주체적 자기'라고 해석하는 사례도 있다.

가장 잘 알려진 것은 앞에서 인용한 『담마파다』 제236 시 등에 사용되고 있는 '주洲'의 원어인 디파[dīpa]를 산스크리트어의 드비파[s. dvīpa]로 환원하는 정통설로부터 따로 떼어 역시 산스크리트어인 디파[s.p. dīpa]에 해당시켜 '빛'으로 해석한다. 이에 따라 한역의 4아함 가운데 몇 개의 경에는 "자신을 등불로 삼고 타인을 등불로 삼지 마라. 자기를 귀의로 삼고, 타인을 귀의로 삼지 마라"고 설하는 문장이 있다.

이 구절에는 나아가 이기주의egoism나 자기중심주의egocentrism를 배제하며 보편적인 법法(담마, 다르마)을 첨가해 "법을 등불로 삼고 남을 등불로 삼지 마라"는 구절이 이어진다. 위의 두 문장을 합하면 "자등명自燈明, 자귀의自歸依, 법등명法燈明, 법귀의法歸依"가 되고, 이 구절 내지 같은 종류의 관용구가 자주 산문 경전에 설해진다.

또한 앞에 인용한 『숫타니파타』는 제45시를 뺀 제35시~제75시에 걸친 합계 40편 전부의 말미에 "무소의 뿔처럼 다만 혼자서 가라"고 하는 후렴구(되풀이되는 구절)를 붙인다.

어쨌든 앗탄은 자신과 자아와 자기라는 다양한 양상을 포함하며 참으로 양가적인(상반되는 것이 동시에 양립하는, 앰비벌런트ambivalent) 양상을 드러낸다. 즉 동일한 앗탄에서 일상적인 자신이 자아 혹은 자기로 전환하고, 또는 자아가 자기로 승화하며, 또한 자기가 자아로 전락한다는 카오스(혼돈)를 내장하고 있다.

무아라는 가르침은 자신, 자아, 자기라는 일상성에서 종교성에 이르는 모든 국면에서 항상 그 핵심의 역할을 완수하는 것을 고찰하면서 다시금 한 걸음 더 나아가 스스로 어떻게 존재하며, 어떻게 생각하고, 어떻게 말하고, 어떻게 행동할까 하는 스스로의 행위와 실천에 직결된다. 그런 의미에서 무아설은 농후하게 실천적인 성격을 띤다는 점에서 고苦 및 무상의 교설과는 다소 양상을 달리한다.

⑥ 삼법인

고와 무상과 무아는 팔리 5부 및 한역 4아함에 각각 따로따로 설해지며 각 항목씩 독립되어 있지만, 특히 앞의 산문 경전에서는 이윽고 일괄되어 무상-고-무아라는 가르침이 확립된다. 앞에서 서술한 대로 고가 교설의 시간적인 시원일지라도 무상이 논리적인 시원이 되는 바에서 무상·고가 되고, 그에 대한 통찰을 품으면서 실천으로 이어지는 국면에서 무아로 전개되어 무상-고-무아라는 계열이 완성되었을 것이다.

이리하여 무상-고-무아의 교설은 팔리 5부에서도 한역 4아함에서도 빈출한다고 말해도 좋을 만큼 반복되며, 그들을 합산하면 각각 150여 개의 예문이 있다. 그 가운데 『담마파다』 제277~제279시의 3시는 "제행諸行(삿베 상카라[sabbe saṅkhārā]) 무상無常", "일체행一切行(삿베 상카라) 고苦", "제법諸法(삿베 담마[sabbe dhammā]) 무아無我"를 병렬하고 "각각을 지혜를 갖고 꿰뚫어볼 때야말로 괴로움이 멀리 떠난다. 이것이야말로 청정에 이르는 길"이라는 동일한 구절을 이들 세 시의 말미에 세 번 반복해서 읊는다.

여기에서 분명히 나타나듯이 "제행무상, 일체개고, 제법무아"라는 가장 유명한 상투구는 이미 『담마파다』에 담겨 있다. 끝으로 이 구절을 있는 그대로의 형태로 석존이 가르치고 말했는지 여부가 제아무리 문헌학을 구사해도 소상하지 않다고는 해도, 적어도 이 원형은 석존에게서 시작된 것으로 최초기 불교 이후에 끊임없이 주장되고 있으며, 불교의 교설 가운데 가장 오래된, 즉 석존에게 가장 가까운 가르침으로 간주해도 좋다.

이미 무상-고-무아의 각각은 본래 석존이 도달하여 불교의 이상적 경지라고 한 니르바나로 이끄는 교설이며, 따라서 제행무상, 일체개고, 제법무아(이 순서는 항상 일정함)의 3항목으로 이루어지는 계열에 니르바나가 더해져 절대의 평안으로 통하는 것이다. 이를 '열반적정涅槃寂靜'이라고 칭하여(적정寂靜은 산티[p. santi], 샨티[s. śānti]의 번역, 현대어로는 평화), 위의 계열은 4항목이 된다.

이리하여 계열이 확정된 3항목 그리고 4항목, 나아가 4항목에서 '일체개고'를 제외한 제행무상, 제법무아, 열반적정의 3항목은 이윽고 삼법인三法印, 사법인四法印이라고 칭해진다(즉 삼법인은 2종이 있다).

이 법인은 산스크리트어 '다르못다나'[s. dharmoddāna, dharma-uddāna]의 번역이라고 하지만, 이에 해당하는 팔리어는 아직 알려져 있지 않은데 후대의 성어이며, 한역 술어도 5세기 초의 나집羅什(350~409년 무렵, 쿠마라지바[Kumāra-jīva])의 번역어에서 처음 나타난다고 한다. 법인法印이란 가르침의 '표시'를 의미하는데, 위에서 서술한 대로 이상의 삼법인 내지 사법인은 최초기 이래 불교사상의 중요한 항목으로 간주되며 그 역사는 참으로 깊다.

한편 팔리어 문헌에는 보이지 않지만, 한역의『중아함경』,『잡아함경』,『증일아함경增壹阿含經』에는 무상, 고, 공, 무아라는 네 가지를 설하며, '공'이란 말을 삽입한 사례가 있고, 또한 이 4개의 계열에 병病 등을 부수하여 말하는 문헌도 있다.

그와는 달리 아마도 다소 늦게 무상, 고, 무아, 부정不淨이라는 4항목으로 이루어진 계열이 성립하는데, 이 4항목에 근거한 교설은 "몸身은 부정不淨, 수受는 고苦, 마음(心)은 무상無常, 법法은 무아無我"라고 설하는 '사념처四念處(사념주四念住라고도 한다)'와 관련시키면서 나아가 대승 경전에서 갖가지로 전개한다.

한마디 덧붙이면, 위에서 열거한 4항목 이외는 사법인과는 관계가 희박하다.

⑦ 중도

석가족의 왕자로서 태어나 성장한 석존은 적어도 외견상으로 안락에 가득 찬 청춘을 보내는데, 그럼에도 일단 출가한 후에는 한 걸음만 잘못 내디뎌도 죽음에 이를 정도의 고행에 약 6년간이나 몰입하였다. 그 후 석존은 이 양자를 단호히 떨쳐버리고 보리수 아래에서 명상하는 가운데 성도成道를 얻은 까닭에 '불고불락不苦不樂의 중도中道'를 각별히 내세운다. 이는 또한 석존에게 다소 앞선 자유사상가에 쾌락주의가 있고 고행 일변도가 있는데, 석존이 그 양자를 부정한 것과도 통한다.

인도인과 고행의 관계는 깊다. 고행의 원어 '타파스[s. tapas]'는 열熱을 의미하는데, 작열하는 인도에서 다시금 열을 가하면 고는 배가된다. 그러나 그것을 업業(카르마)설의 기본인 선인선과善因善果의 이론에 준거해서 말하면, 통상적인 것보다도 선과善果를 빨리 얻는 과정으로 간주되며, 이제까지 아무런 악도 범하지 않은 사람이 고행이라는 선인善因에 의해 적극적으로 좋은 결과를 기대하게 되거나 얻게 된다고 한다.

그러나 고행도 낙행樂行도 본래는 수단이지만 어느 쪽

도 자기목적화되는 것이 세상의 일반적인 실태로서, 각각
은 그 극단(변邊, 안타[anta]라고 한다)으로 달리기 쉽다. 그런
치우침과 두 극단을 다 알고서 중도를 선택한 것이 석존이
며, 불교가 설하는 중도는 석존 이후의 전체 불교에 일관
된다.

이 변邊에는 고와 낙 이외에 유와 무, 단斷(단절)과 상常
(상주)이 있고, 한 변과 다른 변을 함께 부정하는 이중부정
에서 중도가 성립한다고 초기 경전은 설한다.

또한 이 중도의 가르침은 다음 항목에서 서술할 사제四
諦, 팔정도八正道와 함께 석존의 초기 설법(초전법륜初轉法輪이
라고 한다)에 설해졌다고 하는 것이지만, 그것은 경전을 편
찬할 때의 분식인 듯하며 의심스럽다. 원래 최초의 설법
을 말하는 자료는 초기 경전 가운데 23편 남짓 있는데, 연
구자가 그 가운데 하나를 결정하는 것은 거의 불가능에 가
깝다. 아마도 석존은 그의 전 생애를 통해 한 면에서는 냉
엄하게, 다른 면에서는 유화하게 많은 극단(변邊)을 배제하
면서 중도를 걷고 또한 설법했을 것이다.

한편 '중'을 설하는 것은 예를 들면 공자나 아리스토텔
레스Aristoteles 등의 대사상가들에게도 공통된다.

그 '중'은 중도반단中道半端과는 전혀 다르며, 참으로 양변으로부터의 초월이고, 불교의 경우에는 니르바나와 통하고 있다. 게다가 불교의 중도라는 말 속의 '도道'는 원어가 '파티파다[p. paṭipadā]('프라티파다[s. pratipadā])'로서 그 뜻은 '향하여'(파티[pati], 프라티[prati]), '진행해간다'(파다[padā])를 나타내고, 마찬가지로 '도'를 의미하는 막가[p. magga](마르가[s. mārga])보다도 실천적인 성격이 짙다.

또한 이 중도설은 이후 대승불교의 2대 논사인 나가르주나(용수龍樹)의 『중론中論』과 아상가(무착無着)의 『중변분별론中邊分別論』(전설에서는 그 스승인 마이트레야의 저작. 한편 바수반두=세친世親이 주를 달았다)에서 예리한 이론을 수반하며 소생한다.

⑧ 사제 팔정도

제諦는 원어가 '삿차[p. sacca](사티야[s. satya])'로서 본래는 '존재하다'라는 뜻의 '아스[s. p. √as]'라는 동사의 현재분사 '사트[s. sat]'에 근거하는데, 전환되어 진리와 사실을 나타낸다. 한자의 제諦도 마찬가지로 진리와 진실을 말한다.

모두 진실이 어울린다. 그 풀이인 '밝음=밝히다'는 본래는 밝게 하는 것을 말하며, 불전에서도 그렇게 사용되고 있다. 밝음을 단념이나 방기放棄의 뜻으로 해석하는 것은 비교적 새롭다.

사제는 네 가지의 진실로서 고제苦諦, 집제集諦, 멸제滅諦, 도제道締로 이루어지고 간략히 '고집멸도苦集滅道의 사제'라고 하며, 정확하게는 '고', '고의 집(생기·성립)', '고의 멸', 그리고 '고의 멸로 향하는 도'를 가리켜 사제는 전부 고에 관계되는데 그것은 팔리어도, 한역에도 공통된다.

고에 대해서는 이미 앞에서 상세히 서술했다. 또한 그 고의 설명 속에서 제시한 욕망(갈애渴愛, 목마른 사람이 물을 구하는 것과 같은 탐냄)을 집제集諦는 설명한다. 멸제滅諦는 니르바나·해탈이며, 도제道諦는 항상 팔정도八正道라는 설이 초기 경전에 반복된다.

사제에 관한 위의 설은 그 4항목을 표현하는 팔리어가 운문에서는 반드시 통일되어 있지 않다. 상세히 말하면 그 팔리어 운문에는 네 가지의 이동異同이 보이며, 산문 경전에서 그들과 다른 술어로 변경된 뒤에 점차 위에서 서술한 정형이 된다. 즉 술어로서 사제의 고정은 다소 늦다는 것을 위의 문헌학에서 알 수 있다.

또한 사제설을 석존이 행한 최초 설법의 내용이라고 하는 자료는 합계 23종 남짓에서 16종이나 있지만, 그들도 아마 후대에 속할 것이다. 단지 이 4항목에 대한 분석과 종합이라는 방향은 애초부터 다르지 않다.

팔정도八正道는 팔성도八聖道라고도 칭하는데, 사제 가운데 도제는 반드시 팔정도이며, 예외는 하나도 없다. 팔정도의 정형은 가장 오래된 『숫타니파타』에는 보이지 않지만, 다른 운문 경전에서는 '팔지八支(지支는 앙가[s. aṅga]=항項)로 성립하는 도'라는 말이 종종 등장한다. 팔지는 다음과 같다.

정견正見 **바른 견해·지혜**(사제의 하나하나를 안다)

정사正思 **바른 생각·의욕**(번뇌, 분노, 상해傷害의 부정)

정어正語 **바른 말**(거짓말, 비방하는 말, 거친 말, 농담戲言의 부정)

정업正業 **바른 행동**(살생, 도둑질, 사음邪淫의 부정)

정명正命 **바른 생활**(법에 맞는 의·식·주)

정정진正精進 **바른 노력·수행**(선을 향한 노력)

정념正念 **바른 배려·사려**(몸과 감정과 마음에 대한 배려)

정정正定 **올바른 정신통일·집중**(네 가지의 선禪)

사제·팔정도는 종종 중도설과 연결된다.

또한 사제설은 정형의 성립이 다소 늦다고는 해도, 이미 서술했듯이 석존의 최초 설법으로 가정될 만큼 극히 중요시되어 초기 경전 전체에 침투해 설해진다. 그들을 집계하면 팔리문의 합계 264경, 한역 4아함의 합계 273경에 달한다. 나아가 이 설은 여러 부파 교설의 중추가 되어 항상 슬로건으로서 내세워지며, 그 점은 대승불교에서도 거의 다르지 않다.

⑨ 법

법法은 팔리어의 담마[dhamma], 산스크리트어 다르마[dharma]의 번역어인데, 그 어근인 드리[s. √dhṛ]는 '떠맡다, 유지하다'를 의미하기 때문에 다르마(담마)는 지주, 초석, 규칙, 형태, 규범, 관례, 의무, 질서, 우주의 원리, 선, 덕, 보편적 진리, 법률, 윤리, 종교, 가르침 일반 등의 극히 광범위한 의미와 용례로 인도에서는 알려져, 그 사용은 인도 전체에 널리 가득 차 있다. 다소 후대에는 불교 독자적인 용법으로서 '사물'을 지시하는 사례도 있다.

5세기 스리랑카에서 팔리 불전의 해석에 대활약을 했던 붓다고사[Buddhaghosa](불음佛音)는 담마를 (1) 속성, (2) 교법敎法(혹은 인因), (3) 성전聖典, (4) 사물이라는 4종으로 나누고 있으며, 이 대강은 현재의 치밀해진 불교학에도 거의 계승된다.

법에 관해서는 다음의 오온설五蘊說과 육입설六入說이 중심이 된다.

오온蘊의 온蘊(칸다[s. kandha], 스칸다[s. skandha])은 '모임'이라는 뜻이며, 음陰으로 음역되기도 한다. 오온은 다음 다섯 가지의 모임을 가리키며, 또한 그 각각도 각 구성 요소의 집합으로서 취급된다.

색色(루파[s.p. rūpa]) '빛깔·모습'. '빛깔·모습'을 지닌 것'. 감각적이고 물질적인 것. 대상이 되는 존재, 신체도 포함한다.

수受(베다나[s.p. vedanā]) 느끼고, 어떤 인상을 받아들이는 작용. 감수感受 작용.

상想(산냐[p. saññā], 상즈냐[s. saṃjñā]) 이미지를 구성하는 작용. 표상表象 작용.

행行(상카라[p. saṅkhāra], 상스카라[s. saṃskāra]) 잠재적인 형

성력形成力. 마음의 능동적 작용.

식識(빈냐나[p. viññāṇa], 비즈냐나[s. vijñāna]) 대상을 각각 구별하고 인식하며 판단하는 작용.

육입六入은 육처六處, 육내처六內處라고도 하며 안眼, 이耳, 비鼻, 설舌, 신身, 의意(마음)의 여섯 가지를 가리키며 육근六根('근'은 인드리야[s. indriya], 기관)이라고도 한다. 육입은 각각 색色, 성聲, 향香, 미味, 촉觸, 법法이라는 여섯 가지의 대상(육경六境, 육외처六外處라고도 한다)에 대응하고 있으며, 이 각각이 안식眼識, 이식耳識, 비식鼻識, 설식舌識, 신식身識, 의식意識이라는 인식으로서 작용한다.

육입과 육경을 합쳐 십이처十二處, 거기다 육식六識을 더하여 십팔계十八界(계는 요소라는 뜻)라고 칭한다.

오온은 불교 독자의 설로서 그 성립도 오래되었다. 육입설은 불교 이외의 여러 사상도 채용하고 있다. 초기 불교는 물론이고, 부파에서도 대승에서도 항상 이 두 가지 술어가 사용되며, 각각 '일체'를 나타낸다. 바꾸어 말하면 이 세상 전부는 다름이 아니라 오온 내지 육입이라고 전체 불교는 설한다.

법에는 위에서 기술했듯이 가르침이나 성전의 의미도

있다. 삼보귀의三寶歸依라는 불교사 전체와 불교인 모두에게 공통된 정식定式이 있고, 이 삼보에 포함되는 법보法寶는 바야흐로 교법에 해당한다. 또한 경(불전)을 법이라고 부르는 사례도 상당히 많다.

이 책의 서두에서 서술했듯이 불교라는 오늘날의 일상적 표현은 메이지明治(1868~1912년) 이후 새로운 것이며, 에도江戶 시대 말기까지 천몇백 년 동안은 불법佛法 또는 불도佛道라고 칭했다. 이 점은 현재도 일부에 뿌리 깊게 남아 있다.

⑩ 십이인연(연기설)

석존 당시의 자유사상가들은 현실의 고락苦樂이나 선악 등의 생기生起에 대하여 그것이 (1) 어떤 절대자에 의한다, (2) 일종의 숙명론, (3) 무인無因 즉 우연론이라는 세 가지의 어느 것에 따르고 있다. 그러한 가운데 최초기의 불교는 원인과 여러 조건을 포함하는 많은 연緣(혹은 인연)에 근거한 생기, 즉 관계를 통한 성립을 설하는데, 그것이 연기설의 원형이 되었다.

초기 불교의 사고에 따르면 '사事·물物이 있다'는 것은 다름이 아니라 '사·물이 성립되어 있다'는 것인데, 그것은 생生, 집集, 기起로 칭해진다. 게다가 그것은 원인과 여러 조건을 필수로 하는 것이어서 그들을 합하여 "연緣에 의해 일어난다"고 하여 '연기緣起(파팃차 사뭇파다[p. paṭicca-samup-pāda] 또는 프라티티야 사뭇파다[s. pratītya-samutpāda])'라는 술어 가 만들어졌다.

초기 불전을 팔리문에 근거하여 검토하면, 인因을 나타 내는 말은 반드시 생기生起를, 또한 생기를 나타내는 말은 반드시 인을 포함하고 있는 점이 이 연기라는 술어의 성 립을 촉진했다고도 보인다. 단지 최초기의 불교는 베다 성전 안에서 원인의 의미로 사용된 '니다나[s.p. nidāna]'라 는 말을 자주 사용하고, 또한 앞의 술어 중에서 프라티티 야[s. pratītya](파팃차[p. paṭicca])와 같은 종류인 프라티야야[s. pratyaya](팟차야[p. paccaya])는 인도 일반에서는 '믿음, 확정, 개념' 등을 나타내며 연緣의 뜻으로 이해하여 사용하는 것 은 불교만으로 한정된다.

아마도 석존은 연기설의 원형을 이미 설하고 있었다고 추측된다. 그것은 현실화하고 있는 과果에 대하여 그 인因

을 거슬러 올라가 인과 과의 무언가 긴밀한 연관 즉 관계
성을, 따라서 관계적 성립이라는 현실의 양상을 분명히 하
였던 점에서 유래한다고 말해도 좋다. 그리고 예를 들면
고에 대해서 그것이 적용되면, 고제는 집제로 나아간다.
그 진행에, 앞서 '무상'의 항목에서 기술한 "생의 법은 멸의
법"이라는 명제를 갖고 들어오면, 집제는 멸제와 통한다.
이리하여 그 논리는 사제설의 성립을 촉진하고 나아가 한
걸음 발을 들여놓으면 연기설을 맞이하게 된다.

그런데 "고는 무엇에 연緣하여 생기는가? 고는 노사老死
에 연하여 생긴다"고 하는 구절을 '고←노사'라고 생략하
면, 고←행, 고←식識, 고←욕망(갈애), 고←탐貪 등의 구절
은 전부 이미 『숫타니파타』 속에 있으며, 여기에 "생의 법
은 멸의 법", "멸하는 데 인을 기다리지 않는다"를 도입하
면, 위에서 든 각각의 멸에서 고의 멸에 이르는 길이 부드
럽게 귀결한다.

나아가 이들 두 지二支(지는 '앙가'의 번역, 항목과 같다) 사이의
연기緣起는 그 하나의 지가 다른 지에 연결되는 경우에, 예
를 들면 '고←노사'와 '노사←생'이 있으면 그것은 막바로
'고←노사←생'이라는 식으로 세 지로 진전하며 나아가 세

지 이상으로도 펼쳐져간다.

그들 여러 지와 그 연결이 차츰 정비되어, 하나는 욕망
(갈애)에서 여러 지를 거쳐 노사→고로, 다른 하나는 무명
(본래적 무지)에서 여러 지를 거쳐 노사→고라고 하는, 이들
두 가지의 이론 부여가 완수되고 그 두 가지가 합체하여

무명無明→제행諸行(행은 복수)→식識→명색名色→육입六入
→촉觸→수受→ 애愛→취取→유有→생生→노사老死(→고수우
뇌비苦愁憂惱悲)

라는 열두 지로 이루어진 연기설이 완성되며, 이를 십이
인연十二因緣이라고 칭한다.

무언가의 형태로 연기설을 내세우는 초기 불교의 자료
는 종래에 이루어진 수집에 의하면, 팔리 소부小部의 여섯
운문 경전에 97개, 산문에서는 팔리 4부와 율장에 239개,
그리고 한역 4아함에 183개로, 합계 422개 남짓에 달한
다.

그중에 막연하게 연기사상이 한편에서 설해지며, 다른
한편에서는 두 지에서 열두 지까지의 각 지를 늘어놓고 나

아가 그 이상이 되는 수의 지를 들면서 분명히 연기설을 나타내는 것이 있어서, 팔리문도 한역도 자못 다채로운 연기설을 위의 자료는 전승하는데, 게다가 그들이 무질서하게 어수선한 혼란 그대로 제시된다.

동시에 그 최후의 완성태로서 열두 인연이 정연하게 설해지는 것은 이미 서술한 대로이고, 그 열둘의 각 지는 이미 삼법인이나 오온, 육입설 등에서 고찰된 술어를 주로 하며 새삼스레 열두 인연을 구성할 때 설명되는 일은 적다.

십이인연에서 "무명으로 연으로 하여 제행… 생을 연으로 하여 노사·우비고뇌수憂悲苦惱愁가 일어난다"고 열두 지를 그대로 나열한 것을 순관順觀이라고 하고, 또한 "무명의 멸로부터 제행… 생의 멸로부터 노사·고비우뇌수苦悲憂惱愁가 멸한다"고 '멸滅'이라는 말을 포함해 설하는 것을 역관逆觀이라고 부른다.

순관에는 '연緣으로서'(바차야)라는 말이 삽입되고, 역관은 '멸滅'(니르다)이라는 말의 격변화만이 제시된다. 또한 역관의 '멸'은 무명이 스스로의 무명을 분명히 아는 것에 의해 무명에서 명으로 뒤집힌다(자기 전환)는 논리에 근거한다고 말한다.

이 십이인연설의 무명에서 시작되는 계열은 아마도 본래 "노사를 연으로 하여 고", "생을 연으로 하여 노사", "유有를 연으로 하여 생"으로 시동하여 최후에 "무명을 연으로 하여 제행"으로 결부되어, 십이인연에서 말하면 가장 마지막 지로부터 하나씩 역행하는 것이 원형이며, 이 과정을 더듬는 자료도 적지 않다. 그럴 때 노사에서 시작되어 무명까지 도달하지 않고 애愛에서 머무르는, 따라서 애로부터의 오지五支 연기설이나, 마찬가지 방식으로 식識으로부터의 십지十支 연기설 등 각종의 연기설이 있다.

나아가 위의 십지연기설(그 설에서는 육입六入을 빠뜨린 구지九支의 예도 있다)에서 가장 마지막 지의 식識이 명색名色과 상의관계에 있어 바꿔 말해 식⇄명색을 말하는 사례가 극소수 보이지만, 아마도 그것은 위에서 서술한 법의 육입설에 나타나듯이 인식의 주와 객대상의 관계가 끼어들었을 것이다.

이 소수의 예외를 제외하고 위의 방대한 수의 자료는 항상 일방적인 진행(위의 →로 제시했다)뿐이며, 그 가역성은 전혀 묻지 않는다. 종종 언급되는 상의관계의 연기설(상의성

相依性)은 대승불교의 나가르주나(뒤에서 서술함)에 의해 불교사에서 처음으로 주장된다.

십이인연이 확립된 뒤에 이 설을 추진했던 집단 내부에서는 그 각 지를 사상捨象하여 "이것이 있을 때 저것이 있다. 이것이 생할 때 저것이 생한다. 이것이 없을 때 저것이 없다. 이것이 멸할 때 저것이 멸한다"(이 속의 '이것'도 '저것'도 '이담[idam]'이란 한 단어의 격변화에 따른 것이다)는 정형구가 파생하며, 팔리 5부와 한역 4아함에는 그 일부의 생략을 포함해서 합계 39회나 설해진다.

팔리율은 십이인연을, 팔리 『우다나』[p. Udāna]의 산문은 십이인연에 위의 구절을 덧붙여, 석존의 보리수 아래 성도成道의 내실로서 십이인연을 깨달아 각자覺者(붓다)가 되었다고 기술하지만, 위의 교설의 전개를 세밀히 검토하면 최종의 완성품을 소급해 시원始元에 놓으려고 한 이 두 가지 편집자의 작위적인 의향이 명백하다고 할 수 있다.

또한 "연기를 보는 자, 이 사람은 법을 본다. 법을 보는 자, 이 사람은 연기를 본다"는 구절이 자료(팔리 『중부』 28과 『중아함경』 30)에 있고, 현재도 인용되는 일이 많다.

이 구절은 "세존은 다음과 같이 설했다"라는 문장 속에 있는데, 이 문장 전체를 불제자인 사리풋타[p. Sāriputta](샤리푸트라[s. Śāriputra], 사리불舍利弗, 사리자舍梨子)가 말하며 석존은 이 경에 직접적으로 등장하지 않는다.

일찍이 사리풋타는 이른바 육사외도의 한 사람인 산자야[p. Sañjaya]의 제자였지만, 석존의 최초 설법을 들었던 다섯 비구의 한 사람인 앗사지[p. Assaji]로부터 "제법諸法은 인因에서 생긴다, 여래는 그들의 인因을 말하였다, 또한 그들의 멸滅도"라는, 세상에서 '연기법송緣起法頌'으로 명명되는 시구를 듣고서 홀연히 깨달아 곧바로 석존을 찾아뵙고 불제자가 되었다고 전해지는데, 그와 연기설과의 관계는 본래 극히 농후하다

이상과 같이 연기설은 현실의 제상諸相(특히 고)의 생기를 둘러싸고 논해지며, 그럴 경우 반드시 연緣(인因이라고 말해도 좋다)을 내세운다. 생기를 "생겨나 일어난다"고 한다면, 생기의 시간적인 전후관계(원인과 결과)가 제기되는데, 그것은 전과 후라는 이시적異時的인 관점에 따른다. 또한 '생기'를 "생하여 일어나고 있다"고 하여 동시적으로 해석하면, 논리적인 관계(이유와 귀결)로 귀착된다. 연기에 포함되는 생기에는 이러한 두 가지가 있다.

한편 생기를 위의 전자로 해석하여 어디까지나 원인을 또한 결과를 추구해간다면, 결국은 그 시원과 종말을 묻지 않을 수 없게 된다. 그러나 그것은 석존에게서 제시되었다고 전해지는 '십(사)난무기十(四)難無記'의 제1항목(세계는 시간적으로 유한한가, 무한한가)에 저촉되어버린다. 따라서 이 방향은 저지되고 있으며, 불교에는 예를 들면 세계나 일체의 사물에 관한 완전한 의미의 기원론이 없고 종말론도 없다. 그 때문인지 후세에는 '무시무종無時無終의 연기'라는 수식이 붙는 사례도 있다.

여하튼 연기설은 그 맹아를 석존에서 볼 수 있겠지만, 석존을 포함한 최초기의 불교는 니르바나(열반), 삼법인, 중도, 사제팔정도 등의 원형原型에서 설명되듯이, 실천과 결부된 교설에 집중했다고 추정된다(『숫타니파타』 속의 유일한 '연기'라는 말의 용례인 제653시는 실천에서 인과, 즉 업설業說에 대한 합계 63편 시의 장문 교설(제594~656시) 속에 있으며, 업을 테마로서 설해진다).

이윽고 그들 실천의 이론화가 추진되는 과정에서 연기나 법 등의 논의가 대두하는데, 이들은 혼연히 융합하면서 초기 경전에서는 실로 수많은 연기설이 각양각색으로 설

해지며, 게다가 이들은 참으로 난잡한 그대로 구전되어간
다.

　그 뒤 이들을 수집하고 정비하고 편집하여 확정했던 여
러 부파의 학승들은 순관·역관도 갖추고 있으며 가장 정
연한 십이인연설을 채용하고, 그 이후의 불교는 전적으로
이 십이인연의 정형이 갖가지 변형을 포함하면서 계승된
다.

⑪ **니르바나**(열반)

　인도의 고대사상가들은 평안, 안온, 안락, 행복, 불사不
死, 피안彼岸 등을 이상과 목적으로 내걸며 거기에 도달하
는 것을 '해탈解脫(목카[p. mokkha], 모크샤[s. mokṣa])'이라고 칭
했다. 석존도 마찬가지이며, 이상의 경지를 산스크리트어
로 니르바나[nirvāṇa](팔리어는 닛바나[nibbāna])라고 부르고,
또한 평안이나 해탈이라는 말도 사용한다. 아마도 위의
팔리어 '닛바나'라는 말이 한역의 음사인 니원泥洹, 열반涅
槃에 해당한다.

　한편 니르바나라는 말과 그 용례는 자이나교와 공통

된다.

니르바나의 어근은 '불어 끄다'라는 뜻의 니르바[s. nir-√ vā] 또는 '덮개를 없애다'라는 뜻인 니르브리[s. nir-√ vṛ]라고 말해져왔지만, 확실한 예증은 알려져 있지 않다. 또한 위의 후자에서 파생한 니르브리티[nirvṛti](팔리어는 닛부티[nib-buti])라는 말은 불전佛典의 가장 오래된 층에 이미 보인다.

니르바나라는 말이 고정되자 여기에 파리[s.p. pari](완전히, 골고루라는 뜻)라는 접두사를 붙인 말도 종종 동의어로서 사용되고, 특히 석존의 입멸(죽음)은 항상 파리니르바나[s. parinirvāṇa](파리닛바나[p. parinibbāna], 한역은 음사인 반열반般涅槃)라는 말에 한정되는데, 이 말에는 또한 동사형도 있다.

니르바나는 (번뇌가) 죄다 소멸한 양상을 나타내며, 거기에서는 안도 밖도 평안平安(산티[p. santi], 샨티[s. śānti])하다는 뜻에서 이 양자를 합하여 열반적정涅槃寂靜이라고 칭하는데, 이것이 삼법인에 추가되었다는 사실은 이미 서술하였다.

석존은 보리수 아래의 깨달음에서 이 니르바나를 달성하였다. 바꾸어 말하면 성도成道라는 것은 니르바나의 체득이며, 그에 의해 고타마는 붓다(각자覺者) 내지 무니(성자聖

着)가 되고, 따라서 니르바나는 석존 또는 불교의 출발점인 동시에 또한 목적지이기도 하다고 평가될 것이다.

『숫타니파타』나 『담마파다』와 같은 오래된 경經은 니르바나를 거의 애집愛執의 차단, 욕망과 집착의 소멸, 무소유, 탐진치貪瞋癡(3독三毒)의 멸진滅盡, 또는 불생불멸, 허망하지 않은 법, 주洲(디파), 진리, 최고의 안락, 지혜 등으로 읊조린다.

게다가 석존에서 볼 수 있듯이 니르바나가 이 현세에서 달성되도록 불교는 지향하고 있으며, 후대에 이를 '현법열반現法涅槃(현재 열반)'이라고 부른다.

다시금 검토하면 석존의 깨달음과 설법은 양자 모두 니르바나에 기반을 두며, 또한 『숫타니파타』의 몇몇 시는 "이 세상과 저 세상을 버린다"고 말한다. 그것은 "이 세상을 버린다"는 것은 세속에서 피안으로 가는 것이고, "저 세상을 버린다"는 것은 피안에서 세속으로 돌아오는 것이라고 볼 수 있을 것이다. 이 니르바나의 가는 것과 돌아옴은 이리하여 이중부정으로서 작용하고, 나아가 이 양자의 연속은 순환하는 원이 아니라 주체적인 나선을 그리며 진행하며 끊임없는 상승 내지 심화가 나타나는 것이라고 해석된다.

니르바나, 특히 파리니르바나에 석존의 죽음이라는 의미가 부여되었던 것은 원래 '소멸'을 의미하였던 것이 번뇌나 고苦의 소멸만이 아니라 존재 전체의 소멸로 확대되었기 때문일 것이다.

이러한 니르바나의 내용의 확대 내지 전환에 동반해서 니르바나를 이분하여 잔여가 있는 니르바나(유여열반有餘涅槃, 유의열반有依涅槃)와 잔여가 없는 니르바나(무여열반無餘涅槃, 무의열반無依涅槃)가 말해지게 된다. 그것은 초기 불교의 말기에서 부파에 걸친 시대로 시작되었을 것이지만, 이 잔여라는 것은 이미 해탈하고 있는 생명체에 남은 신심작용身心作用으로, 예를 들면 석존이 병에 걸리고 피로를 느끼는 등 생리적으로 괴로운 작용을 가리킨다.

⑫ 자비

실천을 둘러싼 여러 테마 가운데 계와 율, 철저한 평등 등은 이미 논하였다. 이하에서는 특히 일본에서 주장되는 경우가 많은 자비에 대해서 기술한다.

사랑愛이라는 말을 욕망의 동의어로서 다루는 불교에서는 사랑을 물리치고 자비를 내세운다. 사랑이란 말보다 자비라는 말을 사용한다. 단지 자慈(멧타[p. mettā], 마이트리[s. maitrī] 또는 마이트라[s. maitra])와 비悲(카루나[s.p. karuṇā])를 석존에게 묻는 것은 본래는 다소 과녁을 빗나갔다고 할 수 있다. 확실히 『숫타니파타』는 자慈(멧타)에 관련된 시를 제143~152시의 10편에 모아 하나의 절(제1장 제8절)로 구성하여 자애로움에 대해 읊조린다. 그러나 이 가운데 멧타(자慈)라는 말은 제150시의 한 편뿐이며, 또한 이 장 전체는 이 텍스트 안에서는 새로운 성립에 속한다.

자慈나 비悲가 초기 경전에 보이는 것은 마치 의사를 환자의 쪽에서 바라보는 사례와 마찬가지로 석존의 가르침을 받고 스스로의 고를 벗어날 수 있던 신자나 불제자들이 그들 쪽에서 새삼스레 석존을 바라보며 그들이 품었던 경모敬慕와 귀의歸依의 감동이 자 내지 비로 표현되고, 이 자 내지 비를 석존에게 돌렸다고 생각할 수 있다.

또한 『숫타니파타』의 고층古層(제4장과 제5장)은 자와 비보다도 평정平靜을 의미하는 사捨(우펙카[p. upekkhā], 우페크샤[s. upekṣā])를 크게 강조하고 있으며, 나아가 희喜(무디타[p. muditāl)를 더하여 자비희사慈悲喜捨로 일괄되는 예(사무량심四無量心이라고 술어화된다)도 이 텍스트에 설명되는데, 이 외의 초기 경전 가운데 산재散在한다.

어쨌든 초기 경전이 부파의 편집에 의했기 때문이라고도 해석되겠지만, 자비를 말하는 예는 소수이며 있더라도 정도가 덜하다. 그리고 훨씬 많은 것을 주체적인 자신에게 집중하고 있다. 그것이 뒤에 특히 북방 전승의 여러 지역(중국에서도 일본에서도)에서 부파(특히 유부)에 대한 폄칭貶稱인 '소승小乘'이라는 말에 초기 불교도 포함시킨 이유이고, 동시에 또한 인도에서 대승불교의 등장을 맞이하는 원인이기도 하다.

한편 자비로 이어지는 타자구제의 테마는 초기 경전 속에서 비교적 성립이 새롭다고 하는 자타카 종류의 여러 텍스트에 비로소 선명하게 나타나게 되며, 게다가 이들의 이른바 불교학에서는 거의 아마추어의 손에 의한 문학작품이 대승불교 운동을 낳고 촉진했다는 것은 앞에서 상세히 서술하였다.

제2장 부파불교

① 법

부파불교는 아비다르마[s. abhidharma] 불교라고도 부른다. 아비다르마, 즉 '다르마를 대한다(아비[s.p. abhi])'라는 '대법對法'에서 각 부파가 탐구한 중심 과제는 분명히 다르마[s. dharma(담마[p. dhamma], 법法)에 있고, 상좌부上座部의 팔리문과 유부有部의 산스크리트문을 포함하는 한역이 완비되어 있다. 이상은 이미 서술했다.

이하에서는 부파의 아비다르마論 안에서도 가장 좋은 논서인『구사론俱舍論』에 근거하여 부파의 정상에 위치하는 유부의 교법教法 해명에 중점을 두고 기술한다.

『구사론』은 계界, 근根, 세간世間, 업業, 수면隨眠(경향, 잠재하는 번뇌), 현성賢聖, 지智, 정定의 8장에「파아품破我品」(품品이란 장章이다)이 부수한다. 처음 2장은 법의 체계,「세간품世間品」은 불교 독자적인 자연세계(우주)관, 다음의 2장은 업과 번뇌,「현성품賢聖品」은 깨달음의 세계,「지품智品」은 깨달음을 획득하는 지智,「정품定品」은 선정禪定을 각각 설명한다. 이 중 법(다르마)에 관한 분석과 총합을 아래에서 인용할 것이다.

　다르마라는 말은 인도 전반에서 가장 중요하고 가장 광범위하게 사용되며, 불교 역시 이를 따른다. 그리고 나아가 불교 독자적인 다르마의 용례로서 하나는 가르침을, 다른 하나는 존재(바바[s. bhāva] 또는 사트[s. sat])를 나타낸다. 이두 가지는 『구사론』이 설하는 유부에서 가장 선명한데, 존재와 진리를 즉일卽一하게 파악하려고 하는 태도에서 유래한 것이다.

　여기서 말하는 존재는 추상적 관념이 아니라 현실에 사실로서 존재하는 사물을 말하며, 그것이 일상세계에 두루 편만遍滿하다는 점에서 '세속의 존재'세속유世俗有라고 불린다. 그러나 그들은 전부 소멸의 성질을 지니며, 시간적으로도 공간적으로도 파괴되는 것을 벗어날 수 없다. 그들을 어디까지라도 계속 파괴해가면 그 극소화된 극한에서 더 이상은 파괴할 수 없는 극미極微에 이른다. 그것은 인도 철학의 바이셰쉬카[Vaiśeṣika] 학파에서도 설해지며, 또한 고대 그리스 아낙사고라스의 종자種子(스페르마타sper-mata)설, 특히 데모크리토스의 원자原子(아톰atom)설에 가깝다. 극미는 궁극의 존재로서 '승의勝義(第一義)의 존재'(勝義

有)라고 불린다. 그것은 다른 것에 의존하지 않고 그 자체로서 존재하고 있는데, 유부의 술어로는 "실체實體로서 존재한다", "자성自性을 갖고 있다", "스스로의 모습(자상自相)으로 존재한다"고 칭하며, 이러한 자기 존재가 법(다르마)이라고 주장한다.

이 법(다르마)은 외계에 존재하는 사물만이 아니며, 심리작용에 관한 같은 유형의 논의로부터 마음의 작용의 분석을 거쳐 최종의 요소적 심리작용에 이르는데, 이를 '승의유勝義有'라고도, '법'이라고도 말한다. 이 심리작용의 고찰이야말로『구사론』의 중심을 차지하며, 상세하고 더없이 정밀하다.

한편 외계의 존재가 직접 지각에 의해 인식된다고 말하는 유부에 대해『구사론』의 기반인 경량부經量部는 외계는 추론에 의해서 비로소 인식된다고 비판한다(이 책 제2부 제4장 ⑧의「불교 논리학과 인식론」참조).

법에는 또한 유위법有爲法(만들어진 것)과 무위법無爲法(만들어지지 않은 것)이라는 2분二分이 있으며, 이 두 가지는 이미 초기 경전에서도 보인다. 무위법은 '영원한 실재', 유위법은 '요소로서는 실재해도 끊임없이 생멸·변화하는 무상의 존재'라고 한다.

법의 분석은 이른바 오위칠십오법설五位七十五法說로 완성된다. 먼저 사물(물질적인 것)을 색법色法이라고 하며, 이하에서 전부 심心에 관련하여 적용시킨다. 심은 심지心地라고도 하며, 마음의 갖가지 작용의 기반이 된다. 마음의 주체를 심왕心王, 심리작용을 심소유법心所有法(마음에 소유된 법, 심소心所라고 약칭. 고역古譯은 심수心數)이라 칭하며, 심리작용과 상응하지 않는 심불상응행법心不相應行法(불상응행不相應行이라고도 한다)을 세운다. 이상의 색법과 심왕 이하의 3종을 합한 4종은 유위법에 속하고, 별도로 무위법이 있어 총 5위가 된다.

그 가운데 색법이 11종, 심왕은 1종, 심소법이 46종, 불상응행이 14종이며 무위법은 3종이라고 한다. 무위법의 3종은 허공虛空(절대 공간), 택멸擇滅(택력擇力 즉 지혜의 힘에 의한 소멸, 니르바나를 말한다), 비택멸非擇滅(인연이 결여되어 있어 생길 수 없는 법)을 든다.

심소법은 나아가 (1) 모든 심리작용에 작용하는 편대지법遍大地法이 10종, (2) 선한 마음에 따라다니는 대선지법大善地法이 10종, (3) 모든 더럽혀진 마음에 따라다니는 대

번뇌지법大煩惱地法이 6종, (4) 악한 마음에 따라다니는 대불선지법大不善地法이 2종, (5) 어떤 종류의 더러워진 마음에 따라다니는 소번뇌지법小煩惱地法이 10종, (6) 이상의 (1)~(5)로부터 독립된 심리작용인 부정법不定法의 8종(『구사론』은 4종, 후에 중국의 주석에서 4종을 더한다)으로 구분된다. 하나씩 예를 든다면, (1) 수受(감수感受), (2) 신信, (3) 치癡(무지), (4) 무참無慚(부끄러워하지 않음), (5) 질嫉(질투), (6) 악작惡作(후회) 등이 있다.

이들 75법은 전부 법(다르마)으로서 독립적으로 실재하고 있으며, 자성自性(실체)이 있다고 설해진다.

② 업

행동, 행위를 인도 일반에서 카르마[s. karma](카르만[s. karman])라고 하는데, 업業으로 한역되며, 인도의 종교와 철학에서 가장 중요시되어 오늘날에 이른다. 카르마는 '행하다' 또는 '만들다'를 의미하는 동사 '크리[s.p. √kṛ]'를 어근으로 하는데, 이 술어는 이미 『고古우파니샤드』 속에서 윤회사상과 관련되어 설해진다. 불교 역시 업 사상의 완성에 일익을 담당하며, 대략 부파불교에서 달성된다. 이하에서는 유부설을 중심으로 기술한다.

업은 마음에서 생각하고, 입에서 말하고, 신체로 행하는 3종류로 이루어진다. 이를 신구의身口意의 삼업三業(각각 신업身業, 구업口業, 의업意業 내지 사업思業이라고 한다)이라고 칭한다. 삼업은 긴밀하게 연결되는데, 예를 들면 입에서 내뱉는 말은 반드시 마음에서 생각하고 있으며, 마음에도 없는 것을 입으로 내뱉는다는 것을 본래의 불교는 인정하지 않는다.

행위는 그 하나하나를 각 찰나마다 미래에서 현재로 이끌어내어 현재화하며, 그것이 다음 찰나에 현재로부터 사라져 과거로 떨어져간다. 그 하나하나의 행위는 항상 결과를 수반하여, 행위 그 자체는 소멸해도 결과는 여력餘力, 여습餘習이 되어 그것이 다음 행위에 영향을 주고 때로 제어한다.

극단적인 예를 들어보자. 손에 권총을 쥔다, 그리고 방아쇠에 손가락을 넣는다, 손가락을 당긴다, 그 손가락을 뗀다, 이러한 행위들은 각각 하나의 찰나에 생기며 곧바로 사라진다. 권총에서 탄환이 튀어나온다, 상대에게 명중한다, 상대가 쓰러진다, 죽는다(상대를 죽인다)는 행위가 각 찰나에 있었으며, 거기에 시체가 있다. 그 시체를 어떻게 할 것인가라고 행위는 잇따라 이어진다.

이리하여 원인에서 행위로, 행위에서 결과로, 그 결과가 원인이 되어 다시 행위를 이끈다. 이렇게 업=카르마의 연쇄는 끝없이 펼쳐진다.

사람(생명체 일반)은 위의 예에서 분명하듯이 태어나서부터 이러한 행위의 연속선상에 있으며, 그것은 죽음에 이르기까지 계속된다. 혹은 죽더라도 끝나지 않는다. 사람(적어도 성인)의 업에는 행위에 수반하는 책임이 포함되기 때문이라고 해도 좋다.

나아가 도식적으로 말하면 각양각색의 행위가 가능성으로서 있는데, 그중에서 하나가 선택되고 현실화하여 현재의 행위가 된다. 그것은 한 찰나에 끝나 과거로 이행하고, 과거에는 그때까지의 여러 행위가 퇴적되어 있다.

이러한 상황에서 보면, 행위는 하나하나가 독립된 비연속이며 동시에 연속되어 있고, 또한 한편에 행위의 자발성과 주체성이 있으며, 다른 한편에 그 행위의 책임과 여러 결과가 있다. 업이라는 술어는 이들 전부에 대한 총칭으로서, 행위에 관한 이 정도의 총체적인 고찰은 인도 이외에는 없다.

업설에 의하면 행위는 자기(자신)에게 속하고 그 결과도 자기에게 있는데 그것을 떠맡는 것이 '자업자득自業自得'이며, 그 기나긴 연쇄의 주체는 '부실법不失法(아비프라나샤[s. avipraṇāśa]라고 한다)'이라고 불리는 일도 있다. 또한 밖으로 나타나는 표업表業과 밖으로 나타나지 않는 무표업無表業이 있는데, 후자를 주장하는 유부는 이론 구성에서 무표업의 대상으로서 무표색無表色을 내세우고 있다(이것은 앞에 서술한 75법의 색법에서 언급된다).

업설에서는 선한 행동은 선한 결과를, 악한 행동은 악한 결과를 이끈다고 하는데, 이것이 일상적인 통상의 사고이며, 선인선과善因善果·악인악과惡因惡果의 인과응보因果應報가 해당된다.

그러나 실제로는 반드시 그렇게 원활하게 진행한다고 단정할 수 없다. 선인善因을 베풀었지만 실패하고 배신당하거나 하며, 악인惡因을 만들면서도 성공하고 상찬을 받거나 하는 경우가 적지 않은 것이 현실이다. 또 인과 과의 결합에 괴리가 생기고 이변이나 역전 등이 일어나는 사례도 많다. 이러한 일종의 전환을 특히 이숙異熟(비파카[s.p. vipāka)이라고 한다.

그래도 불교는 행위에서 결코 결과론에 따르지 않고 항상 동기론을 취한다. 그리고 선인善因에는 일종의 만족감이 있고 악인惡因에는 불안이나 꺼림칙함 등이 있기에 선인낙과善因樂果, 악인고과惡因苦果를 말한다.

불교는 개인 행위의 주체성과 책임을 중시하지만, 동시에 행위는 타자에 미치고 사회성을 지니며, 나아가 다수자의 공동 행위와 책임이 실제로 있다. 이러한 업의 공유를 공업共業이라 부르고, 개인적인 업은 불공업不共業이라고 칭한다. 초기 불교 및 부파 특히 유부는 불공업을 묻는 일이 많다.

또한 『고古우파니샤드』 이래 업은 윤회輪廻(상사라[s.p. saṃsāra])와 밀접히 결합하여, 현세의 행위가 사후에 재생再生하는 세계를 결정한다고 설한다. 이 설은 당시부터 현재까지 전체 인도인에게, 그리고 상좌부 불교를 이어받은 남전불교 신자 모두에게 확고한 인생관이 되어 있다.

윤회설에 의하면 사람을 포함해 생명이 있는 것을 말하는 중생衆生(삿타[p. satta], 삿트바[s. sattva], 유정有情이라고도 번역한다)은 사후에 반드시 다시 태어나는데 그 재생하는 세계는 천天(하늘, 신들의 세계), 인人(사람, 인류), 축생畜生(동물), 아귀餓鬼, 지옥의 다섯 가지 가운데 하나로서 오도五道라고 칭한다. 후에 인(사람)과 축생 사이에 아수라阿修羅를 삽입해 육도六道라고도 하고 축생, 아귀, 지옥을 삼악도三惡道라고 부른다. 도道는 취趣라고도 번역한다. 즉 이 윤회의 철칙은 업의 과보를 현세에 그치지 않고 오히려 중점을 내세에 두어 미래의 생존까지 연장하며, 그만큼 개인의 현재 행위가 강조된다.

업의 사고는 중국이나 일본 등의 북전불교에서도 강조되어 각자 불교가 처음 전래되는 즉시 재빨리 채용되었지만, 윤회사상은 현세 중심의 사고가 강한 중국과 일본에서는 다소 영향이 희박하다. 예를 들면 일본에는 불교 전래 이전부터 뿌리가 깊은 조령祖靈 신앙이 있어 윤회사상을 저지하였고, 죽은 자는 묘지에서 잠들어 있어 산 자를 지켜보고 또한 때로 산 자와 어울린다고 하는 사자관死者觀에서 거의 벗어나는 일이 없으며 오늘날까지 이르고 있다.

나아가 업감연기業感緣起에 대해서 아래에서 한마디 하고자 한다.

업감연기는 윤회의 생존을 십이인연으로 해석한 것으로 다음의 표와 같이 과거세와 현재세, 현재세와 미래세가 겹치기 때문에 '삼세양중인과三世兩重因果'로서 유명하며 유부의 연기설을 대표한다.

무명無名, 행行	거세의 2인二因
식識, 명색名色, 육입六入, 촉觸, 수受	현재세의 5과五果
애愛, 취趣, 유有	현재세의 3인三因
생生, 노사老死	미래세의 2과二果

또 무명·행·취를 혹惑, 행·유를 업業, 식 이하를 고苦라고 하는 설도 잘 알려져 있다.

③ 시간론

불교의 기본사상인 '무상無常'은 모든 것(다만 무위법은 제외한다)을 끊임없이 생멸·변화해 마지않는 유동으로서 파악하며, 연속으로 보이는 업도 사실은 하나하나 행위의 비연속으로 여긴다. 그것은 예를 들면 강의 흐름과 비슷한데,

강이 있다고 하여 일단 그 강의 존재를 인정한다고 하더라도 항상 거기에 물이 흐르고 있음의 표현인 것이며, 또한 흐르는 물은 한순간이라도 같은 물이 아니다. 여기에는 이른바 존재(有)와 시간(時)의 문제가 숨어 있다(저자가 편저한 논저가 국내에 소개되어 있다. 『존재론·시간론』 불교시대사, 1995년 / 『불교의 존재론 : 시간론·공간론』 해조음, 2007년. - 역자 주).

먼저 인도 불교의 시간의 술어를 살펴보자. 1년은 '1바르샤[varṣa]'이고, 이것을 12등분한 1개월은 '1마사[msa]'이다. 그리고 1마사를 30등분한 1일은 '1아호라트라[ahorātra]'이며, 이것을 30등분한 48분은 '1무후르타[muhūrta](수유須臾)'이다. 1무후르타를 30등분한 96초는 '1라바[lava](납박臘縛)'이며, 이것을 60등분한 1.6초는 '1타트크샤나[tatkṣaṇa]'이다. 1타트크샤나를 120등분한 75분의 1초(0.013…초)는 '1크샤나[kṣaṇa]'라고 부른다. 한편 시간의 연장도 있는데, 최대의 단위를 '칼파[s. kalpa]'('겁劫이라고 음사)라고 하며, 이는 상상할 수 없을 정도로 길다.

그런데 위에서 언급했던 가장 짧은 단위의 크샤나는 찰나刹那로 음사된다. 그리고 법(다르마) 가운데 유위법有爲法(만들어진 것)은 한 찰나에 생기고 한 찰나에 멸한다고 하며,

그 생과 멸 중간의 한 찰나에만 그 법이 머무르는 것으로 비친다고 말한다. 이 머무르는 양상을 '스티티[s. sthiti]'라고 명명하며 주住라고 한역한다.

초기 불교에서는 이상과 같이 생生과 주住와 멸滅의 세 가지를 내세워, 이를 '유위有爲의 삼상三相'(상相은 '모습'이라는 뜻으로 원어는 락카[p. lakkha], 라크샤나[s. lakṣaṇa])이라고 부르는데, 그것은 2~3세기 대승불교의 나가르주나(주저인 『중론中論』 제7장)에게도 채용된다. 그러나 『구사론』은 생生, 주住, 이異, 멸滅의 사상四相을 든다. 즉 생은 태어나는 것, 주는 머무는 것, 이는 변화하는 것, 멸은 소멸하는 것을 말하며, 사물(유위법)은 한 찰나에 생하여, 한 찰나에만 머무르며, 한 찰나에 달라지고(변하고), 한 찰나에 소멸한다고 말한다.

이 양상은 영화의 필름에 비유될 것이다. 필름의 한 화면에는 정지된 모습(상像)이 있는데, 예를 들면 처음에는 아무것도 비춰지지 않은 한 화면, 다음에 왼쪽 끝에 사람이 서 있는 한 화면, 다음에 그로부터 조금 오른쪽으로 기울어 서 있는 한 화면, 그렇게 조금씩 오른쪽으로 기우는 한 화면이 계속되고 나서, 오른쪽 끝에 그 사람이 서 있는 한 화면, 마지막엔 아무것도 비춰지고 있지 않는 한 화면

이 있다. 이 필름을 어떤 일정한 속도 이상으로, 예를 들면 30밀리 필름의 영화는 1초 동안 24화면, 8밀리 필름은 16화면 또는 그 이상의 속도로 상영하면 그 영상 속에서 그 사람은 먼저 왼쪽에 나타나 오른쪽으로 움직여가고, 마지막에 오른쪽으로 사라지는 것처럼 보인다.

또한 여기에 다양한 조작을 가하면 이른바 슬로 모션이나 고속도의 영상이 얻어진다. 이것은 현재 텔레비전 등에서 흔히 볼 수 있다.

이렇게 본래는 정지한 상태의 각 화면을 연속해서 영사하면 연속된 운동이 나타난다. 과거 인도의 불교도는 이와 유사한 현상을 새끼줄에 불을 붙여 그것을 천천히 돌리면 불은 점으로서 움직이고, 회전을 빨리 하면 불의 바퀴가 보이는 것을 통해서 설명하며 이를 선화륜旋火輪(알라타차크라[alātacakra])이라고 칭하였다(이 생각은 베르그송의 시간론과 흡사한데 그의 『창조적 진화』속에 '일종의 내부 영사기'라는 말도 있다).

생, 주, 이, 멸의 각각이 한 찰나이고 그러한 각각의 무상에서 시간이 의식된다. 이 경우에 찰나가 4개의 각각(생, 주, 이, 멸)을 성립시키는 것이 아니라, 오히려 반대로 법의 생, 주, 이, 멸이 찰나 즉 시간을 의식하고 인식하게 만든다. 이것은 다음과 같이 표현된다.

시간은 법法에 의해 존재하며 별도의 자체가 없고
시간에 별도의 자체가 없어서 법에 의해 성립한다.

서양철학은 공간과 시간을 대부분 일괄해서 논하는데, 특히 칸트가 양자를 감성의 선천적先天的 형식으로 여기고 또한 경험을 섞지 않은 순수 직관이라고 했던 논증은 잘 알려져 있다. 그에 대하여 불교는 위에서 서술했듯이 공간과 거의 대등한 허공虛空을 무위법으로서 선험적先驗的으로 취급한다고 해도, 시간은 사물(법)에 의존한다고 주장하여 독립된 존재조차 인정하지 않고, 말하자면 경험의 형식적 소산으로 본다. 이렇게 적어도 시간에 관해서는 두 사상의 현격한 차이가 두드러진다.

한편 하이데거의 『존재와 시간』은 위의 불교설과 유사하고 공통되는 점도 적지 않지만, 그래도 그는 존재에, 불교는 시간(무상)에 경사되어 있다.

그런데 시간을 나타내는 산스크리트어에는 '칼라[s. kāla]'와 '사마야[s. samaya]'와 '아드반[s. adhvan]'이 있다. 칼라는 칼[kal](헤아리다)을 어근으로 하며, 칼라=시時는 헤아려지는 것을 말한다. 그것은 일견 아리스토텔레스의 시간의 정의('보다 앞', '보다 뒤'라고 한 관점에서 보이고 있는 운동의 수-『자연학Physica』)와 공통된다. 이 칼라라는 말이 가장 일반적으로 사용된다.

사마야는 삼[sam]과 아야[aya]의 합성어로서 삼은 '함께'를 나타내는 접두사, 아야는 '이[s. √i](가다)라는 동사에서 파생한 명사인데, 따라서 사마야는 '함께 간다'는 뜻이다. 즉 두 가지 내지 두 가지 이상이 만나 서로 중첩되어 진행하는 것을 나타내며, 그로부터 시간의 관념이 생겨난다. 또한 앞에서 서술했듯이 『구사론』에는 사마야에 연緣의 번역도 있다. 이 말은 불교 경전의 서두에 나타나는 '일시一時(에카스민 사마예[s. ekasmin samaye], 에캄 사마얌[p. ekaṃ sa-mayaṃ])' 등에 사용된다.

아드반은 어원도 의미도 막연하며, 불교와 자이나교의 용례에만 시간의 의미가 보인다. 그것은 시간으로 다루기보다도 세상(世)으로 번역되어, 말하자면 시간(시간적 존재)이 나아가는 길(과정 내지 장소)을 나타낸다. 불전에 빈출하는 '과거세, 미래세, 현재세의 삼세三世'에는 이 말이 사용된다. 이어서 이 삼세에 대해 기술한다.

인도 불교에서는 항상 과거, 미래, 현재로 열거한다. 산스크리트어로는 아티타[atīta], 아나가타[anāgata], 프라티윳판나[pratyutpanna]이며, 이 과·미·현過未現(내지 거·래·현去來現)의 순서는 항상 일정하여 변함이 없다. 중국 불교에는 과·현·미過現未로 말하는 사례도 있지만 한역 불전도 과·미·현이며, 일본의 불교 승려 가운데 도겐道元에게는 거·래·현『변도화辨道話』, 고·래·금古來今(『정법안장正法眼藏』 고경古鏡)의 순서로 인도 불교의 전통을 지키는 사례가 있다.

이 배열은 아마도 과거와 미래가 현재에 수렴되는 것을 이야기하는데, 삼세三世 또는 삼시三時의 중심은 항상 현재에 있다. 또한 미래의 아나가타는 부정의 접두사인 안[an]과 아가타[agata]의 합성, 그 아가타는 아a(이쪽으로)와 가타gata(감[s.p. √gam]=가다의 과거분사)의 합성, 따라서 아가타는 아직 오지 않은 것이 되어 미래未來와 합치한다. 그것은 장차 오려고 함을 나타내는 장래將來라는 말이 그리스도교의 종말관을 함의하는 것과는 다르며, 어디까지나 현재에 서서 현재를 기반으로 금후今後를 조망하는 자세가 반영되어 있다.

앞에서 초기 불교의 현실 중심이라는 기본적 입장을 기술했지만, 유부도 또한 각별히 이 경향이 강하다. 유부의 출가자들은 전적으로 실천 수행에 힘썼는데, 거기에는 반드시 목표 또는 목적이 있다.

그럴 경우 그 목표가 존재하는 장場은 미래이며, 그 미래도 반드시 실재하지 않으면 안 된다. 동시에 예전의 실천은 행위 그 자체는 이미 소멸하였다고는 해도 그 결과를 현재에 미치고 있어 그 과거도 또한 실재하지 않으면 안 된다. 이리하여 과거세와 미래세, 그리고 현재세의 삼세는 반드시 실재하며, 이를 '삼세실유三世實有'라고 칭한다.

이 설에 근거하여 다시금 논의를 미루어 그것을 알기 쉽게 말하면, 실재하는 미래세에 제법諸法이 실재해 있는데 그 안에서 하나의 법을 끌어내어 현재화하고 그 현재세의 한 찰나에 하나의 법이 실재하며, 그 뒤 실재하는 과거세로 떨어져 거기에 실재한다. 게다가 그 사이를 통하여 각 찰나가 현재인 것이며, 실재하는 현재의 법은 미래세에도 과거세에도 실재한다.

또한 위의 과정에서 미래의 제법 가운데 하나의 법을 선택해 결정하는 것은 그 한 찰나 앞의 과거세에 떨어져간 법이 현재세에 남긴 결과이며, 그들 전체를 주체의 업業이라고 해도 좋다. 또는 결과가 원인이 되고, 또 원인이 결과가 된다고 하는 그 선상에서 보자면 주체의 업은 있다고도 평가될 것이다. 다른 가능성을 현재화하는 것도 있을 수 있겠지만, 어떤 특정한 법을 현재화한 것은 주체의 업 그 자체가 선택하고 결정한 것이다.

본래 인도 불교, 특히 유부가 말하는 시간은 공간화하기 어렵지만 감히 무리하지만 선線으로 표현해보자.

과거, 미래, 현재를 일관하는 하나의 선이 있으며, 이를 주체의 업이라는 다른 하나의 선이 끊어버려 두 개의 선이 엇갈리는 교차점이 생기는데, 그 점이 다름이 아니라 현재이다. 그것은 말할 필요도 없이 시간의 선과 업의 선이라는 양자에 속한다. 게다가 이 한 점은 물리적인 연장延長이라서 말하자면 결정되어 있는 시간의 선에 대해서, 주체인 개체가 스스로의 업에 근거해 자유롭게 그린 선에 의해서 생긴다.

만일 다른 선을 그으면 그 교차점은 다른 장場으로 이동하여 거기에 나타나는 현재도 다르다. 그러한 시간론을 유부의 논의에 대하여 제시할 수 있다.

나아가 『구사론』은 삼세의 구별이 어디에서 생기는가에 대하여 다음의 네 가지의 주장을 소개한다. 먼저 (1) 유類(상태)의 차이, (2) 상相(양상)의 차이, (3) 위位(위치)의 차이, (4) 득得(관계)의 차이를 들고, 각각을 상세히 서술하고 나서 비판을 가한다. 그 후에 이 가운데 (3)을 최선이라고 하며, 작용에 대해서 그 위치에 구별이 있다고 설한다. 즉 제법의 작용이 아직 없는 것을 미래, 작용이 실제로 존재하는 것을 현재, 작용이 이미 소멸한 것을 과거라고 각각 이름 붙인 것이며, 그 실체에 다름이 있는 것은 아니라고 말하는 것이 유부로서 올바르다고 결론을 내린다.

한편 위에서 서술한 '삼세실유'를 내세운 유부에 대해 이를 비판한 경량부經量部는 '현재유체現在有體, 과미무체過未無體'를 말하며 과거의 법은 일찍이 있었지만 지금은 없고(증유曾有), 미래의 법은 금후 마땅히 있겠지만 지금은 없는(당유當有) 것으로, 현재의 법만이 실재하는(실유實有) 것이라고 주장했다.

이상은 『구사론』을 중심으로 논하였다. 나가르주나 이외의 다른 논사들(특히 일본의 도겐 등)은 각각 다른 '시간론'을

전개한다. 이는 서양 사상사(철학, 종교, 과학 등)의 다양한 시
간론과 대응하는 것이다.

제3장 초기 대승불교

① 대승의 제불

붓다라는 말은 본래 '깨달은 사람(覺者)'이라는 뜻의 보통 명사로서 초기 경전에 붓다의 복수형은 결코 드물지 않고 여래如來(진리 체득자)라는 말도 마찬가지인데, 그러나 붓다 도 여래도 점점 석존으로 수렴되었다. 이상은 이미 서술 하였다.

불교의 흐름에 따르면서 초기 불교에서 부파불교로 나 아가며 다시 그 가운데 전통 보수의 후예로 자인하는 남 전불교는 석가불釋迦佛만의 일불一佛을 고수하면서 현재에 이른다. 현재 부파불교에서 새롭게 성립한 텍스트의 전부 는 붓다가 아닌 사람(논사論師라고 칭함)이 저술한 '논論'이며, 불설佛說임을 나타내는 '경經'이 아니다. 단지 엄밀하게 말 하면, 인도에서는 경과 논의 구별이 그다지 판연하다고는 말하기 어려운 사례도 상당히 많다.

새롭게 대승을 선언하며 개시된 초기 대승불교는 그 청 신함을 선명하게 만들기 위해 대략 100년에서 200여 년 에 걸쳐 석가불(석존)과는 다른 부처를 세우며 '논'이 아니라 '경'을 창작한다. 먼저 그 부처(제불諸佛)에 대해서 기술한다.

대승의 부처(여래라고 말해도 같고, 이하에서는 이에 따름)는 다수로서, 이에는 유명有名과 무명無名의 두 가지가 있다. 무명의 제불諸佛이란 초기 대승 경전의 작자를 가리키는데, 그들이 부처인 것에 의해 '경'을 자칭하는 것이 가능하게 되며 사실 그대로 진행되었다. 그러나 바로 무명인 까닭에 그 실상은 일절 분명하지 않다. 어쩔 수 없이 창작된 각각의 경마다 그 윤곽을 살피고자 해도 그조차도 불가능하며, 다만 확실한 것은 초기 대승 경전을 창작한 부처라고 할 수밖에 없다.

무명의 대승 제불은 원래 석가불은 결코 아니지만, 전혀 무관하지도 않다. 석가불 교설의 일부를 물려받아 그것을 혹은 확대하고 혹은 순화하며 혹은 심원한 것으로 만들었다. 게다가 이렇게 창작된 경의 중심은 초기 경전과 마찬가지로 석가불이라고 칭하며 그 주위 사람들 역시 예전의 불제자들과 같은 이름(예를 들면 아난다=아난阿難, 샤리푸트라=사리불舍利佛 등)으로 부르는데, 그러나 그 외에 다음 항목에서 서술하는 대승의 제 보살을 거느린다. 이 제 보살의 등장도 대승 경전의 성립에 커다란 역할을 담당하였다.

다른 한편으로, 역시 다수의 유명한(이름이 알려진) 대승 제불이 있는데 종래 이른바 '깨달음-해탈'의 붓다에 대해서 대승 제불의 대부분은 구제불救濟佛로서 활약하는 점이 특히 두드러진다. 말하자면 여기에는 붓다관의 일종의 전환이 보이는데, 이 제불 가운데 미륵불彌勒佛, 아미타불阿彌陀佛, 약사여래藥師如來, 비로사나불毘盧舍那佛이 가장 잘 알려져 있다. 이하에서는 그들에 대해서 서술하고자 한다.

미륵彌勒의 원어인 마이트레야[s. Maitreya]는 미트라[Mitra]라는 말에서 유래하는데, 미트라는 이란의 미스라[Mithra]신神이나 인도 일반의 미트라[s. Mitra]신神과 이어진다. 또한 보통명사인 미트라[s. mitra]는 친구를 의미하고, 이 말에서 파생한 보통명사인 마이트라[s. maitra]라는 말은 우정·친절을 나타내며 마이트리[s. maitrī]와 함께 '자慈'의 원어에 해당된다. 마이트레야도 그 유의어로서, 자씨慈氏로 한역된 사례도 있다.

이 미륵불은 미래불未來佛로서 간주되며 현재는 일찍이 석가불이 머물렀던 투시타[p. Tusita, s. Tuṣita](도솔천)에 산다고 한다. 그 천상에 있는 미륵불에 대하여 지상에 있으며 고뇌하는 범부凡夫들은 사후에 그곳에 태어나는 것(상생上生)을 기원하거나 혹은 이 부처의 빠른 하강(하생下生)을 기도한다. 이 두 가지 미륵불 신앙이 미륵경전(한역 6종 외)에 설해진다.

아미타불阿彌陀佛은 대승 제불 가운데 가장 널리 알려졌다. 그 원어는 아미타바[s. Amitābha](무량광無量光)와 아미타유스[s. Amitāyus](무량수無量壽)의 두 가지가 있는데, 이 두 말이 나타내는 무한한 빛과 무한한 수명은 일찍이 석가불을 찬미하는 수식어이기도 했다.

아미타불은 현재 서방의 극락極樂(수카바티[s. sukhā-vatī]) 세계에 살고 있다 그의 전생은 법장法藏(다르마카라[s. Dharmākara]) 보살(비구)로서, 이 보살은 먼 과거세에 무상無上의 깨달음을 얻으려 뜻하였으며, 중생 제도의 서원誓願(본원本願이라고도 한다)을 일으켰다. 그리고 오랜 수행을 거듭한 끝에 마침내 이를 성취하여, 십겁十劫(겁은 칼파) 이전에 아미타불이 되었다. 대개 이상의 내용을 『무량수경』은 설한다. 이 서원은 그것을 설하는 경전마다 다른데, 처음에는 24원願, 그것이 36원, 46원 등으로 증보되어 48원에 이른다.

한편 정토淨土라는 말은 중국에서 만들어졌으며, 산스크리트어에는 불국토佛國土(붓다 크셰트라[s. buddha-kṣetra]) 등이 알려져 있다. 또한 아미타불의 극락세계가 세워진 서방은 동방의 아촉阿閦(아크쇼비야[s. Akṣobhya])불佛의 묘희세계妙喜世界와 짝이며, 이 외에 사방四方, 팔방八方, 시방十方의 세계와 각각의 세계에 거주하는 부처가 세워진다. 그 가운데 서방극락西方極樂이 특히 유명한 것은 서아시아와의 교류나 영향에 의한 것이라고도 말해진다.

약사여래藥師如來(바이샤지야 구루[s. Bhaiṣajya-guru], '의약의 권위자'라는 뜻)는 석가불이 모든 중생의 고뇌를 해결하여 의왕醫王(의술의 왕)이라고 불렸던 전승을 부활시켜, 아마도 가장 직접적으로 중생 구제를 위해 활약한다. 그 세계를 정유리淨琉璃라고 칭하며 동방에 설정되는데, 정확하게는 약사유리광왕여래藥師琉璃光王如來가 그 피안세계에 있다고 여러 종류의 약사경전은 설한다.

그들에 의하면, 이 약사불은 일찍이 보살이었을 때 열두 가지의 큰 서원을 일으키고 중생 제도의 수행을 쌓아 그것들을 전부 성취했다고 한다. 일본에서는 처음엔 약사신앙이 번성하였지만 이윽고 그 대부분이 아미타불신앙으로 전환하였다.

비로자나불毘盧舍那佛은 바이로차나[s. Vairocana](바이vai는 '골고루', 롯roc 또는 룻ruc은 '환하게 빛나며 비추다', 로차나rocana는 '빛나다'를 뜻함) 붓다의 음사로서, 초기 경전에서 석가불이 태양과 같이 빛나며 그 광명은 두루 편만했다고 끊임없이 언급되는 것에 유래한다. 빛에 근거하는 점은 앞의 아미타불의 원어의 하나인 아미타바(무량광)와 유사하다. 이 말은 편조遍照, 광명편조光明遍照, 정만淨滿 등으로 번역되며, 중국에서는 종종 노사나불盧舍那佛이나 비毘로 약칭한다. 또한 여기에 대大(마하)를 씌운 대비노자나불大毗盧遮那佛(사舍를 자遮로 바꾸었다)은 태양에 비기어 대일여래大日如來라고 불리며 후대의 밀교의 중심을 차지한다. 이 두 불 모두 종교학이 말하는 초월신, 최고신에 해당한다.

비노사나불은『화엄경華嚴經』에서 석가불을 대신해 설법하고 무수한 국토의 각각에 하나씩 머무르는 무수한 제불과 불즉불리不卽不離라고 한다. 이를 축으로 하여 전개되는『화엄경』의 정수는 중국의 당나라 시대에 화엄사상이라는 장대하고도 치밀한 종교철학적 세계관을 형성한다.

이 밖에도 고유명사로 불리는 부처, 여래가 대승의 여러 경전에 등장하며 각각의 경전에서 가장 중대한 역할을 한다. 이들 여러 경전 가운데 유명한 제불과 앞에서 서술한 무명의 제불은 다수이며, 게다가 각각은 석가불의 여러 특질을 나누어 갖고 있듯이 구현하는데 그 결정結晶으로 생각해도 좋다.

대승 경전들의 어느 하나의 경에는 거의 하나의 부처가 활약하지만, 그 각각의 한 부처는 초기 불교에서 부파불교에 걸쳐 석가불에 부착되어 있던 여러 이념理念(이데)의 하나하나가 마침내 이상理想(이데알)이 되어 확립되었다고 간주할 수도 있다. 게다가 대승 제불의 각각은 신자들로부터 두터운 귀의歸依와 단단한 믿음을 받아 승화되어서 점점 신자와의 관계가 긴밀하고 확고부동하게 된다.

그 양상을 대승불교 전체로서 총체적으로 조망해보면, 각각이 일불一佛이면서 전체로서는 다불多佛이고, 혹은 범불汎佛로도 평가될 것이다.

유럽에도 범신론의 저류가 있는데 예전 그리스나 로마의 다신多神만이 아니며 중세~근대를 통해 때때로 현재화顯在化한다. 그것은 특히 이른바 신비주의와 친밀한 관계에 있으며, 4세기 말 이후에 유럽을 지배한 그리스도교로부터는 엄한 탄압을 받았다.

한편 100여 년 전에 유럽에서 창설된 종교학은 그 초기에 범신론을 포함하는 다신론은 미개하고 일신론은 고등한 것으로서 다루며 전자로부터 후자로 진화했다고 망상하여, 그 이론화가 다양하게 시도되었다. 그러나 현재의 종교학에서는 이러한 일신론의 독단은 이미 소멸하였으며, 일신이나 일불도, 다신이나 다불도, 범신이나 범불도 각각 독자적으로 기능하는 실태實態가 오늘의 연구 대상이 된다.

② 대승의 제 보살

보살이라는 말은 산스크리트어의 보디 샷트바[s. bodhi-sattva](팔리어는 보디 삿타[p. bodhi-satta])를 음사해서 만들어졌다. 그중에서 보디는 어근이 붓[s.p. √budh]으로서 깨달음을 뜻하며, 사트바는 어근이 아스[s.p. √as](존재하다)로서 생명이 있는 것이란 뜻으로 나집羅什에 의해 중생衆生의 번역이 고정되어왔지만, 현장 이후에는 유정有情으로 번역한다.

한편 사트바에는 본질, 마음, 결의, 지원志願, 헌신, 의식意識, 용기, 태아 등의 뜻도 있는데 고대 베다어인 '사트반[s. satvan](영웅)'과 친밀하다고 말하는 학자도 있다.

또한 보살마하살菩薩摩訶薩로 늘어놓는 사례도 많은데 이 마하살은 마하삿트바[s. mahāsattva]의 음사이고, 이것이 대사大士로 번역될 때에는 보살에는 개사開士라는 번역이 병행한다.

보디 삿트바를 보리살타菩提薩埵라고 네 문자로 음사하는 사례도 있지만 그 수는 적다. 이 네 문자를 줄여 보살菩薩이라고도 하며, 또한 앞서 붓다→부드의 사례와 마찬가지로 보디→보드→보, 또한 사트바→사트→사로 어미가 탈락하고, 이 두 말을 합쳐서 보사가 되었으며 그 음사라고도 설명된다. 한편 인도에서 보살이라는 말은 불교만이 사용한다.

보살의 어의는 갖가지로 설명되지만 대체로 "보살은 지智도 덕德도 전부 결출하며, 현재는 아직 부처가 아니지만 반드시 부처가 되는(성불成佛, 작불作佛이라고 함) 것이 확정되어 있는 후보자"라고 한다. 그 초기에는 "미래에 성불 확

정"이 중요시되었지만, 이윽고 단순히 "성불의 후보자"로
서 다루어진다. 그 사이의 경위를 중심으로 이하에서 서
술한다.

보살이라는 말은 초기 불교에도 등장하는데 예를 들면
『숫타니파타』 제683시에 하나의 용례가 있다. 유부계의
『중아함경』과 『잡아함경』(후대에 삽입된 『아육왕전阿育王傳』의 개소
는 제외한다)에는 보살이란 말이 등장하지 않지만, 팔리 4부
와 한역의 다른 두 아함경에도 율장에도 종종 나타난다.

여러 자료를 엄밀히 검토한 현재의 문헌학은 다음과 같
이 설명한다. 초기 불교의 최초기부터 전반기까지는 보살
이라는 말이 존재하지 않으며, 앞의 초기 불전에 보이는
것은 후대의 편집 당시에 삽입되었을 것이다. 이윽고 석
가불의 본생담本生譚(자타카) 종류나 불전佛傳 등의 여러 문
헌이 창작되는 과정에서 처음으로 보살이라는 말이 생겨
나는데, 그것은 비의 명문銘文에서 입증된다. 즉 산치와
기타 가장 오래된 불탑佛塔(스투파)을 불교 조각이 장식하는
데, 그들 몇 개인가에는 간략한 '불전'이 이어지는 이외에
당시의 비명이 새겨져 있다.

한편 불교 조각의 초기에서는 붓다의 상은 아직 보이지

않으며, 공백이나 또는 몇 가지 상징(불족석佛足石, 보리수, 법륜 등)으로 표현된다. 이른바 불상佛像의 출현은 북서부의 간다라[Gandhāra]와 중인도의 마투라[Mathurā]의 어느 쪽이든(어느 쪽이 오래되었느냐의 결정은 현재도 곤란하다) 기원후 1세기 말 내지 2세기 이후라고 한다.

예를 들면 아소카왕이 석존 탄생지인 룸비니[Lumbinī] 동산에 건설한 불탑에, 또한 바르후트[Bhārhut] 불탑의 탑문塔門과 둘레의 난순欄楯(불탑 등의 성역을 속계와 구별하는 울타리 - 역자 주) 등에 기원전 3세기에서 기원전 2세기 시대의 불전이 조각되어 있는데, 그 비명에는 입태入胎나 탄생의 장면에 '세존世尊(바가바트[s.p. bhagavat])'이라는 말이 사용되고 있지만 결코 보살이라고는 기록되어 있지 않다.

본래 석존을 세존이라고 부르는 것은 깨달음, 성도成道를 얻은 후이고, 입태나 탄생 등의 성도 이전에는 세존도 석존도 아닌 단순한 고타마(싯닷타 또는 가우타마 싯다르타)여야만 한다. 그럼에도 불구하고 위의 명문에 '세존'이라고 새긴 것은 이미 각종 불전이 알려져 있었어도 '보살'이라는 말이 아직 성립하지 않았음을 말해준다.

또한 전통 보수적인 유부계의 『중아함경』에는 석존이

과거를 술회하며 "내가 본디 아직 무상의 올바른 도를 깨달을 수 없었을 때"(아본미득각무상정진도시我本未得覺無上正眞道時)라고 설한다.

이들 자료에 대하여 그들에 각각 상응하는 현존의 팔리문, 한역, 산스크리트어 문헌(4부와 두 아함경 등)에서는 이미 "보살입태菩薩入胎", "보살탄생菩薩誕生", "내가 아직 올바른 깨달음을 얻지 못한 보살이었을 때"라고 '보살'이라는 말을 사용한다.

이상의 양자를 대비하면, 전자에서 문구의 의미는 충분히 통하며 후자의 정형구 속 '보살'이라는 말은 반드시 필요한 것이 아님은 분명하다. 다시 말해 불전이 생겨나고 그것이 구전되는 과정에서, 또한 현존하는 여러 문헌이 고정되었던 시대에 보살이라는 말이 삽입되었음을 이들 여러 자료는 이야기한다.

이렇게 해서 다시 보살이라는 말의 기원은 '불전'에 있다. 즉 불전의 작가가 성도 이전과 이후를 분명히 구별하기 위해서 '보살'이라는 말을 창작하여 '석가보살釋迦菩薩' 또는 단순히 '보살'이라고 불렀을 것이라는 점도 거의 입증된다. 나아가 그러면 그 용례의 가장 오래된 전거는 무엇이냐에 대한 탐구가 진행되는데, 현재 학계에서는 불전 문학의 대부분에서 나타나는 '연등불수기燃燈佛授記'의 설화를 가장 유력시한다.

이 설화의 내용은 다음과 같다. 석존은 일찍이 먼 과거세에 메가[s. Megha](구름이란 뜻, 또는 선혜善慧라고 번역되는 수메다 [p. Sumedha], 수마티[s. Sumati])라는 이름을 지닌 브라만의 청년이었다. 그가 연등불(디팡카라[s.p. Dīpaṃkara], 정광여래定光如來, 정광불錠光佛)을 만나 '보리심菩提心(깨달음을 구하는 마음)'을 일으키니, 연등불은 "너는 미래세에 '석가모니불'이라는 이름의 부처가 된다"고 예언한다. 이를 수기授記라고 한다. 그에 의해 등불이 점화된 청년은 일념으로 깨달음을 구하여 수행에 정진한다. 그는 수기를 얻고 있어 언젠가는 부처가 되는 것이 확정되어 있고, 이를 스스로 알고 있다. 그런 점에서 단순한 수행자와는 다르며 동시에 아직 부처로는 되어 있지 않다. 이 특수성에서 보살이라는 말이 만들어져 그의 호칭이 된다. 그 이후 수행의 성과로서 과연 보살은 부처가 되었다고 한다. 다만 이 전생담은 여러 문헌에 범람하고 있어 처음 사용된 문헌과 연대를 추정할 수가 없다.

이리하여 생겨난 보살이라는 말은 위에 서술한 대로 일부를 제외한 여러 문헌에 자주 등장하게 되지만 수기에 의해 반드시 부처가 될 보살인 만큼 이를 '불전의 보살'이라고 부르기로 하자. 그것이 초기 불교에서 부파불교 초기까지 보살이었다.

이윽고 널리 과거 7불의 각각이나 미래불 등에도 이 말이 사용되기에 이르며, 예를 들면 비바시보살毘婆尸菩薩, 미륵보살彌勒菩薩이라 부른다.

초기 대승에 들어오면 부처가 유명·무명으로 나누어짐과 동시에 보살도 유명·무명으로 이분된다. 아미타불의 전생인 법장보살法藏菩薩은 바로 유명의 보살이고. 약사여래 등에도 각각의 보살이 세워졌다.

그와 아울러 보살사상이 발전되면서 부처가 되는 것을 포기하고 어디까지나 보살 그대로 해탈에, 특히 중생의 구제(제도)에 전념한다는 새로운 대승보살이 탄생한다. 그 가운데 가장 잘 알려진 것이 관음보살로서 대승불교가 번성한 전 지역에 널리 보급되었다.

관음은 아발로키테슈바라[s. Avalokiteśvara]를 번역한 것으로, '아바ava'는 '넓게', '로키타lokita'는 '로크lok(보다)', '스바라svara'는 '음音'의 뜻이다. 이를 합친 관세음觀世音 또는 '관음觀音'이란 한역이 이미 5세기 초 나집羅什(쿠마라지바)에 의해 확정되었지만, 관세음 속의 세世라는 말의 유래는 분명하지 않다. 단지 현존하는 여러 문헌에는 거의 전부가 아발로키테슈바라로 되어 있으며, 말미는 '이슈바라[s. īś-vara](특별히 뛰어난 사람, 자유자재로운 사람)이기 때문에 현장이 번역한 '관자재觀自在'가 어울린다.

세간의 중생이 이 보살의 이름을 부르면 그 소리音를 관觀(보다, 듣다, 알다)하여 그 소원을 성취시키는 것이 이 보살이라고 하는데, '관음' 속의 '음'이라는 말은 이 보살의 키워드에 해당한다. 이 작용에서 볼 때 '관세음·관음보살'이라는 호칭이 적합하며, 또한 이 편이 '관자재보살'보다도 훨씬 부드러운 느낌이 들고 친밀해지기 쉬워 중국, 한반도, 일본에서는 일반화하였다.

관음보살은 널리 서민의 신앙을 모으며 오랜 역사를 경과하면서 오늘날에 이른다. 일본과 같은 종파불교 국가에서도 일부 종파(특히 정토교 관계)를 제외한 거의 모든 종파에 수용되어 유포하고 있다.

관음보살의 공덕功德 등을 설하는 『관음경觀音經』은 정

확하게는 『관세음보살보문품觀世音菩薩普門品』이라고 하며,
나집이 번역한 『묘법연화경妙法蓮華經』(흔히 『법화경法華經』이라
일컬음) 전 28장 가운데 제25장을 차지한다. 즉 『법화경』의
1장을 독립시켜 『관음경』으로 부르고 있다.

경전사에서 보면 본래 이 두 개의 경은 각각 성립했는
데, 현재의 『법화경』을 편집할 당시 그 증보로서 단독의
짧은 경인 『관음경』이 부가되었다(그 제23장~제28장의 각 장은
각각 성립하여 『법화경』에 부가되었다)고 생각되고 있다.

위의 정식 명칭 속의 '보문普門(사만타무카[s. samantam-
ukha])'이라는 말은 '모든 방향으로 얼굴을 향하고 있는 것'
을 나타내며, 관음보살의 구제는 중생이 자신의 이름을 부
르는 모든 방향으로 확대된다고 말한다. 게다가 이 경에
는 이 보살의 33가지 변신 하나하나가 이야기되는데, 그
중에는 비구, 비구니, 재가의 남녀 신자, 소년·소녀 등도
보인다.

이로부터 변화관음變化觀音이라 칭하며, 6관음, 7관음,
33관음 등이 알려져 있다. 특히 유명한 관음의 명칭으로
서 성관음聖觀音(정관음正觀音), 천수관음千手觀音(천수천안관음千
手千眼觀音), 십일면관음十一面觀音, 마두관음馬頭觀音, 불공견

삭관음不空羂索觀音, 여의륜관음如意輪觀音, 준지관음准胝觀音, 양류관음楊柳觀音, 수월관음水月觀音 등이 있다. 그중에는 아마도 일본에서 생겨난 여성 관음도 있으며, 관음 신앙의 보급이 현저하다.

또한 관음보살과 대승 경전의 관계도 깊다.

위에서 서술하였듯이 대승불교권에서 가장 널리 읽혀지는 『법화경』에서는 관음보살이 그 1장(제25장)을 형성한다. 북전불교에서 가장 대중화된 『반야심경般若心經』(현장의 번역)에는 관자재보살이 그 서두에 등장하는데 사리자舍利子(샤리푸트라[s. Śāriputra])에게 이 경의 전문을 설한다. 『화엄경』에는 관음보살의 거주지가 남해의 보타락산補陀洛山(포탈라카[Potalaka], 광명산光明山으로 번역)으로 되어 있는데, 경의 주인공 선재동자善財童子가 남방을 순례할 즈음에 관음보살로부터 가르침을 듣는다. 한편 이 보타락산이란 이름은 중국으로, 일본으로 전해져 보타락은 '후타라'로 다시금 '후타라二荒'가 되고 그 음독이 닛코日光로 전환한다. 이 주변 일대는 산악신앙에서 발원하는 슈겐도修驗道(일본의 전통적 산악신앙과 불교가 결합된 일본의 독특한 종교-역자 주)의 성지였지만, 이윽고 주젠지中禪寺가 건립되어 9세기 이후는 관음

신앙이 번성하여 현재에 이른다. 17세기에는 '린노지輪王寺'로 개칭하며 동시에 이웃한 후타라산二荒山 신사神社가 세워졌다.

나아가 티베트 불교에서 현신불現身佛(활불活佛이라고도 한다)로 추앙되는 달라이라마Dalai lama는 현세의 관음보살 화신으로 여겨지고, 수도 라싸에 우뚝 솟은 포탈라궁宮은 포탈라카에서 유래한다.

관음보살을 묘사하는 도상圖像이나 조각상도 다수 있으며 게다가 명품이 많다. 인도의 엘로라Ellora 석굴사원 이외에 돈황의 천불동千佛洞 등 중국, 한반도, 일본 각지는 물론, 개중에는 장로부에 속하는 동남아시아의 일부에도 소수이지만 관음보살상이 알려져 있다. 일본에서는 한 분씩 관음을 제사지내는 서른셋의 절로 이루어진 영험한 구역이 설치되어 있는데, 그 서른세 곳의 순례인 삼십삼소순례三十三所巡禮가 사이고쿠西國(간사이關西), 반도扳東(간토關東), 지치위秩父(간토) 등에서 일어나 예로부터 오늘날까지 여전히 계속 융성하고 있다.

한편 관음보살은 아마도 힌두의 신격에 근거하며, 불교 내부에서 태어난 것이 아니라는 학설이 최근에는 일부에서 상당히 강하다.

관음보살 이외에 특정한 명칭을 지닌 보살을 열거해본다.

문수보살文殊菩薩은 문수사리文殊師利(만주수리[s. Mañjuśrī], 만수사리曼殊師利라고도 음역, 묘덕妙德, 묘길상妙吉祥 등으로 번역)의 약칭으로서, 『반야경』에서 빈번히 등장하여 대승의 가르침을 설한다. 특히 지혜가 뛰어나다.

보현보살普賢菩薩은 사만타바드라[s. Samantabhadra](널리 축복을 받는 자라는 뜻, 편길遍吉로 번역)를 의역한 것으로『화엄경』에서 중대한 역할을 한다. 실행과 의지를 특징으로 하며, 흰 코끼리를 탄 모습이 잘 알려져 있다. 이 문수와 보현은 순수하게 불교 내부에서 탄생하였다.

이하에서 서술하는 여러 보살은 힌두 문화의 영향을 받았다.

세지보살勢至菩薩은 스타마 프랍타[s. Sthāma-prāpta](세력을 얻었다는 뜻)의 번역으로, 머리에 대大(마하[Mahā])를 수식하는 경우가 많다. 지혜 또는 의지가 걸출하고, 특히 중생 구제에 활동한다.

허공장보살虛空藏菩薩은 아카샤 가르바[s. Ākāśa-garbha](허

공의 모태)의 번역으로 무한한 지혜를 상징하며, 밀교의 각
종 만다라에 등장한다.

지장보살地藏菩薩은 크쉬티 가르바[s. Kṣiti-garbha](대지의
모태)를 번역한 것으로 인도 불교사에서도 후기에 나타나
이후 불분명하게 되지만, 후대 중국 및 일본에서 말법사상
末法思想이 풍미하자 각별히 두터운 신앙심을 받으며 현재
에 이른다.

특히 인도에 유포되는 윤회사상이 중국이나 일본에서
는 그대로 받아들여지지 않고, 오히려 불교 전래 이전의
독자적인 내세관이 압도적으로 강하다. 이에 근거하여 특
히 일본에서는 사자死者(특히 불의의 죽음을 맞은 사람)의 명복
을 빌고 또한 현세의 이익을 원하는 서민들의 가장 가까이
에 이 지장보살(지장님으로 친근하다)이 있어서, 그들의 비원
悲願을 채우고 이루어주는 작용을 완수한다. 지장이란 이
름과 유래가 연관되어 사원의 묘지 입구나 네거리 그리고
길가 등의 많은 장소에 지장의 입상이 모셔져 있는데, 그
상의 수는 가톨릭 문화권 내의 마리아상을 능가한다.

이 밖에도 널리 알려진 보살은 다수이며, 대승 경전은
허다한 보살명을 나열한다. 혹은 명칭은 생략하고 그 숫

자만 기록하는(예를 들면 몇백, 몇천, 몇만의 보살) 사례도 적지
않다.

위의 여러 보살은 최초에 열거한 법장보살을 제외하고
전부 수기를 얻고 있지 않다. 그뿐 아니라 관음보살에 특
히 현저하듯이 미래세에 부처가 되는 것(성불成佛, 작불作佛)
도 스스로 애초부터 포기하고, 한결같이 타자에 대한 봉사
나 구제에 전념하게 된다.

아마도 재가신자의 기대와 요망要望을 받으면서 대승의
보살들은 다시금 확대하여 명칭에 의한 특정화를 버리고
무명인 채로 보살도菩薩道의 완수를 지향하는 보살이 출현
한다. 일찍이 석가불이 수행했다고 하는 '자각각타 각행궁
만自覺覺他 覺行窮滿'(스스로 깨닫고 남을 깨닫게 하며, 깨달음의 수행
이 궁극적으로 가득하다)을 모범으로 삼고 그를 본받아 자신과
타자 모두의 구제와 깨달음을 현세에 실현하며 보편화하
려고 한다. 이와 같은 보살이야말로 참으로 '대승의 보살'
이라는 명명이 어울릴 것이며, 게다가 그것은 위의 이념이
데이 불교에 참가한 전원에게 강하고 깊게 새겨져 있었다
고 생각된다.

이리하여 이 대승의 보살은 일체중생의 일원이기 때문

에 말하자면 '범부의 보살'('누구라도 보살'이라고도 부를 수 있다)이며, 단지 보살인 이상 보리심을 발하여 이타를 목표로 삼아 정진하여 그치지 않는다.

마치 석가불로부터 대승 제불로 확산하였듯이 오히려 이를 훨씬 초월해 대승 제 보살은 불전佛傳 보살로부터 크게 비약하고 널리 확대되어, 범부 그대로 누구든지 뜻을 연마하면 참여할 수 있는 양상으로서 등장하여 한결같이 대승불교를 추진해간다. 여기에는 어느새 승僧과 속俗의 구별조차 때로는 무용하며, 혹은 불교의 여러 전문 분야에는 아마추어이지만 오히려 그 아마추어이기 때문에 새롭게 창작된 대승 제 경전의 이상에 순응하고 활약했다고 말할 수 있을 것이다.

초기의 대승 경전에는 경을 설하는 사람을 다르마바나카[s. dharmabhāṇaka]라고 부르는데 법사法師라고 번역한 사례가 적지 않다. 바나카[bhāṇaka]는 일찍이 초기 경전의 각종 풍영자諷詠者, 송출자誦出者이며 해설자이기도 했지만, 부파불교의 문헌 일부에 경전 암송자로서 기록되어 있는 데에 지나지 않았다.

그 바나카는 초기 대승에 진입하자 '다르마바나카(법사)'

라는 전혀 새로운 명칭 아래 대승의 독자적인 설법자로서 출현하며, 재가신자의 지도자에서 전환하여 대승불교의 지도자적 지위에 오른다. 그들이 대승 경전의 작자였는지 여부는 여전히 의문이라고 해도, 적어도 경의 편집자이고 추진자였음은 확실하다고 할 수 있다.

또한 그들이 출가자인지 재가자인지는 단정할 수 없지만, 신자들에게 활발히 경의 수지受持, 독송, 해설을 행하며 그 경 자체에 대한 숭배를 강조하고 있다. 또한 그들 대다수는 당시까지의 불탑 숭배에 비판적이며 많은 경우 반대하는데, 새롭게 성립한 각종 경에 꽃이나 향을 바치고 경의 예배와 공양을 장려하는 등 각각의 경의 절대화를 촉진했다. 한편 다르마바니카[s. dharmabhāṇikā]라는 여성명사도 있어서 여성 법사의 존재와 활동을 뒷받침한다.

여하튼 대강 이와 같이 초기 대승 경전이 출현했음을 살펴보았다. 경의 성립까지 순서를 개괄하면, (1) 경의 핵심이 형성된다, (2) 원초의 형태가 성립한다, (3) 그 전승 기간 동안 증광, 보수, 삽입, 추가 등이, 때로는 삭제, 축소, 생략 등이 있다, (4) 현재의 경으로서 완성된다.

이 과정은 초기 경전에도, 대승 경전에도 차이가 없으

며, 위에서 (4)의 대부분이 초기 경전은 부파에, 초기 대승 경전은 중기 대승에 맡겨졌다.

③ 초기 대승 경전

경전이 인도에서 탄생했다 해도, 인도에서는 역사에 대한 관념이 결여되어 경의 성립사는 일절 기록되지 않았다. 특히 대승 경전(논서도 포함해서)의 성립 연대는 그 순서조차도 전혀 알 수 없다. 다른 인용에 의해 추정되는 사례가 소수 있는 것에 지나지 않는다. 그러나 그 개요를 보충하는 것으로서 중국의 번역 기록이 있다. 원래 한역에 대해서도, 특히 불전에 친숙하지 않았던 고대 중국에서는 여전히 분명하지 않고 상세하지 않은 점이 남아 있다고 해도 대략 그 연대 결정이 여러 연구를 거쳐 열매를 맺고 있다.

대승 경전을 최초로 한역한 사람은 월지月氏(쿠샨[Kuṣāṇa]족) 출신인 지루가참支婁迦讖(로카크셰마[Lokakṣema], 약칭해서 지참支讖)이었다. 그는 후한後漢의 환제桓帝(146~167년 재위) 말기에 낙양洛陽에 도착하여 178~189년 사이에 12부 25권의 한역을 완수하였는데 그중 8부 19권이 현존한다. 그들은 어느 것이나 원초적 형태이면서 반야 계통, 화엄 계통, 아촉불阿閦佛, 아미타불, 관불觀佛, 심성청정心性淸淨, 문수보살, 삼매三昧 계통 등을 포함한다. 이들의 원전은 인도에서 대략 150년 이전에 성립되어 있었다고 여겨진다.

(1) 반야경

반야경은 대승이라고 하는 말을 최초로 선언했으며, 게다가 그 후 약 천 년 가까운 기간에 각종 반야경이 인도에서 만들어지자 그들이 잇따라 한역되어, 한역 반야경은 합계 42종에 이른다. 그중에는 모든 불전 가운데 가장 짧은 『반야심경般若心經』과 가장 큰 『대반야바라밀다경大般若波羅蜜多經』이 있는데, 후자는 600권 약 500만 자에 달한다. 이 두 경은 『금강반야경金剛般若經』, 『이취(반야)경理趣(般若)經』과 함께 일본인에게도 친숙하다.

한편 반야경전 집단은 그 다수가 어느 것이나 반야바라밀경(여기에 마하摩訶를 붙이는 것도 많다)으로 명명하는데, 그들의 혼동을 피하기 위해 그 제1장의 명칭이나 대소 등의 별칭으로 부른다.

대승이라는 말이 처음 나온 것은 지루가참이 번역한 『도행반야경道行般若經』의 「도행품道行品」제1장인데, '마하연摩訶衍'이라는 마하야나[s. mahāyāna]의 음사어音寫語로서 등장한다. 이 제1장은 이 경 안에서도 성립이 가장 오래되었다고 한다. 단지 여기에는 소승이라는 말은 없고, 위의 경에서 발전한 『소품반야경小品般若經』(나집 역, 404년 완성) 그리고 다른 계통의 『광찬반야경光讚般若經』(축법호竺法護 역, 386년)에 처음으로 '소승'이라는 말이 나타난다.

산스크리트본(8,000송頌, 2만5,000송, 2,500송, 700송 등. 송은 시詩)과 티베트역(위에 대한 각각의 번역), 그리고 한역 약 75종의 현존하는 반야경은 그 전부가 공空의 사상을 설한다. 공의 이론화가 나가르주나에 의해 완성되기까지 반야경은 반드시 완전하다고 평하기 어렵다. 그렇다고 해도 고정을 배제하고 실체적인 사고도 허락하지 않는 공의 견해가 어느 반야경에도 철저하게 나타나며, 그러한 공의 반복적인 설명은 번잡하기 짝이 없을 정도로 반야경 구석구석까지 침투한다.

그 공의 실천적인 양상으로서 "마음에 머무르면서도 사로잡히지 않는다", "집착하지 않는다"는 점이 강조되는데,

이는 초기 불교의 무아설無我說에 통한다.

사실 부파에서 가장 크고 가장 강한 유부의 이론이 본래의 무아설을 축소하여 그 적용을 사람에게만 한정하고, 법에 대해서는 실유實有를 주장하고, 법의 체계에 전념하고 있던 것을 엄하게 비판한 것이 다름 아닌 반야경이 말하는 공이다.

반야(프라즈냐[s. prajñā], 판냐[p. paññā])라는 말은 초기 불교 이후로 설해지는데 지혜를 뜻한다. 직관적이고 종합적인 특징이 넘치고, 분석적이고 이론적인 지(지식)와는 근본적으로 다르다. 어떤 것에도 얽매이지 않는 공을 본지本旨로 하는 반야의 지혜에 의해 일체를 직관하고 통찰할 것을 반야경은 설한다. 나아가 그 공에도 결코 사로잡혀서는 안 된다(공역부공空亦復空이라고 한다)고 거듭 주의를 준다.

그리고 이를 몸에서 체현해야만 대승의 보살인 것인데, 그것은 일반적인 불제자(성문聲聞)나 고독한 성자聖者(독각獨覺. 연각緣覺이라고도 한다)와는 크게 달라서, 항상 타자와 관계를 맺고 타자에 대한 배려가 구석구석 미치며, 타자를 위해 진력하는 실천(이타利他라고 함)이 역설된다.

그것을 단적으로 나타내는 말이 바라밀波羅蜜이고, 경의

이름도 반야바라밀경般若波羅蜜經이라고 명명한다.

　아마도 이 반야바라밀경의 성립 이전에 일찍 사라져서 경의 이름만이 전해지는 『육바라밀경六波羅蜜經』이 있어서 보시布施, 지계持戒, 인욕忍辱(忍耐), 정진精進, 선정禪定, 반야般若라는 육바라밀六波羅蜜의 실천을 설했다고 추정된다. 그리고 이 여섯 항목은 초기 불교의 '팔정도八正道'와 '오근오력五根五力(다섯 가지 수행의 근본 능력과 수행 결과 발휘되는 다섯 능력. 신信, 정진精進, 염念, 선정禪定, 지혜智惠)', 그리고 이를 간략화한 계戒·정定·혜慧의 '삼학三學'을 기본으로 부파불교가 설하는 실천론도 참조하면서 점차 성숙하고 결실하였다고 생각된다. 즉 자기 한 사람에게 관련되는 실천의 덕목으로서 지계, 정진, 선정, 반야의 4항목을 계승하며 타자와의 관계에 있는 보시와 인욕을 새로 추가해서 위의 6항목이 이루어지고, 그 각각에 바라밀을 수반해 육바라밀이 구성되고 있다.

　바라밀은 파라미타[s. pāramitā]의 음사인데, 파라미타는 파라마[s. parama](최상, 완전이라는 뜻)를 파라미[parami]라고 여성형으로 하여 여기에 추상명사화의 기능을 하는 접미사인 타[tā]를 붙인 말로서 완성, 극치를 나타낸다.

다만 중국 및 티베트에서는 그 올바른 해석을 아마도 고의로 무시하고 파라[para](다른 것. 그, 피안彼岸, 그 목적격은 파람[param])에 이[s. √i]('가다'라는 뜻)를 더한 말에 접미사 타[ta]를 붙였다고 하며, 이 용어의 내용에 일탈된 해석을 해서 다른 곳에 가는 것, 피안으로 건너가는 것, '도피안到彼岸', '도度(건너다渡와 같다)'로 번역한다. 이러한 일종의 오역 위에서 북전의 대승불교가 성립하고 전래하여 번영했다는 역사도 있다(한편 이러한 시도는 산스크리트어의 주석에도 있지만, 허위 pseudo 문헌학임을 지적할 수 있다).

육바라밀의 병렬에서 특히 여섯 번째 반야바라밀을 선택하여 이것이 다른 다섯을 떠받치는 기반이 된다고 해석하며, 반야바라밀 자체를 테마로 삼았던 데서 반야경이 성립하고, 또한 그것이 대승불교의 선언이 된다.

이 반야바라밀의 내실은 위에서 서술한 공의 철저화에 있다. 예를 들면 보시가 반야바라밀을 수반해서 보시바라밀布施波羅蜜로 승화하는 것은, 보시가 베푼 자와 받는 자 그리고 보시물이라는 세 가지로 성립하며, 그 세 가지 가운데 어느 하나가 빠져도 보시가 성립하지 않음을 반야의 지혜에 의해 알지 않으면 안 된다.

그렇다면 그 하나가 독립하여 실재하는 것이 아니며 세 가지 모두 공인데 그 어느 것에도 사로잡히지 않는다고 하여 나아가 이를 '삼륜청정三輪淸淨'이라고 칭한다. 이 이론이 다른 다섯 가지 각각에 실시되어 각각의 바라밀이 되는데, 그들의 근저에는 반야바라밀이 있다.

한편 이러한 공은 업설業說에도 반영되어 종래의 자업자득, 인과응보에 의해 자기가 얻을 터인 과果를 방향도 내용도 바꾸어서 다른 쪽으로 돌릴 수 있다는 길이 열렸다.

특히 선인善因으로부터 선과善果(이 경우는 '공덕功德'이라고 한다)를 타자에게로 향하는 '회향廻向(파리나마나[s. pariṇāmana])' 사상이 반야경에 구축된다. 이는 대승의 자비·이타사상과도 깊게 관련되며, 특히 정토경전에 빈번히 나타난다. 회향을 힌두교(성전의 『바가바드기타』[s. Bhagavad-gītā]』 특히 쉬바파)에 귀결시키는 학설도 있다.

다음으로 우리에게 가장 친숙한 『반야심경』에 대하여 언급한다. 그 가운데 "색즉시공, 공즉시색色卽是空, 空卽是色"의 대구對句는 사물과 공의 완전한 일치를 나타내는데, 사물이 그대로 공이며, 무언가 고정된 실체가 없고, 동시

에 공인 것이 사물을 그 사물답게 만들고 있음을 말하고
있다. 그것을 오온五蘊의 다른 네 가지(수受, 상想, 행行, 식識)에
도 반복한다. 그리고 이 경의 말미에서 '가테[gate](게제揭帝)'
이하의 진언眞言의 주문을 덧붙인다. 그것은 본래 공의 지
혜인 반야바라밀이 그대로 진언으로 이어져가며, 밀교의
그림자를 드리운다.

　한편『반야심경』에는 현재 유포되는 소본小本 외에 대본
大本도 있다. 그 산스크리트본의 패엽貝葉(건조한 탈라tala, 多羅
樹의 잎을 필기용으로 한다)을 일찍이 일본의 당나라 사신인 견
당사遣唐使가 귀국할 즈음에 가지고 귀국해(중국에서는 한역
되면 원전의 패엽은 전부 소각되었다), 소본은 호류지法隆寺, 대본
은 야마토大和의 하세데라長谷寺에 전해지며, 다른 곳에서
는 소실되었다.

(2) 유마경

유마경維摩經은 성립이 다소 늦지만 반야경에서 이야기되는 공空을 그대로 실천한 비말라키르티[s. Vimalakīrti](유마힐維摩詰로 음사하며, 생략해서 유마維摩, 번역은 정명淨名)의 이야기인데, 드라마적 성격이 경 전체에 넘쳐 흐른다.

유마는 당시 상공업의 중심지 바이샬리[s. Vaiśālī]의 속가俗家에서 살고 부인도 자산도 지닌 재가신자(거사居士라고 칭한다)였으며, 때로 유흥장이나 술자리에도 끼어들었다. 그런 한편 그의 언동은 참으로 공空으로 연마되어 있어서 샤리푸트라(사리불) 이하의 불제자들도 감복시키고 재가 불교의 모범을 보인다.

유마는 그의 집으로 문병하러 찾아온 문수 등에게 다음과 같이 설한다.

일체의 중생이 병들어 있어 이 때문에 나도 병이 들었노라. 만약 일체중생의 병이 없어지면 곧 내 병도 없어지나니. … 중생이 앓을 때는 곧 보살도 앓고, 중생의 병이 나으면 보살의 병도 또한 나으리라. … 보살의 병은 대비로 인하여 일어나느니라.

또한 교설의 정점을 차지하는 유일절대의 '불이법문不二法門'에 대해서 먼저 31인의 보살이 각자 자설을 펼친다. 그 이후 문수는 "내 생각 같아서는 일체의 법에 있어서 말言도 없고 설說도 없고 보여줌도 없고 인식識도 없으며, 모든 문답을 떠나는 것이야말로 '불이법문'에 드는 것이라고 생각합니다"라고 설하여 표현 불가능을 입에 담는다. 최후에 이를 유마에게 묻자 "이때에 유마힐은 묵묵히 아무 말이 없었다"고 경은 기술하며, 침묵인 채로 표현 불가능을 실제로 보여준 유마를 상찬한다.

이에 의해 모였던 5,000의 보살은 모두 '불이법문'에 들어가 깨달음을 얻었다고 하는데, 그 침묵은 석존의 무기無記의 태도와 일치한다.

반야경이 반야바라밀을 '부처의 어머니'라고 하는 데 대해서, 유마경은 이를 '보살의 어머니'(반야바라밀의 산스크리트어는 여성명사)라고 하며, 또한 방편方便(우파야[s. upāya])는 남성명사, '수단'을 말한다)을 '아버지'라고 한다. 이어서 법의 기쁨을 '처'로 삼고, 자비의 마음을 '딸'로 삼는다고도 말한다.

또한 유마경은 『대비바사론大毘婆沙論』의 한 문장을 인용하여 부처님이 설하는 하나의 말씀을 중생은 각자 다양하게 이해한다고 하며, 대기설법對機說法의 양상을 다른 면에서 뒷받침하고 있다.

(3) 화엄경

화엄경華嚴經은 『대방광불화엄경大方廣佛華嚴經』의 약칭으로, 방광方廣(바이풀리아[s. vaipulya])은 대승을 나타내고 불화엄은 부처가 완비하는 심원한 깨달음을 화환花環(아바탕사카[s. avataṃsaka])으로 장식한다는 뜻이다. 그 원전은 『십지경十地經』과 『입법계품入法界品』이라는 다른 2부인데, 각자 오래되었으며 산스크리트본도 한역도 있다. 현존하는 화엄경은 한역이 5세기 초의 60권 본과 7세기 말의 80권 본이 있고 별도로 『입법계품』의 8세기 번역인 40권 본도 있어, 각각 육십화엄, 팔십화엄, 사십화엄이라 통칭되며 그중 육십화엄이 예로부터 널리 읽혀진다.

화엄경은 장엄하고 화려한 내용이 실로 웅대한 규모로 전개되는데, 부처가 스스로 가르침을 설하지 않고 보현이나 문수 등의 보살들이 부처의 신통력을 받아 부처를 찬미하면서 가르침을 펼치고 있다. 설법의 장소도 지상과 하늘을 왕복하며 총 일곱 곳에 이른다.

그 부처는 광명이 편만遍滿한 비로사나불毘盧舍那佛([s. Vairocana-buddha], 바이로차나 붓다)과 일체라고 선언한다. 게다가 그 교설에서는 공간적으로도 시간적으로도 개체(개별)와 전체(보편)가 상즉相卽하고 하나 속에 일체가, 일체 속에 하나가 구현되어 이른바 '일즉일체·일체즉일一卽一切·一切卽一'이라는 종교 철학을 전개한다.

또한 '십十'이라는 만수滿數에 의해 모든 것을 설명하여 그 무한성과 완전성을 분명히 한다.

예를 들어 육바라밀에 방편, 서원(願), 힘(力), 지혜(智)의 사바라밀을 추가한 십바라밀 및 십행十行, 십회향행十廻向行, 십념十念 등이 상세히 설명되고 있다.

특히 보살의 단계를 10으로 나누는 십지十地(십주十住라고도 함. 다샤부미[s. daśabhūmi]의 번역으로 10단계라는 뜻)가 알려져 있는데, 이 설은 이미 화엄경의 전신인 『십지경』에 나타난다.

십지十地는 두 가지 종류가 있다. (1) 불전佛傳 문학인 『마하바스투[s. Mahāvastu]』(『대사大事』, 대중부계)에서 말하고 있다. 이는 각종 반야경이 계승하는 십지로서, 범부로부터 성문, 독각, 보살, 부처에 공통하는 바가 있어 '공共의 십지'라 한다. (2) 보살에만 한정되는 '불공不共의 십지'로서 화엄경만이 독자적으로 말한다.

화엄경의 독자적인 이 '불공의 십지'는 대승의 바른 지혜를 얻어 기뻐하는 환희지歡喜地에서 시작된다. 이어서 계戒를 지키고 마음의 때를 떠나 이구지離垢地 등을 거쳐 제6의 현전지現前地에 이르면 큰 지혜가 갖추어져 십이인연을 완전히 체득한다. 게다가 이 제6지에는 "삼계三界(중생이 사는 세계 전체)는 허망虛妄한 것으로 단지 일심一心이 만들어내는 것이다. 십이(인因)연분은 모두 마음에 달려 있다"는 가장 유명한 문장이 있으며, 모든 것은 마음에 귀결된다고 주장하는 유심사상唯心思想이 완성된다(유심사상은 이미 초기 불교부터 강조되며, 뒤에 유식설 등의 중기·후기 대승을 이끈다). 제7의 원행지遠行地에서 보살의 수행이 완성되며, 제8의 부동지不動地에서 부처에 도달하고, 제9의 선혜지善慧地에서 중생을 교화한다. 제10의 법운지法雲地는 모든 것이 원만구족圓滿具足하며, 그 지혜는 큰 구름에 비유된다.

화엄경의 마지막 장 「입법계품」에서 선재동자善財童子라는 소년이 수행 편력하는 커다란 로망이 전개된다. 그는 불도佛道를 구하기 위해 문수보살에서 시작하여 비구, 비구니, 의사, 장자, 남녀 재가신자, 동자, 동녀, 유녀遊女, 어부, 브라만, 외도外道, 왕, 천天, 신선을 거쳐 다시 문수에게로 돌아와서 그 마지막 53번째(이 중에는 여성도 10명 있다)에 보현보살을 만나 문수의 지혜와 보현의 행을 완전히 갖추어 깨달음에 도달하며 완결을 맞이한다(일본의 도카이도東海道의 53개 역참次은 위의 수에서 유래한다).

입법계란 대승의 보살이 불여래佛如來가 되어 불여래가 현전現前한다는 뜻이다. 이 여래의 출현을 특히 성기性起라고 부르며, 뒤에 중국의 화엄종 및 선종禪宗 계통에서 그 중심 과제가 되었다.

또한 화엄경에는 '초발심시 변성정각初發心時 便成正覺'(처음 발심할 때에 홀연 바른 깨달음을 성취한다)이라는 문장, 나아가서는 현재 일본에서 사원에서도 재가신자에게도 가장 널리 창화되는 삼귀의문三歸依文("스스로 불佛, 법法, 승僧에 귀의한다"고 노래한다)의 구절『육십화엄』의 「정행품淨行品」) 등이 포함되어 있다.

(4) 정토경전

정토淨土라는 말은 중국에서 생겨났으며, 산스크리트어의 '붓다 크셰트라(불국토)'에 해당한다.

대승불교에서 석가불 이외 대승의 제불과 그 국토가 세워진 가운데 동방의 묘희妙喜(아비라티[s. Abhirati]) 세계와 아촉阿閦(아크쇼비야[s. Akṣobhyal)불, 그리고 서방의 극락極樂(수카바티[s. sukhāvatī]) 세계와 아미타불이 잘 알려져 있는데, 특히 후자는 북전불교에서 가장 중요시되어 중국과 일본에는 정토교가 침투한다.

정토교 관계의 한역도 옛날부터 몇 차례나 이루어졌으며, 나아가 무언가의 형태로 아미타불에 관련하는 설을 서술한 한역의 경론은 대략 290부(산스크리트본 31부)나 현존하는데, 그것은 대승 경론의 5분의 1 남짓에 해당한다는 학자의 조사가 있다.

일본의 가마쿠라鎌倉 신불교를 이끌어낸 호넨法然(겐쿠우源空)은 여러 가지 정토 경전 속에서 『무량수경無量壽經』과 『관무량수경觀無量壽經』 그리고 『아미타경阿彌陀經』을 선택해 '정토 3부경'이라 부르는데, 중국이나 일본에서는 전적으로 이 세 가지 경에 의해 정토교가 설해졌다. 그때 각각을 '대경大經', '관경觀經', '소경小經'으로 줄여 부르는 일이 많다. 대경과 소경에는 '극락의 장엄(수카바티뷰하[s. Sukhā-vatī-vyūha])'이라는 제목이 달리고 길이도 내용도 다른 산스크리트본 2종이 있다. 대경의 한역은 5본이 현존하는 반면 관경은 한역 1본뿐이며 인도에서의 성립 여부도 의문점이 있다.

아마도 최초에 소경이 성립되어 극락세계의 찬미와 아미타불에 대한 믿음을 설했을 것이다. 그 후 머지않아 법장보살의 이야기를 더하여 아미타불의 자비를 강조하는 대경이 탄생하는데, 그 말미에 위의 내용과 역행하는 범부凡夫의 삼독三毒이나 다섯 가지 악惡을 상세히 서술한다. 후에 창작된 관경은 부왕을 살해한 아사세阿闍世(아자타샤트루[s. Ajātaśatru])왕의 이야기에서 아미타불에 대한 염상念想으로 전개하여 염불念佛로 나아간다.

정토교는 우수한 소수의 엘리트들이 실천 수행에 전념하는 불도佛道를 '성도문聖道門'이라 부르며 멀리하고, 자비가 넘치는 아미타불만을 생각하여 그 본원을 일념으로 신봉하는 정토문淨土門에 귀의하며, 특히 말법 세상의 범부에게는 이러한 '이행도易行道'(나가르주나의 저작이라는 『십주비바사론十住毘婆沙論』에 있는 말)야말로 적합하다고 강조한다. 또한 성도문을 '자력自力', 정토문을 '타력他力'이라 부르는데, '타력'의 '타'는 어디까지나 '아미타불'을 가리킨다. 이들의 구분도 명칭도 중국에서 시작된다.

한편 믿음(信)은 원래 초기 불교의 오근五根에서도, 오력五力에서도 그 정상에 놓였으며, 대승에 들어와서는『화엄경』에 "신信은 도의 근본이며 공덕의 어머니이니, 일체의 갖가지 선법善法을 늘려나간다"고 하며, 또한『대품반야경大品般若經』의 주석인『대지도론大智度論』에는 "불법의 큰 바다는 믿음으로써 들어가며 지혜로써 건너갈 수 있다"라고 설하여, 믿음에서 불교가 시작되는 것은 일관된다. 다만 '신앙'이라는 말이 많이 사용되는 것은 일본의 메이지 시대 그리스도교의 전도와 병행한다.

(5) 법화경

법화경法華經만큼이나 대승불교도에게 애호된 경전은 달리 없다. 많은 언어의 텍스트가 갖추어져 있고, 사본이나 단편이 각지에 남아 있다. 산스크리트본에는 불교 혼성 범어Buddhist Hybrid Sanskrit(산스크리트와 프라크리트어의 중간 형태로 문법이나 음운이 무너진 산스크리어-역자 주)에 의한 운문이 섞이며, 한역 가운데 나집羅什이 번역한 『묘법연화경妙法蓮華經』은 시대, 국토, 종파 등의 틀을 넘어서 압도적 다수의 독자에게 애독되면서 오늘에 이른다. 본서에서도 이를 기준으로 한다.

현행본은 28장(산스크리트본은 27장)으로 구성되는데, 제14장까지의 전반과 그 이후 후반의 두 부분으로 나뉘고, 후반의 제23장 이하는 부속이라고 한다(이 제25장이 위에서 서술한 「관세음보살보문품觀世音菩薩普門品」 즉 『관음경觀音經』).

전반의 중심인 제2장은 방편方便(우파야, 수단·방법)을 본제本題로 한다.

이 장에서는 성문聲聞(부처의 가르침을 듣고서 배운 불제자)과 독각獨覺(혼자서 깨닫고 다른 사람에게는 말하지 않는다. 연각緣覺이라고 하며, 나집은 음사하여 벽지불辟支佛[s. pratyeka-buddha, p. pacce-ka-buddha]이라고 한다) 그리고 보살의 삼승三乘은 각자가 성불을 지향하지만, 사실은 전부 일불승一佛乘에 귀결되며 이승과 삼승은 교화의 방편으로서 근기에 대응한 설법에 지나지 않는다. 그 방편은 다양한데, 흙을 쌓아 부처의 영묘를 만드는 것, 소년이 장난삼아 모래를 모아 불탑으로 삼는 것, 나무나 붓이나 손가락으로 불상을 그려 불상에 예배하고 합장하며 머리를 숙이는 것, 한번 '나무불'南無佛(부처님께 귀의합니다)이라고 외치는 것 등이 불도의 성취로 이끈다고 설한다.

또한 제2장을 비롯해 이 경의 전반은 소승(히나야나)이라는 말을 아마도 전체 대승 경전 가운데 최초로 사용하며, 그 횟수도 적지 않다. 그러나 그 용법은 대승에 대립한다기보다도 성문과 독각으로 이루어지는 소승까지도 전부 일승, 일불승으로 이끄는 데 집중한다.

경의 후반의 중심은 제16장의 「여래수량품如來壽量品」(여래의 수명이 장구함)에 있다. 여기서는 석가불의 입멸까지 이르는 교설은 중생 교화의 방편에 불과하며, 진실한 부처는 무한히 먼 옛날에 깨달음을 달성하여 무한한 시대에 걸쳐 사람들을 교화한다고 하는 내용의 '구원실성久遠實成의 불'이 비유를 섞어가면서 상세히 서술된다.

이 '구원실성의 불'의 설법이 가장 중요시되어 경의 후반을 본문本門으로, 전반을 적문迹門으로 칭한다. 이는 후반이 부처의 본체, 전반이 부처의 구제의 자취를 나타낸다는 2분설에 근거한다.

법화경은 전편에 걸쳐 이 경 자체의 독송讀誦, 수지受持, 해설(이 세 가지가 오래된 것이다), 서사書寫 그리고 공양의 다섯 가지를 되풀이하여 장려하며 여러 경의 왕이라고 자칭한다. 또한 경에는 불탑에 관련하는 기사記事도 많지만, 불탑 숭배는 내버려지고 경전 숭배로 이행하고 있다. 그리고 "지금 이 삼계는 모두 나의 것(有)이며 그 가운데 중생은 모두 나의 자식이다"(제3장, 시)라고 읊으며 부처의 자비를 나타낸다.

나아가 '법화칠유法華七喩'라고 칭해지는 일곱 가지 비유 등이 법화경의 문학성을 이야기한다. 그중에는 이 세상을 '불타는 집(火宅, 화재로 불타고 있는 집)'에 비유하여 그 집에서 자식들을 세 가지 수레(삼승에 비유된다)로 구출하는 이야기 (제3장)와, 가출한 소년이 50년간이나 방랑을 한 끝에 자신의 집인지 모르고 되돌아오니 아버지가 갖가지 방편으로 이를 맞아들인다는 이야기(제4장) 등이 특히 잘 알려져 종종 인용된다. 그 외에 '여인의 성불'을 설하는 제12장도 유명하다.

법화경은 낭만이 풍부한 문학성이 있는 한편, 그 주장은 상당히 격렬하고 급진적으로 보이는 면도 있는데, 이는 순수성과 철저함을 반영하는 동시에 경을 신봉했던 사람들이 일종의 특수한 집단은 아니었을까 상상된다.

한편 경의 이름에서 보이는 '묘법妙法'은 산스크리트본에 '삿다르마[saddharma]'라고 하는데, 올바른 법을 말한다. 그것이 진흙탕 속에 있어도 오염이 없는 흰 꽃을 피우는 백련화白蓮華(푼다리카[s. puṇḍarīka])에 비유되고 있다.

(6) 기타의 초기 대승 경전

삼매경전三昧經典이라는 일군이 있는데, 선정禪定에 들어가 마음이 통일되어 완전히 평정平靜하게 된 삼매라는 말을 경의 이름에 붙인다. 가장 오래된 한역 대승 경전이라고 하는 지루가참支婁迦讖 번역본 안에 『반주삼매경般舟三昧經』이 있는데, 이 음사의 원어는, 삼매 속에서 부처가 눈앞에 나타난다는 뜻이며, '관불삼매觀佛三昧'에 가깝다. 그것은 불상 예배의 수행에서 체득되는 종교 체험에 유래한다고 추정되며, 일본 교토京都의 히에이산比叡山에서 실천되고 있던 '상행삼매常行三昧'에 통한다고 한다.

마찬가지로 지루가참 번역본에『수능엄삼매경首楞嚴
三昧經』이 있는데 유실되어 현존하지 않지만, 같은 이름
의 경을 나집이 번역한 것이 있다. '수능엄'은 '슈랑가마[s.
śūraṃgama]'의 음사로서 삼매의 힘으로 모든 더러움이나
번뇌를 분쇄한다는 뜻이다. 용맹정진하는 수행자가 지닌
선정력禪定力의 위대함을 나타내는데, 문수보살이 구현한
다.

또한 문수를 주제로 하거나 문수가 활약하는 경전도 적
지 않다.

한편 삼매는 사마디[s. samādhi], 선정은 디야나[s. dhyā-
na]의 음사로서 삼매경전에는 음사가 많다. 삼매도 선정도
원래는 인도의 요가에서 출발하는데, 일상에서나 혹은 비
일상에서나 일종의 정지靜止에 집중하는 이 수행은 후에
중국인이 애호하는 가운데 선禪으로 형성되고 일본에도
전해져 선의 역사는 이미 오래되었고 또한 현재는 전 세계
에 퍼져 있다.

이 외에『대보적경大寶積經』이나『대방등대집경大方等大
集經』이 있는데 모두 긴 세월에 걸쳐 잡다한 내용을 모은
대작의 경으로 일부에 밀교적 요소가 포함되어 있다. 한

편 이들 이외의 경도 적지 않다.

다음에 논하는 나가르주나의 저술 가운데 나집이 번역한 『대지도론大智度論』은 매우 많은 경을 인용하는데, 경의 이름만으로도 112가지의 경에 달한다. 그중 100여 경을 불전이 차지하고 있으며, 거기에 인용되는 경명經名의 존재 유무는 초기 대승 경전 성립사의 하나의 표준이 된다. 그에 의하면, 이제까지 기술해온 경전의 몇 가지는 당시에는 아직 현존하는 형태에 도달하지 못했으며, 그 일부가 단독으로 성립되어 있던 정황에 있었음을 알 수 있다. 다시 말해 마치 아함경 등의 초기 경전이 부파에 의해 점차 현재의 형태로 고정되었던 것과 마찬가지로 갖가지의 초기 대승 경전도 이 이후의 중기 대승에서 편집되어 확정되었음을 명백하게 엿볼 수 있다.

④ 나가르주나

초기 대승 경전(내지는 그 원형)이 모두 나타난 기원후 150~250년 무렵 세계 사상에서 보아도 걸출한 종교 철학자로 칭해지는 나가르주나(용수龍樹)가 등장하여, 특히 공의 사상을 훌륭하게 이론화했다. 나가르주나는 초기 대승불교에 확고한 기반을 구축하여 이후의 대승불교가 전부 그의 영향 아래 있게 되어 팔종八宗(모든 종파)의 조사로서 존숭된다.

그는 남인도의 브라만 집안에서 태어나 당시의 모든 학문에 정통한 뒤 불교로 전향하여 초기와 부파의 여러 설을 습득하며 이윽고 동북 인도로 가서 대승불교를 배운다.

주저인『중론中論』이외에『회쟁론廻諍論』,『육십송여리론六十頌如理論』,『보행왕정론寶行王正論』(『라트나발리[s. Rat-nāvalī]』),『권계왕송勸誡王頌』,『보리자량론菩提資糧論』등의 저술이 있는데, 일부를 제외하고 산스크리트본, 한역, 티베트역이 있다. 또한『대지도론大智度論』(『대품반야경』의 주석)과『십주비바사론十住毘婆沙論』(『십지경』의 주석)과『십이문론十二門論』(『중론』의 초록)은 한역만이 전하여 전체가 그의 저술인지 여부에 대한 의문점을 포함하는 것이지만, 후세에 미친 영향은 상당히 크다.

나가르주나는 만년에 고국으로 되돌아가, 남인도에서 400년 이상이나 안정을 보존했던 사타바하나[Sātavāhana] 왕조의 왕과 교류하며 권고하고 있다.

『중론』은 원본이 불분명하지만, 5세기 초기의 나집역譯에서 7세기 찬드라키르티[Candrakīrti]의 주註까지 총 6종의 주석서가 현존한다.

『중론』은 약 450편의 시가 27장으로 구분된다. 이 책은 언어, 실체(본체), 운동, 기능, 원인과 결과, 주체와 작용, 주체와 객체 등과 불교의 여러 술어를 철저히 고찰하는데, 한마디로 말한다면 실체적인 사유를 부정해버리고 복잡한 상호관계에 의한 성립을 침투시켜 공空의 해명을 완수한다.

이 책 서두의 여덟 가지 부정(팔불八不, 모든 사·물의 부정)은 그의 독자적인 연기설과 희론적멸戱論寂滅로 이어진다. 그것은 말 자체가 아무리 완전을 기하여도 말 본래의 확대에 따른 허구성을 면하기 어려우며 스스로 한계가 있음을 분명히 한다. 게다가 그 말의 불가피한 허구와 한계를 전제로 하면서도 아래에서 말에 대한 논의를 다하는 모습이 이 팔불에 들어 있다.

『중론』은 일상적 사고와 불교의 여러 술어를 문제 삼으면서 그들 속에는 모두 이른바 사·물이 독립적으로 실재하여 기능한다고 간주하는 사고가 숨어 있음을 지적하며,

그런 사고를 '자성自性'이라는 술어(특히 유부나 정량부가 설하였다)로 귀납시켜 엄하게 비판한다. 자성이란 항상 동일성을 보존하며 그 자체로 존재하는 본체를 말하는데, 실체라고 해도 좋다. 그런 비판의 근거로서 그의 독자적인 연기설을 세웠다.

즉 모든 사·물은 항상 다른 사·물과 깊은 상호 의존의 관계 속에서 비로소 사·물로서 성립하고 있으며, 그 존재로부터 운동이나 작용까지의 모든 것에 자기동일성도, 단독의 자립도 있을 수 없음을 『중론』은 말한다. 그리고 그 논리는 일체를 이 상의관계相依關係로 가져간다. 이 관계는 상호 긍정과 상호 부정의 양자를 동시에 포함하며, 게다가 유동성이 풍부하고 극히 복잡한 것임이 『중론』에서 분명하게 되는데, 이러한 상호 의존 관계에 의한 해명이 그의 연기설에 해당한다.

연기라는 술어는 초기 불교에도, 부파의 교리에도 활발히 사용되었다. 그러나 거기에서는 인因과 연緣에서 과果에 이르는 일방적 관계에 머무르고, 더구나 인이나 연이나 그리고 과도 실체적으로 파악되고 있었다. 그에 대하여 『중론』이 설하는 연기는 위에 서술한 가역적인 상의相依(과

라스파라 아페크샤[s. paraspara-apekṣā])를 특질로 하고, 그 철저함에 의해 일체는 이 연기로 환원되며 따라서 '자성'은 사라진다. '자성'의 부정을 '무자성無自性'(니스바바바[s. niḥsv-abhāva])으로 술어화하며, 모든 사·물이 무한한 상의와 항상 변동하는 흐름에 침투된다. 그런 가운데 그들 사·물은 오히려 자유로운 작용이 펼쳐진다. 또한 언어로서는 부정을 거듭하면서 커다란 해방이 초래된다. 그러한 장場에 '공空'이라는 기저의 지평이 열린다.

초기 불교도, 초기의 반야경전도, 나아가 후대의 중기 대승 논서도 부정을 내걸고 동시에 결여를 표현한 '공'이라는 말은 예를 들면 "실내에 소가 없다"를 "소는 공"이라 칭하는데, 이는 '소의 결여'를 나타내지만 '사람은 있다'를 포함하며, 결여이기는 해도 무언가가 여분이 남는다고 한다.

그에 대해 『중론』은 어디까지나 '연기·무자성·공'의 노선을 일관한다. 따라서 위의 예문에서 소도 사람도 결여도 여분도 실체로서는 존재하는 것도 아니고 인식하는 것도 아니라며, 전부를 가상의 상대적인 존재로 바꾸어놓아서 부정의 반복에도 위축되는 일이 없다.

이러한 공은 어디까지나 실체·실체화를 거부하면서, 굳이 표현하면 술어는 되어도 주어로는 결코 되지 않는다(서양철학에서는 예를 들면 아리스토텔레스가 말하는 순수형상, 곧 신이 이 표현에 상응한다). 다시 말해『중론』은 일체의 사·물에 "그것은 공이다"라고 결론을 내리지만, 공의 대상화를 허용하지 않는다.

이렇게 모든 것을 파악하게 되면, 공 그 자체를 파악하는 것도 포함하여 스스로 사라지며, 말하자면 "상대적인 가설은 중도中道(마디야마 프라티파드[s. Madhyamā-pratipad])"에 직결된다고『중론』은 설한다. 게다가 이 '중中'이라는 말은 단지 1회(제24장 제18시) 사용되지만『중론』이란 명칭이 된다.

한편『중론』은 두 가지 진리를 나타내는 '이제설二諦說'을 준비한다. 즉 상대적으로 성립하는 말에 의해서 설명될 수 있는 진리를 '세속제世俗諦'(속제俗諦라고도 한다)로, 그리고 말 본래의 한계(프라판차[s. prapañca]=희론戲論, 또는 프라즈냐프티[s. prajñapti]=가명假名·시설施設)를 초월하여 상대성이 미칠 수 없는 '제일의제第一義諦'(승의제勝義諦, 진제眞諦)'를 내세워, "여러 부처는 두 가지 진리인 이제二諦에 의해 중생을 위한 법을 설한다"(제24장 제8시)고 서술한다.

이리하여 일상에서의 상대적인 진리를 승인하며, 게다가 그 근거에 고정되어 실재하고 있다고 생각되었던 실체를 어디까지나 배제한 뒤에 자유롭고 결실이 풍부한 실천을 이끄는데, 전자는 연기에 의해, 후자는 무자성 곧 공에 의해 유지된다.

'공'이라는 말은 『중론』의 시詩에서 나집 역본에는 41편의 시에 58회, 산스크리트본은 38편의 시에 54회나 등장하는데, 예전부터 극히 많은 연구자가 이를 다양하게 논하고 있으며, 무실체, 상대성, 한계, 무한의 부정, 자재自在, 해방 등으로 설해진다.

『중론』을 일단 벗어나 다른 측면에서 설명해보자.

공이라는 말의 산스크리트어인 슌야[s. śūnya](형용사, 명사형은 슌야타[śūnyatā], '공인 것', 공성空性)는 인명도 시대도 미상인 인도인이 발견한 제로0(영)의 원어이기도 한데, 제로는 단순한 무도 아니고 단순한 유도 아니며, 동시에 유이기도 하고 무이기도 하며, 또한 유도 아니고 무도 아니라고 하는(예를 들면, 102라는 수 안의 0), 일견 모순에 찬 다면성을 발휘한다.

1로 시작되는 양의 정수는 자연수로 불리며 극히 오래되었지만, 그에 더하여 제로라는 수가 발견되지 않았다면 모든 자연과학의 근저에 있는 수학(근대 수학)은 그 근거를 잃어버린다. 제로라는 수의 발견에 의해 예를 들면 '부負'(마이너스)의 개념이 분명하게 되며, 나아가 중요한 것은 10진법(말할 나위도 없이 인도가 가장 오래되었고, 아라비아를 거쳐 유럽에 전해진 것은 천몇백 년 이후), 또한 수학의 기본인 '가감승제加減乘除'(더하고 빼고 곱하고 나누기)가 극히 용이하게 된 이외에, 이른바 근대 수학을 떠받친다.

　제로는 일상의 도처에서 넘치는데 '공'도 마찬가지이며, 그 공에 의해 우리들이 현재 살아가고 있는 상대적 세계가 성립하고 있다. 그러나 그 근저에는 이 상대적 세계 그 자체의 부정이 엄연히 존재한다. 또한 그 공이라는 부정 때문에 우리들의 이 세계 전부(종교, 철학, 윤리를 비롯해 문학, 예술, 과학 등의 여러 문화나 이들의 응용이나 기술화에 의한 제품 전체, 또한 정치, 경제를 포함하는 인간의 행위 일반에서 자연계까지)는 어디까지나 상대성을 벗어날 수 없다. 게다가 그 부정은 다시금 이중 부정에서 한없는 부정으로 향하며, 이에 의해 그 상대 세계를 한편에서 무화하고 다른 한편에서 초월시킨다.

그리고 또한 이와 동시에 무를 향한 전락과 초월 속의 내재를 실현한다. 한편 위와 같은 상대 세계는 끊임없이 생멸·변화하는 무상의 현실 세계도 겸하고 있다.

불교사상사에서 바라보면, 『중론』이 말하는 공은 일부가 무아로, 또한 무상으로, 그리고 다른 일부는 연기를 거쳐 십이인연으로 통하는데, 양자를 합쳐서 고苦의 테마를 도출해낸다. 하지만 고의 실체화를 배제함으로써 고도 초월한다(『중론』 제12장. 또한 무아는 제15장과 제18장에서, 무상은 제2장과 제19장에서, 십이인연은 제25장에서 논한다).

그런 의미에서 『중론』에서 설해지는 공은 부정주의도 니힐리즘도 아니며, 또한 공허하다는 감상적 영탄과는 거리가 멀다. 그뿐 아니라 불교의 이상인 해탈, 여래, 니르바나(열반)도 위에 서술한 긍정-부정-긍정(단지 뒤의 긍정은 부정을 거친 이상, 앞의 긍정과는 차원이 다르다)의 길을 되풀이하여 계속 걷고 있다. 또한 다른 쪽에서는 세속 그 자체도 동시에 부정-긍정-부정을 돌진하는 모습이 이른바 3단논법, 가언명제, 딜레마, 일종의 테트라레마tetralemma(사구논법四句論法) 등에 의해 『중론』에서 상세하게 논해진다.

이리하여 세속의 범부를 미혹시키고 괴롭히는 번뇌도

오히려 그 실체를 빼앗기고 이윽고 해탈로, 깨달음(보리)으로, 여래로, 니르바나로 이끌어간다. 이들이 "여래즉세간如來卽世間"(제22장), "번뇌즉보리煩惱卽菩提"(제23장), "생사즉열반生死卽涅槃"(열반은 니르바나, 제25장)이라는 일견 역설로 보이는 구절로 결실을 맺는다. 게다가 여기에 사용되고 있는 말 그 자체가 일단 그 내용을 지시하면서 실은 희론, 가명, 시설인데, 이를 자각하는 데서 공이 나타나며, 또한 말 자신의 허구와 한계가 자각되어 말은 사라지고 공은 표현을 뛰어넘고 있다.

다시 알기 쉽게 설명해보자. 현존하는 상대 세계와 그 구성 요소는 연기(상의관계)에 의해 일단 성립하며, 우리들은 그 속에 태어나서 살지만 그러나 실체는 없다. 실체를 잘못 파악해서는 모순에 부딪쳐 자기부정과 자기모순의 괴로움에 빠진다. 그들을 체험하면서 마침내 무상을 포함한 연기의 반성에 의해 이윽고 무실체에 이르고 공을 깨닫는다.

이상의 과정과 결과로부터 이루어진 그들의 자기체험을 기억과 기록에 남겨 높이 쌓아도 그들 전부가 실체로서는 무화되는 죽음을 맞이한다. 그렇지만 여전히 혹은 인류의 하나의 경험으로서 유용하다고 한다면, 이를 실체화해서 고립시키는 것이 아니라 공에 드러내어 개인의 무를 통과하는 이외는 없다.

이 밖에도 공에 대한 논쟁은 끝이 없지만, 세계의 모든 존재나 행위 그 이외를 포함해 인류의 활동 전반에 공은 영향을 미치며 근저를 떠받친다.

한편 나가르주나의 위에서 언급한 저술도 공 사상을 중심으로 하지만, 다음 사실은 특기할 만하다. 『회쟁론』은 2~3세기 당시에 대두하고 있었던 인도 논리학(그 근본 텍스트인 『니야야 수트라[s. Nyāya-sūtra]』가 편찬 도중에 있었다)을 언급하며 비판적으로 다루고, 『보행왕정론』은 고국의 왕에게 보내는 서한이며, 『대지도론』은 현존하는 100권의 대작 속에서 여러 분야로 확대하는 해박한 지식을 망라하고, 『십주비바사론』에는 신信을 방편으로 삼는 이행도易行道(용이한 실천 방법)로서 아미타불에 대한 귀의도 설해지고 있다.

제4장 중기 및 후기 대승불교

중기 대승은 4세기 무렵부터, 후기 대승은 대략 7세기 이후를 가리킨다. 아래의 여래장如來藏과 유식唯識이 중기 대승을 대표하는데 일반적으로 유식을 앞에, 여래장을 뒤에 논하는 일이 많다. 그러나 유식설이 그대로 계속되어 그 정밀한 이론 구성에 의해 후기 대승의 인식론이나 논리학이 전개되는 것이어서 이 책에서는 유식을 뒤에 서술한다. 따라서 여기서는 한 시기를 구획하고, 인도에서는 이윽고 사라진 여래장설을 앞에 기술한다.

또한 후기 대승에는 밀교가 일어나 후기 대승의 논사들에게도 크게 영향을 준다. 한편 밀교를 대승불교에서 독립시켜 논하는 학설도 적지 않다.

① 여래장(불성)

여래장은 타타가타 가르바[s. tathāgata-garbha]의 번역인데, 타타가타tathāgata는 '여래', 가르바garbha는 '태胎'(그릇)를 뜻하므로 장藏으로 번역하여, 양자를 합쳐서 중생衆生

(생명이 있는 것)이 그 태에 여래를 간직하고 있음을 나타낸다.

이 설은 대체로 다음의 다섯 가지를 기원으로 한다. (1) 자성청정심自性淸淨心, 심성본정설心性本淨說. 마음은 본래 청정하다고 주장하며 초기 불교, 부파의 대중부, 『반야경』이 설한다. (2) 불종佛種, 여래종如來種. '종種(고트라[s. gotra])'은 종족, 가족, 소질을 말하는데, 번뇌 속에 불여래佛如來의 소질이 있다고 한다. 대승의 여러 경전 특히 『유마경』에서 설해진다. (3) 출생의 사고. 예를 들면 『반야경』은 육바라밀六波羅蜜을 불모佛母, 『유마경』은 지도智度(반야바라밀)를 어머니, 방편을 아버지, 『대지도론』은 지도를 어머니, 반야삼매般若三昧를 아버지, 『법화경』은 중생을 불자佛子라고 설한다. 이런 사고에서 '태'라는 말이 나온다. (4) 여래계如來界. '계界(다투[s. dhātu])'는 토대, 기본, 본질, 구성 요소, 영역을 말하며, 성性으로도 번역한다. 예를 들면 달을 구름이 가려도 보름달이라는 점은 변함이 없다고 설한다. (5) 성기性起. 『화엄경』의 「여래성기품如來性起品」에서 설해지는데, 불여래는 잠재적이더라도 중생에게 널리 실재한다고 주장하며, 이 (5)가 직접적인 동기가 되어 여래장 사상으로 결정結晶한다.

4세기 무렵에 성립한 『여래장경如來藏經』은 한역 1권의 작은 경이며, 부처의 출현과는 상관없이 "일체중생의 여래장은 상주불변常住不變"이라고 설한다. 그리고 그 점을 (1) 시든 연꽃 속의 화신불化身佛, (2) 많은 벌들에 둘러싸인 벌꿀, (3) 껍질 속에 들어 있는 곡식, (4) 더러운 곳에 떨어진 순금, (5) 가난한 집 지하에 있는 금고, (6) 나무의 종자, (7) 넝마에 쌓여 길가에 버려진 불상, (8) 제왕의 자식을 임신한 비천한 여인, (9) 거푸집 속의 순금상이라는 아홉 가지 비유를 시와 산문에 의해 설명한다. 이 아홉 비유는 후대에 전해져 자주 인용된다.

『승만경勝鬘經』은 똑같이 한역 1권이라도 두 배쯤 크고 내용도 풍부하다. 이 경에선 중인도 사위국舍衛國의 왕녀로서 아유타국阿踰陀國 우칭왕友稱王의 왕비인 승만부인勝鬘夫人(슈리말라데비[s. Śrīmālādevī])이 부처를 찬미한 뒤 십대서원十大誓願을 세우고 불법 체득의 의의를 말하자, 부처가 그 하나하나를 칭찬한다. 즉 『법화경』이 설하는 삼승(성문, 연각, 보살)에 인승人乘과 천승天乘을 더한 오승五乘이 모두 일승으로 귀일한다. 상주불변하는 법신法身(진실된 법 그 자체)에 번뇌가 달라붙더라도 여래장이라 불린다. 나아가 여래장은 자성청정하고 불생불멸한 것으로 일체의 원동력이 되며 번뇌를 벗어난다. 다만 법신과 번뇌의 관계에 대해서는 난해한 부분이 남아 있다.

『대반열반경大般涅槃經』은 초기 경전인 팔리『장부』와 『장아함경』안에 있는 경의 이역 경전異譯經典에도 같은 이름의 경이 있는데, 형식도 붓다 최후의 여행과 입멸, 불사리 분배 등을 다루는 등 유사하다. 그러나 이 경의 내용은 전적으로 대승설을 말하며, 초기 경전의 경들과 구별하기 위해 '대승열반경大乘涅槃經'이라고도 부른다.

이 한역의 40권본은 법현法顯(339~420년) 번역『대반니원경大般泥洹經』6권보다도 그 성립 연대가 다소 늦다. 후자는 전자의 전반 10권에 상응하며 원초형이라고 한다.

이 경에서는 여래장 대신에 불성佛性이란 말을 사용하는데, 그 원어는 불계佛界(붓다 다투[buddha-dhātu]) 또는 불종佛種(붓다 고트라[buddha-gotra])이라고 한다.

이 경은 부처의 법신法身의 상주와 불성의 보편을 강조하고 그 가운데 "일체중생 실유불성一切衆生 悉有佛性"(일체중생은 모두 불성을 갖고 있다)이라는 구절이 북전불교에 널리 알

려져 있는데, 생명 있는 모든 것에게 성불成佛(부처가 된다)
이라는 길을 연다. 여기서는 불교의 기본적 입장인 평등
설이 철저히 관철되어 있지만, 일천제一闡提(잇찬티카[s. ic-
chantika]의 음역) 성불成佛이라는 문제를 다루는 데 고심을
거듭한다. 일천제란 탐욕의 인간 즉 이득을 탐하고 세간
에 집착하는 인간을 말하는데, 본래는 성불할 가능성이 없
으며 단선근斷善根(선을 행할 수 있는 소질을 단절하고 있다)이라고
도 한다. 그러한 사람을 경은 준엄하게 비판하고 공격한
뒤에 그렇지만 궁극적으로는 그의 성불을 승인한다.

　이 경은 또한 불교 전체에 일관하는 세간의 무상無常, 고
苦, 무아無我, 부정不淨에 대하여 불성의 상常, 낙樂, 아我,
정淨을 설한다. 중생에게 구비되어 있는 불성이 외부로부
터의 번뇌에 의해 가려지고 더럽혀져 있다고 하며 이를 객
진번뇌客塵煩惱라고 칭하는데, 그것이 청정한 마음까지 타
락시키는 일은 없다고 주장한다. 단지 이러한 면은 부처
와 대력大力의 보살만이 알 수 있으며, 중생은 믿을 뿐이라
고 한다.

　이와 같은 대담한 긍정은 부정적 표현이 넘치는『반야
경』및 그 외의 경전과는 전혀 이질적인데, 그러나 그 때문

에 중국 불교에, 또한 특히 재가 불교의 색채가 짙고 성불을 기원하는 일본 불교에 크게 환영받으며 오늘날에 이른다.

중국이나 일본에서는 이 경에 근거하여 여래장보다도 불성이라는 말을 사용하는 일이 많다. 단지 술어로서는 성불의 요인에만 만족하는 불성보다도 여래장이라는 말에는 장藏이 모태와 태아의 양자를 함축하며 중생은 여래를 머물게 하는 동시에 여래의 아이이기도 하고 여래로 성장해간다는 실천 수행의 중요성도 설해지고 있어, 여래장이 적합하다고 생각된다.

여래장이라는 일종의 낙관주의(옵티미즘)는 이상의 여러 경전을 거친 이후 사라마티[Sāramati](견혜堅慧, 4세기 말~5세기)의 저술이라는 『보성론寶性論』에서 한층 선명하게 되었다. 이 서적은 한역, 티베트역 외에 최근 산스크리트본이 발견되고 출판되어 연구도 심화되었다. 위에서 서술한 여러 경전을 인용하는 것도 많아서, 이들 경전의 산스크리트문을 『보성론』에서 알 수 있다.

단지 이 여래장 사상을 계승하는 학파가 형성되지 않아서 그 전통의 발전은 없으며 문헌류도 인도에서는 끊어진

다. 다만 후대에 번영하는 밀교의 중심이 되는 즉신성불卽
身性佛(이 신체 그대로 부처가 된다)설은 이 여래장 사상의 흐름
을 이어받는다고 해석할 여지가 남아 있을지도 모른다.

② 유식

유식설唯識說은 초기 불교 이래의 전통인 유심론을 이어
받으며, 직접적으로는 『화엄경』의 "삼계三界는 허망한 것
으로 단지 일심一心이 만들어내는 것"이라는 설에 근거하
여 『반야경』에서 나가르주나에 이르는 공의 사상과 연기
설을 활용하여 구성되었다.

유식설은 낙관주의적인 여래장 사상과는 반대로 마음
이 미혹되고 번뇌에 사로잡혀 오염되어 있다는 실태를 있
는 그대로 극히 리얼리스틱(현실적)하게 응시한다. 그리하
여 이 유식설은 마치 현재의 용어로 말하면 심리학적인 방
법에 의해 마음과 대상의 대응에 관하여 말하자면 메마른
이론만을 구사하면서 조직을 부여한 체계라고 평할 수 있
을 것이다.

5세기에 완성된 불교 독자의 이 유식설은 확실히 현대

유럽의 정신분석과 일맥상통하는 요소도 있다(저자의 관련 서적이 국내에 소개되어 있다. 『불교와 정신분석』 하나의학사, 1989.-역자 주). 즉 2,000여 년에 걸친 건강하고 빛나는 서양철학의 이론체계에 숨어 있던 암부闇部를 19세기 후반에 쇼펜하우어A. Schopenhauer(1788~1860년), 니체F. W. Nietzsche(1844~1900년), 키르케고르S. Kierkegaard(1813~1855년) 등이 폭로하고, 그것을 20세기에 들어와 하이데거M Heidegger(1889~1975년), 야스퍼스K. Jaspers(1883~1969년), 사르트르J. P. Sartre(1905~1980년), 카뮈C. A. Camus(1913~1960년) 등이 실존철학의 정면에 자리하게 했다고 평할 수 있을 것이다.

그와 병행하여 극단화해서 말하면, 부정적 세계인 광기와 그에 다소 근접하는 신경증(심신증心身症) 등을 치료하는 의사로서 프로이트S. Freud(1856~1939년)나 융C.G. Jung(1875~1961년) 등이 등장한다. 이 두 사람은 전자가 잠재의식, 후자가 무의식을 내세우고, 그 세계야말로 인간 의식세계의 원형原型(아르케티푸스Archetypus, 아키타이프archetype)이라고 파악하여 그 해명에 전념한다. 정신분석이라고 일컬어지는 이러한 노선은 심리학에 의해서 대체되고 주지하다시피 오늘날에는 전 세계에 퍼져 각종 대증요법對症療法을 시행한다. 이 두 사람에서 시작되는 다수의 신경과 의사들은 스트레스나 이완(릴랙스) 등의 술어에 의해 개인이나 사회의 병태를 분석하며, 새로운 치료 방법이나 약제 등을 개발하고 사용하여 의료에 크게 공헌한다.

그에 대하여 유식가들은 모두 유가행瑜伽行(요가차라[s. Yo-gācāra])이라 불리는 건전한 요가의 수행(아차라[s. ācāra])에 전념한다. 그들은 현재의 일상어로 말하면 깊은 선정禪定으로 도달함으로써 어디까지나 투명한 마음의 획득을 목표로 하며, 그에 대응하는 분석과 이론화를 완수하고자 한다. 즉 유식과 요가(선정)는 긴밀하게 서로 중첩되어 일체화되어 있다.

게다가 위에서 언급하고 또한 아래에서 논하듯이 현대의 정신분석이 병을 치유해 정상적인 건강체健康體로 복귀하게 하는 것을 목적으로 하는 데 반해, 유식설은 여러 대상을 개인의 표상에 거두어들이는 과정에서 번뇌들을 분석하면서 그 근원을 찾아내고 요가(선정)로의 침잠 속에서 깨달음이 얻어지고 해탈에 도달하는 모습을 극히 냉정하게 가르친다.

어쨌든 유식에는 요가가 일관되고 있기 때문에 유가행

파瑜伽行派라고 부르는 것이 적합하다.

유가행파의 최초 경전에 『해심밀경解深密經』과 『대승아
비달마경大乘阿毘達磨經』의 둘이 있는데, 유식의 여러 술어
를 사용하고 있다. 후자는 소실되었지만 그로부터의 인용
이 현재의 논서에 전해지며, 또한 유가행파 최대의 논사
아상가[Asaṅga](무착無着, 390~470년 무렵, 일설에는 310~390년 무
렵)의 주저 『섭대승론攝大乘論』은 다름 아니라 이 경의 1장
을 주석한 것이다. 이 논에는 아상가의 대승불교 전반에
걸친 투철한 깨달음과 이론이 종횡으로 전개되며, 유식설
만이 아니라 당시 대승불교설의 한 절정을 제시한다.

한편 『해심밀경』은 미혹한 현실을 직시하며 거기에 꿈
틀거리는 범부의 마음을 망식妄識(그릇된 인식)이라고 규정
하고, 나아가 생존의 근원으로서의 마음을 알라야식(아뢰
야식阿賴耶識)으로 명명하며, 그것을 잠재적 마음, 마음의 무
의식의 영역으로 간주하고 있다. 이 경에는 그 이외 유식
의 갖가지 술어도 다수 등장한다.

동시에 이 경은 '오성각별五性各別'을 설하는 것으로 유
명하다.

불교의 기본이며 전통이기도 한 평등사상이 『법화경』

이나 여래장 경전에는 일승설로 결실되어 있지만, 『해심밀경』은 그것을 불완전하다고 평한다. 그리고 성문, 독각, 보살의 세 가지 종성種性(고트라[s. gotra]), 가족 또는 혈통을 말한다. 종성種姓이라고도 쓴다) 외에 진로가 결정되지 않은 부정종성不定種性과 『대반열반경』에서 제기된 일천제一闡提라는 선근이 결여된 무종성無種性을 들면서, 이상 오성의 구별을 주장한다.

이 설은 인도의 카스트 제도가 그 속의 사성四姓과 카스트 외(아웃 카스트)의 다섯 가지를 견지하는 것과 유사하며, 현실의 인도 사회의 상황을 리얼하게 반영한다. 이 경의 한역을 수행한 현장玄奘은 이 경의 구별이 차별로 확대될 가능성을 두려워해 이 설을 어떻게 취급할 것인가에 대해 크게 고심했다고 한다. 또한 유식설에 근거하여 중국에서 발생한 법상종法相宗에 이 영향이 엿보이는 것은 아니냐며 평등설에 근거하는 천태종天台宗이나 화엄종華嚴宗으로부터 격렬한 비판과 공격을 받았다.

그때까지 나열식으로 기술되어 있던 유식설을 종합하여 체계화했던 것은 아상가와 바수반두[Vasubandhu](세친世親, 천친天親. 400~480년 무렵, 일설에는 320~400년 무렵) 형제였다.

또한 전설에 아상가는 마이트레야[Maitreya](미륵彌勒, `나타[s. nātha]=대사大師, 존尊'을 붙이는 경우도 있다)의 가르침을 받았다고 하기 때문에 마이트레야를 유가행파의 조사로 보는 설이 예로부터 전한다. 중국에서도 티베트에서도 마이트레야의 저작이라는 다섯 가지 논서 속의 시詩가 알려져 있다. 그중에서 『대승장엄경론大乘莊嚴經論』과 『중변분별론中邊分別論』의 두 가지에서 설해지고 있는 시가 중국과 티베트의 전승에서 공통된다. 또한 현장이 번역한 『유가사지론瑜伽師地論』(『유가론瑜伽論』이라고 약칭) 100권이 마이트레야의 저작으로 중국에서 중요시되었던 것이지만, 이 대작의 전체가 한 사람의 저자에 의한 것이라고는 현재 승인되고 있지 않다. 한편 이 가운데 일부의 산스크리트본이 최근 발견되어 출간되었다.

어쨌든 마이트레야에 관하여 기록하는 문장에는 전설적인 요소가 많고, 신비성도 뒤섞여 그 실재를 부정하는 설도 뿌리 깊다.

아상가도 바수반두도 간다라의 푸루샤푸라 [Puruṣapura](지금의 파키스탄 페샤와르[Peshawar])에서 태어나 각기 화지부와 유부로 출가하였으나 나중에 대승으로 전환했다.

아상가는 위에 언급한『섭대승론』를 주저로 하며『유가사지론』의 상당한 부분,『대승아비달마집론大乘阿毘達磨集論』등이 있다.

바수반두는 방대한 저술을 남겼는데 그중 가장 중요한 것만을 한정해도 처음 유부 즉 경량부 시기에 쓴『구사론俱舍論』, 그리고 형 아상가의 권유를 받아 대승으로 전환하는 과정에서 저술한『대승성업론大乘成業論』, 전환 후에 유식설을 집대성하여 이를 간결하게 논술한『유식이십론唯識二十論』과『유식삼십송唯識三十頌』등이 있다. 이 외에도 마이트레야(라고 전해지는)와 아상가의 여러 저술에 대한 주석, 다수의 대승 경전에 대한 주석들, 그중에서도『십지경론十地經論』,『법화경론法華經論』,『정토론淨土論』등은 빠뜨릴 수 없다. 너무나도 다방면으로 활약하여 저서가 각양각색 다수에 걸치기 때문에 바수반두 2인설이 예로부터 현재까지 주장되고 있다.

이하에서는『유식이십론』과『유식삼십송』에 의해 유식설의 입문적인 요점을 기술한다.

유식의 원어는 비즈냐프티 마트라타[s. vijñapti-mātratā]이며, 때로는 비즈냐나 바다[s. vijñāna-vāda]라고 한다. 즈

냐[s. √jñā](알다)라는 어근에 비 vi라는 이분二分을 나타내는
접두사를 붙여 명사화하면 비즈냐가 되고, 즈냐의 사역 활
용형을 명사화하면 비즈냐프티가 된다. 양자 모두 앎知 그
자체를 가리키지만, 일단 여기서는 전자를 식지識知, 후자
를 식별識別로 번역해둔다. 이 둘은 심心(칫타[citta])과 의意
(마나스[manas])와 합하여 네 가지가 모두 거의 동의어로 통
한다.

또한 위의 원어 마트라mātra는 "오로지 그것뿐(唯)"이란
뜻이며 바다vāda는 '설說'을 나타낸다.

『유식이십론』은 그 속의 22편의 시도, 주석의 산문도 바
수반두가 저술했다. 그 서두에서 외계의 대상이 상식적으
로는(또한 유부의 설도) 그 자체로 존재하고 있다고 생각하는
일종의 소박실재론을 완전히 부정하고, 그들 일체는 단지
식별에 지나지 않고 공이며, 바로 마음에 갖추어진 표상의
투영이라고 단정한다. 그 이하의 전문에는 외계 대상의
비존재를 상세하게 서술한다.

『유식삼십송』은 30편의 시가 바수반두의 저작이며, 그
주석 작성 이전에 그는 사망하였다. 그래서 그 주석에는
스티라마티[Sthiramati](안혜安慧 510~570년 무렵)의 산스크리트

본이 있고, 또한 다르마팔라[Dharmapāla](호법護法, 530~561
년)의 주석에 더하여 그 이외 논사들의 여러 견해를 비판
적으로 소개하는 현장 번역의『성유식론成唯識論』이 현존
한다.

이 두 주석서 가운데 후자는 전자보다도 훨씬 상세하며,
중국과 일본의 유식 연구자의 필독서로 되어 있다. 예로
부터 현재까지 널리 읽히며, 유식설의 상세한 해설은 (외국
의 학자도 포함하여) 전부 이『성유식론』에 의거한다.

『유식삼십송』은 식지識知(비즈냐프티)의 변이變異(파리나마[s.
pariṇāma], 전변轉變이라고도 번역)가 대상의 존재, 외계, 세계
를 만들어내고 구상해가는 모습을 적확하게 설하여 간다.

즉 이 텍스트는 먼저 알라야식(알라야 비즈냐나[s. ālaya-vi-
jñāna])을 든다. 알라야는 주거, 용기, 창고藏를 의미하는
것이어서 알라야식은 장식藏識으로 번역되며, 일반적으로
음사한 아뢰야식阿賴耶識(또는 아라야식阿羅耶識. 이후 양자를 구별
하는 경우도 있다)을 사용한다. 이 식은 무한한 과거부터 현재
의 이 찰나까지 모든 행위(카르마, 업)가 남겨온 여력餘力과
여습餘習(뒤에 남아 있는 일종의 힘)을 그 창고 안에 저장하며,
게다가 다음 찰나에 그 창고에서 끄집어내어 생겨나게 만

드는 능력을 지니며, 모든 씨앗(비자[s. bīja], 종자種子)을 내장하고 있기 때문에 일체종자식—切種子識이라고도 칭한다. 이 종자는 어디까지나 잠재한 채로 있으며, 일체 식의 근원에 숨어 있으면서 게다가 일체를 만들어낸다. 이를 제1의 변이(전변)라고 부른다.

또한 이것은 과거 행위의 선악과는 관계가 없으므로 이숙異熟(비파카[s. p. vipāka])이라고 하며, 알라야식은 이숙식異熟識이라고도 부른다.

제2의 전변으로서 마나식(마노나마 비즈냐나[manonama-vi-jñāna]. '마나스[manas]라는 이름의 식識'을 뜻함. 말나식末那識이라 음사)이 설해지는데, 그것은 알라야식에 근거하여 활동하고 알라야식을 대상으로 하지만, 그때에 알라야식을 아트만(자아)으로 오인한다. 이 때문에 마나식은 자아의식에 상응하며, 이미 발생할 때부터 자아를 중심으로 하는 번뇌를 동반하고 있어 더럽혀진 마나스(염오의染汚意)라고도 불린다.

제3의 전변으로서 안眼, 이耳, 비鼻, 설舌, 신身, 의意 각각의 6개 식이 생긴다. 이 육식六識은 초기 불교 이래의 전통설로서, 안식眼識은 안근眼根(근根은 인드리야[s. indriya]의 역어, 기관)을 통해 색色(루파, 물질, 색채와 형태)을, 이식耳識은 이근耳根을 통하여 소리(聲)를, 비식(鼻識)은 비근(鼻根)을 통해 냄새(香)를, 설식(舌識)은 설근(舌根)을 통해 맛(味)을, 신식(身識)은 신근(身根)을 통해 느낌(觸. 접촉되는 것)을, 의식意識(마노 비즈냐나[s. mano-vijñāna])은 의근意根을 통해 법法(다르마, 사고되는 대상)을 각각 식지識知하고 식별識別한다. 이 육식(전육식前六識이라고도 함) 역시 알라야식에서 생긴다.

한편 마나식과 육식은 현세적現勢的이며, 알라야식이 잠세적潛勢的인 것과 대응한다.

또한 알라야식은 신체와 생명을 유지(아다나[s. ādāna]라고 한다)하고 있다고 해서 아다나식(아타나식阿陀那識이라고 음사, 또는 집지식執持識이라고 번역)이라고 불린다. 나아가 알라야식은 수태受胎 시에 생겨나며, 그것이 신체로부터 분리되는 것이 죽음이라고 유식설은 해석한다.

이상과 같이 알라야식은 마나식과 전육식의 칠식七識을 낳으며 결과로서 신체와 자연계도 낳는다. 칠식이 생기는 장소는 현재뿐으로, 한 찰나에 생기며 한 찰나에 멸하여 떨어져간다. 그것이 현재화했을 때의 인상은 여습餘習(바사나[s. vāsanā], 습기習氣라고 번역)으로서 잠재하는 알라야식에 남고, 이 여습이 다시 종자로서 알라야식에 저장되며(훈습薰習이라고 한다), 그것이 성숙하여 발현한다(현행現行이라고 한다). 이러한 순환이 매 찰나마다 진행된다.

다만 위에서 서술한 세 가지 알라야식의 변이는 실은 가구假構(허망분별虛妄分別)이며, 이에 의거하는 자아도 외계의 대상도 가구에 불과하며 실유實有가 아니다. 일체는 다만 식뿐이기에 유식唯識이라 한다.

한편 알라야식을 억지로 현재의 일상어로 바꾸어 극단적으로 말하면, '의식되지 않은 경험(유전遺傳을 포함하는)의 총체'가 될 것이라고 여겨진다.

『유식삼십송』의 후반은 이제까지 언급한 계 팔식八識에 의해서 만들어지는 대상(의 존재)의 양상을 다음의 세 가지 종류로 나누어 설한다.

(1) 거짓으로 구상構想된 존재 상태(변계소집성遍計所執性)
(2) 상대적인 존재 상태(의타기성依他起性)
(3) 완성된 절대적인 존재 상태(원성실성圓成實性)

이 가운데 (1)은 팔식이 만들어낸 대상의 존재를 말하는데, 그것은 실은 무無이며 허망이다. (2)는 다양한 기연機緣(특히 과거의 업 등)이 집합하여 비로소 생기며, 의존 관계에 있는 이상 역시 무(이 논리는 나가르주나의 연기, 곧 공의 설을 받아들인다)이다. 이 양자가 소멸하게 되므로 (3)도 무로 돌아가는데, 이를 삼성삼무성三性三無性이라고 칭한다(여기서 성性은 존재를 말한다).

이렇게 구상된 대상(경境이라고 한다)은 존재가 사라져 없어지는데, 이에 대응하면서 이를 구상한 팔식도 또한 무로 돌아가 식 역시 소멸한다. 이를 경식구민境識俱泯(민泯은 멸滅을 의미함)이라고 칭한다. 여기에는 주체도 객체도 사라지고 그 구분(이를 분별分別이라고 함)도 없어지며, 주와 객은 둘이 없는 무이無二가 되어 주객일체의 앎(지知)이 나타나는데 이 앎을 무분별지無分別智라고 명명한다(이 주·객에 관해서는 독일의 철학자 후설Edmund Husserl의 현상학과 흡사 거꾸로라고 평할 수 있을지도 모른다).

여기서 말하는 무분별은 현재의 일상적인 용례와는 정반대인데, 무분별지야말로 다름 아니라 가장 숭고한 앎이며, 진여眞如(타타타[s. tathatā], 있는 그대로)라고도 부른다. 그지智는 그때까지의 앎이 전혀 다른 상태로 전화轉化하는 것(아슈라야 파라브릿티[s. āśraya-parāvṛtti], 전의轉依라고 번역)에 의해서만 가능하며(이 이론은 초기 불교의 십이인연설에 나타나는 무명無明에서 명明으로의 뒤집힘을 정밀화하고 있다), 별명을 전식득지轉識得知라고도 한다. 이 지는 모든 더러움을 떠나고 사유를 초월하여 선하며 영속하고, 환희에 가득 차며 해탈하고 있어서 위대한 성자(무니[s.p. muni], 붓다와 같다)의 법이라고 불린다. 이렇게 말하면서 이 책은 끝난다.

게다가 이상은 유가행, 즉 요가의 실천에 의해서 비로소 도달된다고 하여, 이 파의 사람들은 유식설을 연마하면서 실천에 전념하고 정진하였다.

어느 쪽이든 외계(대상)의 존재를 인정하지 않고 모든 것을 식識의 표상에 거두어들이는 것은 그 식이 개별적인 이상 그 식에 반영되는 외계도 개별적이 되며, 타자와의 공통성은 전부 소실되어, 하물며 보편타당성은 형식에만 극히 열심이면서 그러나 그 내용에는 전혀 관심이 없는 말하자면 수학과 서로 통한다고 할 수 있을 것이다.

이런 사고는 예를 들면 라이프니츠G.W. Leibniz(1646~1716년)가 말하는 모나드monad, 즉 단자單子와 유사하지만 그는 이른바 예정조화설을 내세워 단독을 전체(보편)에 조정하고 있다. 유식설을 만약 극론한다면 모든 것을 개인이 짊어지게 되는데, 이는 키르케고르가 말하는 "주체성이 진리"라는 주장보다도 더욱 엄하다. 혹은 조躁와 울鬱의 어느 쪽으로도 자신도 세계도 일변시키는 심신증心身症을 치료하여 평상으로 되돌리고자 하는 정신분석보다도 훨씬 격하다. 따라서 이 설은 요가로의 침잠沈潛을 필요로 하며 항상 실천되지 않으면 안 된다고 할 수 있다.

바수반두에게는 많은 제자가 알려져 있는데, 유식설은 더욱더 전문화하여 치밀하게 된다. 5세기 초에 건립된 날란다[Nālanda]의 대승원이 그 중심지로서 번성했다.

6세기 초 날란다 출신의 구나마티[Guṇamati](덕혜德慧, 460~540년 무렵)는 서인도의 발라비[Valabhī]로 옮기고, 그의 제자에 스티라마티(안혜安慧, 510~570년 무렵)가 나온다. 한편 구나마티보다 다소 늦게 디그나가[Dignāga](진나陳那 480~540년 무렵)의 활약이 눈부시며, 그의 계보는 다르마팔라(호법護法, 530~561년)에게 전해진다.

위의 두 계보는 각자의 주석서에 보이는 차이점에 따라 후세에 전자를 무상유식無相唯識, 후자를 유상유식有相唯識으로 부른다. 여기서 말하는 상相(올바르게는 행상行相)이란 아카라[s. ākāra]의 번역으로, 식識이 경境으로서 나타나는 형상을 가리키는데, 대상 그 자체가 아니라 인식 내용으로서의 색채나 형태 등 인식 주체에 인식을 구성하는 여러 요소를 말한다. 이 논의는 이윽고 인도 정통 철학도 가세하게 되어 한층 성행하게 된다. 한편 이 유상유식설은 영국 경험론에서 저명한 버클리G. Berkeley(1685~1753년)의 지식을 둘러싼 논의와 공통점을 지적할 수 있다.

③ 여래장 사상과 유식설의 종합

여래장 사상과 유식설을 이어받아 양자를 종합한 설이 『능가경楞伽經』에 의해 주창되어 『대승기신론大乘起信論』(앞으로 『기신론起信論』이라고 약칭)에서 거의 완결된다.

『능가경』{ s. Laṅkāvatāra Sūtra}은 산스크리트본도 티베트 번역본도 그리고 한역도 2본이나 있다. 『기신론』은 진제眞諦(파라마르타[Paramārtha], 인도인. 499~569년. 546년에 중국 남부에 도래)의 번역이 대단히 광범위하게 읽히며 현재에 이르지만, 인도에서 쓴 것인지 중국에서 쓴 것인지는 오늘날도 정설이 없다.

『기신론』은 작은 책에 위의 두 사상(여래장과 유식설)을 실로 교묘하게 통괄하는데, 자성청정심의 여래장과 더러움도 낳는 알라야식은 동일한 마음의 표리 관계에 있고, 상반된 둘이 대립하면서도 결코 분리할 수가 없으며 동일시된다. 또한 "자기에게 여래장이 있다"는 믿음(信)에 응하여 아미타불 신앙을 설한다. 그리고 여래장의 자성청정심의 발현을 각覺이라고 명명하는데, 각이 완전히 나타나는 것이 부처이며, 부처의 본성을 본각本覺이라고 부른다. 범부凡夫는 불각不覺일 뿐이지만 이 불각에서 각의 힘이 점차 강해져 이윽고 유식설을 통해서 각이 완전히 나타나면 성불이 실현되기에 이는 시각始覺이기도 하다.

이러한 각에 대하여, 또한 유식의 여러 식에 대하여 그 밖의 여러 술어를 섞어서 세분하고 종합하여, 진여眞如인 심성心性과 망념妄念의 세계인 무명無明의 현실 사이의 일종의 모순적인 통일을 『기신론』은 그 내용으로 한다. 이에 따르면 알라야식은 진망화합식眞妄和合識이며, 말하자면 범부의 미혹함 가운데에 깨달음의 힘이 있고 미혹하기 때문에 깨달을 수 있다는 도식이 들어맞는다.

『기신론』은 작은 책자이지만 대승불교의 궁극적인 면모

를 말한다고 여겨지며, 현재에도 상당히 많은 독자가 있다.

④ 불신론

석존의 성도와 설법에 기원을 지닌 불교는 애초에는 석존과 불법佛法(부처의 가르침)을, 이윽고 상가[s. Saṃgha](불교 교단. 승가僧伽로 음역)를 더하여 자신의 근거로 삼는데, 이 세 가지를 보寶(라트나[s. ratna], 라타나[p. ratana])라 부르며, 불보佛寶, 법보法寶, 승보僧寶의 삼보三寶가 불교의 중심이 된다. 그 뒤 2,500여 년 남짓의 역사를 새기고, 현재는 다양하게 분화된 불교 신도가 전 세계에 산재하여도 삼보 귀의는 전체 불교에 공통되며 요지부동이다.

불보는 삼보 가운데 첫째를 차지하지만, 부처는 본래의 불교에서는 석존 한 사람(석가불)만이며 당연한 일이지만 석존 입멸 후에는 부처의 현 존재 그 자체가 의심을 받게 된다.

그래서 초기부터 부파에 걸쳐 불신佛身(붓다 카야[s. bud-dha-kāya])을 문제로 삼는데, 거기에는 육체를 가지는 색신色身(루파 카야[s.p. rūpa-kāya], 육신肉身, 생신生身이라고도 한다)과 전체가 법으로 구성된 법신法身(다르마 카야[s. dharma-kāya], 이신理身이라고도 한다)의 두 가지를 말하는 이신설二身說이 생겨나며, 이 설이 초기 대승까지 계속된다. 한편 카야[s.p. kāya]라는 말에는 신체 이외에 본체나 집합 등의 뜻이 있다.

대승불교의 등장은 대승 제불에 의해 전개되는데, 그 속에서 대승 경전을 창작한 무명의 제불을 제외한 허다한 제불은 말하자면 법신불法身佛의 출현으로 이해해도 좋으며, 특히 『화엄경』에서는 그 중심의 비로사나불毘盧舍那佛을 법신으로 부르고 있다.

이 밖에 성립이 오래된 과거칠불過去七佛을 비롯해 미래불인 미륵불이나 약사여래, 아촉불, 아미타불 등은 각각의 해설에서 기술했듯이 석가불의 많은 덕 가운데 하나 또는 몇 가지를 구현하고 있는데, 이들 고유한 명칭을 갖는 제불은 칸트 『순수이성비판』의 변증론辨證論에 사용되는 술어에 따르면 석존의 이념(이데)이 이상(이데알)으로 결정結晶되었다고도 간주될 것이다. 한편 초기 대승에 기초를 부여한 나가르주나의 저작이라고 전해지는 『대지도론』은 분명히 위에서 서술한 불신이신설佛身二身說을 지키는데, 그 편린을 그의 주저인 『중론』에서도 엿볼 수 있다.

위의 칸트에 대한 언급은 중기 대승에 들어서 종래에는 없었던 새로운 불신론의 전개에 의해 선명하게 된다. 중기 대승에서는 이론 구상에 각별히 뛰어났던 유가행파 유식의 논사들이 위에 나오는 다수의 제불에 대해 새삼스럽게 고찰을 더하여 여기에 불신삼신설佛身三身說이 세워진다. 거기에는 (1) 자성신自性身과 수용신受用身 및 변화신變化身, (2) 법신法身과 보신報身 및 응신應身이라는 두 가지가 있으며, 원어에서는 (각각에 카야를 붙임) 다르마와 삼보가 카야[s. sambhoga-kāya], 그리고 니르마나 카야[s. nirmāṇa-kāya]와 서로 겹친다. 한편 여기에는 대승에 특유한 보살 사상의 영향도 있다.

이들 삼신 가운데 첫 번째의 법신은 법 그 자체, 예를 들어 『반야경』이라면 반야바라밀이며, 자성신과 거의 공통된다.

두 번째의 보신은 보살이 실천에 힘쓰고 수행을 쌓아 그 본원을 완수한 후에 그 공덕의 보답을 받고 있는 불신인데, 예를 들어 아미타불은 다름이 아니라 법장보살의 보신이다. 또한 이 보신은 법의 즐거움을 향수하기 때문에 수용신에 통한다. 이 보신이라는 과果는 인因과 가치적으로 차이가 나기 때문에 이숙異熟(비파카)이라는 말이 맞을 수 있지만, 현존하는 산스크리트 자료에서는 수용신과 동일어로 사용한다.

세 번째의 응신은 변화신(약칭으로 화신化身)과 다르지 않은데 응신도 화신도 모두 이신설二身說의 색신에 상응하며, 석존을 가리킨다. 이는 중생의 세계에 대응하여 갖가지로 변화하면서 모습을 드러낸 불신인데, 따라서 무상을 벗어날 수 없으며 입멸도 있다.

이상을 종합하는 삼신설에는 앞서 서술한 (1)과 (2)가 있는데, (1)은 『섭대승론攝大乘論』이나 『대승장엄경론大乘莊嚴經論』 등의 유식설에, (2)는 여래장 사상을 설하는 『보성론寶性論』에 보인다. 앞서 논술한 바에서 귀결되듯이 (1)의 유식설은 '미혹에서 깨달음으로' 내지 '범부에서 부처로', (2)는 반대로 '부처에서 범부로'라는 방향을 지시한다. 그 때문에 (1)과 (2) 각각의 삼신설의 내용에는 다소 차이가 생기는 것이지만 전체의 요지는 다르지 않다. 한편 중국 불교 이후에 (2)가 주류가 되지만 이는 불신이 여래장,

불성과 밀접한 관계에 있다는 점에서 유래한다. 또한 삼신설은 후대 다시금 갖가지로 논의되어 사신설四身說 등도 파생하여 복잡함이 증가한다.

불신 삼신설三身說보다도 오래되었으며 그때까지의 브라만교를 포함하며 토착 사상과 접촉하면서 성립한 힌두교에는 브라흐마[s. Brahmās](우주 창조)와 비슈누[s. Viṣṇu](우주 질서의 유지) 및 쉬바[s. Śiva](파괴)로 구성된 삼신설三神說이 있고, 또한 그리스도교에는 아우구스티누스에 의해 술어로 정형화된 아버지(인 신神)와 아들(신의 아들 예수 그리스도), 그리고 성령聖靈(신앙 체험에 의한다)이라는 삼위일체三位一體가 잘 알려져 있다.

이들 양자의 첫 번째는 창조신이지만, 불교는 이를 인정하지 않고 있으며 삼신설에도 빠져 있다. 또한 삼신三身과 삼신三神에 대한 믿음(信)의 양상을 보아도 광신성을 내포하는 박티(신애信愛, 성신誠信 등으로 번역)라는 말이 힌두교에 왕성하게 사용되었어도, 불교는 이를 피해 일반적인 신뢰를 말하는 슈랏다[s. śraddhā] 등의 말에 위임한다.

⑤ 밀교

초기 불교는 현교顯教(드러난 가르침)라고 불린다.

예를 들어 석존의 유언에는 "스승에 꽉 움켜진 주먹(악권握拳)이 없다"의 한 구절이 있는데, 꽉 움켜진 주먹 속에 숨겨진 가르침은 일절 없으며 석존은 모든 것을 교시하였다고 서술한다. 또한 그 산문의 여러 경전에서는 당시 브라만교가 채용하며 세속 일반에 유포되고 있던 주문, 주술, 미신, 밀어密語, 밀의密儀의 종류를 엄하게 비판하고 배격한다. 초기 불교는 확실히 투명하고 말하자면 이성적이고 합리적이기까지 한데, 석존은 종교보다는 오히려 윤리를 설하였다는 일부의 비판(이는 예전 중국에 있었고, 또한 20세기 초의 유럽 학계에서도 보인다)이 나올 정도로 때로 윤리적인 성격이 짙다.

부파불교도 이를 계승하여 오로지 실천 수행에 정진하였으며, 또한 이론을 위한 이론이라고도 인상을 부여받을 정도로 앎의 체계 구축에 열중했다. 동시에 교단 내부는 금욕적인 종교 생활이 철저하였으며, 이는 그 이론에서도 반영된다.

다만 초기 불교에도 파릿타[s. paritta](호주護呪, 호경護經, 주문)가 그 일부에 보이는데, 예를 들면 출가자가 유행遊行할 때에 독사로부터 몸을 보호하는 파릿타는 율장에서도 인정된다(이것이 초기 밀교의 『공작왕주경孔雀王呪經』으로 발전한다). 말하자면 호신을 위하여 (그것은 이른바 현세 이익의 기원과는 다르다) 일종의 주문을 외우는데, 이는 현재도 남전불교에서 중요시되고 있다.

대승불교를 맞이하자 그 초기에 다양한 신도를 맞아들이는 가운데 힌두교나 이민족의 여러 습속 등으로부터 커다란 영향을 받으며, 나아가 본래 인도의 대지에 강고하게 뿌리를 둘러치고 때때로 분출하는 이른바 신비적인 요소들이 대승불교에 섞여 들어간다(한편 이미 강조했듯이 대승불교는 불교의 일부를 차지했지만 인도에는 부파의 전통 쪽이 훨씬 강하게 후대까지 보존된다). 그 현저한 예로서 앞에서도 서술했듯이, 앎을 의미하며 명明이라 번역되는 비디야[s. vidyā]라는 말(어근인 비드[√vid]는 독일어 '빗센wissen'과 같은 어근이며 '알다'를 말한다)이 대승의 선구자인 『반야경』의 용례에서는 만트라[s. mantra](진언眞言)와 결합하여 명주明呪라고 번역될 정도로 주문의 의미가 깊게 들어 있다.

위에서 서술한 여러 논사가 위대한 교설을 조직화하는

한편 대략 3~4세기 무렵부터 뒤에서 서술할 다라니陀羅尼
나 만트라의 채용이 눈에 띄는데, 아마도 승과 속이 협력
해서 특수한 기도와 의례 등을 정비한 이후 대승불교가 진
행되었던 것으로 보인다.

이 풍조는 후기 불교에 들어가 상당히 명확하게 되며,
그때까지 부수적이었던 주술적인 요소가 점차로 독립하
여 불교의 주류가 된다.

통설은 7~8세기라고 하지만, 이미 5세기 무렵 이후에
탄트리즘Tantrism(탄트라의 정의조차도 학자에 따라 다르다)이 인
도 전반에 침투한다. 탄트라(탄트리즘)가 지닌 강렬한 일종
의 신비성은 우주설, 현세에서의 해탈, 현세 긍정, 속신俗
信(치료나 소생蘇生, 점성술이나 마술 등), 신통력(싣디[s. siddhi]라고
한다. 완성 또는 명중의 뜻이며 실지悉地라고 음사), 여성의 원리(샤크
티[s. śakti], 특히 섹스의 힘), 비의秘儀 등을 수반하며, 이는 불
교 내에 밀교의 성립을 촉진했다고 한다.

다라니陀羅尼라고 음사되는 원어 다라니[s. dhāraṇī]는 그
어근이 다르마와 마찬가지로 드리[s. √dhṛ(갖다)]이며, 총지
總持로 번역된다. 그것은 한편으로 불교 전반에서 좌선을
주로 하는 요가의 정신 집중에서 마음을 한곳에 결합하는

것을 말하며, 다른 한편으로는 많은 뜻을 지닌 짧은 말을 마음에 보지保持하여 기억하는 능력을 나타낸다. 이리하여 다라니는 몇 가지 뜻이 포함되지만 이윽고 주呪(주구呪句나 주문呪文)를 가리키게 된다.

다만 이 말은 초기 경전에는 빠져 있고(한역의 아함경에 있는 것은 후대의 삽입. 또한 비슷한 말 다라나[dharana]는 율장에 보인다), 대승불교에 들어서 그 초기부터 빈번하게 등장하며 그 용례는 비디야(명주)나 만트라(진언)와 거의 다르지 않다.

만트라(진언)는 『리그 베다』에 약 30회 정도, 『아타르바 베다』[Atharva-Veda]에는 다수 보이며, 브라만의 제의祭儀에 사용되는 주呪를 말한다. 만트라라는 말은 만[man](생각하다는 뜻)에 트라[tra](도구 등을 나타내는 접미사)를 덧붙였으며, 생각하는 도구라는 본래의 의의가 성스러운 말이나 구절이나 문장을, 또한 찬가를, 이윽고 신비스러운 구절이나 문장을 가리키게 되었다. 만트라는 그 신비성이 증가하자 종종 주呪라고도 쓰는데, 그러나 성스러운 구절이라는 원 뜻에 근거하여 진언眞言으로 번역된다.

만트라의 주呪에는 (1) 무의미한 말로 이루어진 것, (2) 어느 특정한 의미를 지닌 말로 이루어진 것, (3) 양자의 혼합이라는 세 가지가 있다. 그리고 만트라 안에서 한 글자를 추출한 일종의 기호를 종자種子(비자[s. bījal)라고 칭한다. 예를 들면 대일여래大日如來에 대하여, 아a= 아阿는 태장계胎藏界를, 밤vaṃ = 번鑁은 금강계金剛界를 대표한다.

만다라曼陀羅[s. maṇḍala]는 본래 "둥글다, 원, 고리(環)"를 의미하며, 이윽고 그러한 단壇 및 단의 장소를 말하는데, 여기에서 기도나 신비적인 의식 등이 행해졌다. 이는 굽타 왕조 시기(4~6세기 초)에 힌두교에서 대승불교로 도입되었다고 추정되며, 일종의 성역으로서 숭상되었다.

이 단은 애초에 그 행사마다 수시로 임의의 장소에 설치되었지만, 후에는 특정한 장소에 고정되고 또한 원형은 방형이 되며, 나아가 지상에 축조되었던 토단土壇의 만다라가 후대에는 베 등에 회화로서 그려진다. 이들 여러 가지 만다라는 당시 인도에 널리 행해졌으며, 그 후에 재료 등의 변화는 있었지만 티베트에서 또한 중국에서도, 일본에서도 성행하게 된다.

밀교는 비밀(구히야[s. guhyal) 불교를 의미한다. 즉 어떤 특정한 집단이 만다라를 쌓고 예를 들면 호마[s. homal(불, 호마護摩라고 음사)를 태우는 등의 신비성을 띤 특별한 의례를 행하면서 만트라, 다라니의 말을 암송한다. 그러는 동안 마음(意)에는 독자적인 힘이 갖추어지고(이상을 신밀身密, 어밀語密, 의밀意密, 합하여 삼밀三密이라고 한다), 많은 경우 만다라에 제존諸尊이 군림하고 참가자들이 함께 일종의 엑스타시에 완전히 빠져든다. 그렇게 진행되는 과정에서 여기에 참가한 사람들만이 그 행사와 공덕功德을 점유하며, 일반에게는 공개되지 않고 일반의 개입을 인정하지 않는다고 해서 비밀 불교라는 이름이 붙게 된다.

그런 것들은 아마도 4, 5세기 무렵부터 대승불교에 섞여 들어가지만 반드시 주류가 되었던 것은 아니고 사원寺院도 채용하지 않았으며, 7세기 전반에 인도를 여행했던 현장玄奘도, 7세기 후반의 의정義淨도 각별히 기록을 남기지 않는다.

밀교는 정확하게는 순정밀교純正密敎(생략해서 순밀純密)이며, 그 성립은 7세기 중반 『대일경大日經』의 출현에 의한다고 하는데, 그때까지의 밀교적인 여러 가지를 잡밀雜密이라 부르며 구별한다.

『대일경』은 석가불이 아니라 대비로자나불大毘盧遮那佛 곧 대일여래의 설법이며, 그 청중도 장소도 특수하게 한정되어 다른 대승 경전(물론 초기 경전)과는 형식이 전혀 다르다. 그러나 그 가르침의 내용은 대승불교의 교리 특히 『화엄경』이나 공을 설한 중관이나 유식 등의 여러 사상을 계승하고 있어 기본적으로는 다르지 않다.

　아마도 후기 대승불교의 2대 조류인 중관파中觀派와 유가행파瑜伽行派 사람들 사이에서 밀교적인 행사가 은밀히 행해지고 점차로 그것이 수를 늘리며 앞에 서술한 특정한 엑스타시라는 신비 체험을 지닌 집단이 생겨나 번영하여, 밀교가 어떤 의미에서 독립하여 발전했다고 추정된다.

　『대일경』은 중인도에서 장안長安에 도래한 선무외善無畏(슈바카라싱하 [Śubhākarasiṃha], 637~735년)가 724년에 한역했다. 산스크리트 원전은 발견하지 못했지만 일부가 다른 경이나 논에 인용되며 티베트 번역이 완비되어 있다. 이 경은 대일여래의 성불, 신변神變(신통神通), 가지加持(지배하는 힘, 신비적인 주술력)를 내용으로 하는데, 대일여래의 깨달음과 성불이 초인간적인 힘에 의해 불가사의한 작용으로 나타나고 그것이 중생에 더해져서 보호하는 것을 설한다. 이 성불(일체지一切智智라고 칭하며, 석가불의 일체지一切智를 초월한다)은 "보리심菩提心을 인因으로 하고, 대비大悲를 근본으로 하며, 방편을 구경究竟(궁극)으로 삼는다"고 경의 시작에 선언하고 있으며 방편이 절대시된다. 이 경에 근거하는 만다라를 대비태장생大悲胎藏生 만다라라고 하며, 생략하여 태장胎藏 만다라(일본에서는 태장계만다라胎藏界曼陀羅라고 '계界'자를 넣는다)라고 칭한다.

잇달아서 7세기 후반에 『금강정경金剛頂經』이 성립한다. 이 경은 전부 18회會(현존하지 않는다) 가운데 초회에는 산스크리트본, 티베트역, 한역이 있다. 그 한역 세 가지 가운데 불공不空(아모가바즈라[Amoghavajra], 705~774년) 번역이 대표적이다. 불공은 소년 시절 한 번 중국에 와서 금강지金剛智(바즈라보디[Vajrabodhi], 671~741년)의 가르침을 받고서 금강지가 죽은 해(741년) 인도로 귀국하여 다수의 밀교 경전을 수집해서 5년 후에 다시 중국에 돌아와서 이들의 한역에 정진하였다. 그는 나집, 진제, 현장과 함께 4대 역경가譯經家라고 불린다.

『금강정경』은 요가를 중시하고 금강계 만다라를 설한다. 비로자나불을 본존으로 하는 것은 『대일경』과 다르지 않지만, 갖가지 점에서 발전한 흔적이 보인다. 『대일경』은 중관파와, 『금강정경』은 유가행파 유식과 관계가 깊다. 전자가 능동적인 방편에, 후자는 반야의 지혜에 역점을 둔다. 경의 이름 금강金剛(바즈라[s. vajra], 다이야몬드)이란 번뇌를 때려 부수는 예리한 지혜의 비유이며, 또한 브라만교 이래 천둥과 번개의 신 인드라[s. Indra]가 지닌 금강저金剛杵(저杵는 '절굿공이'의 뜻)라는 의미를 포함하는데, 이 경에서는 금강이 붙어 있는 술어가 많다. 이로부터 밀교를 금강승金剛乘(바즈라야나[s. vajrayāna])이라고 부르는 사례가 생긴다.

밀교 경전 가운데 일본에도 가장 잘 알려진 것은 『이취경理趣經』인데, 특히 진언종眞言宗의 불사(법사法事)에는 이 경이 한음漢音(당나라 장안의 발음을 주로 반영하는 일본의 한자음)으로 독송된다. 이 경의 이름이 된 이취理趣는 나야[s. naya]의 번역으로, 나야에는 태도, 행위, 원리, 방법, 도리 등의 뜻이 있다. 산스크리트본은 『백오십송반야바라밀百五十頌般若波羅蜜』로 간행되어 있지만 완본은 아니다. 현장 번역 『대반야바라밀다경大般若波羅蜜多經』 600권 중의 제578권 「반야이취분般若理趣分」이 최초의 번역으로 총 6종의 한역이 있으며, 이를 대표하는 불공의 번역은 현장의 번역보다도 작고 내용도 다르다. 불공이 번역한 경명에는 삼마야三

摩耶[s. samaya]라는 말이 붙어 있는데, 그 말은 본래 막연히 '때(時)'를 가리키지만 이 밖에도 집회나 근본의 교의를 말하며, 밀교에서는 평등이나 서원 등의 뜻이 있다고 하여 불보살의 작용의 상징이 된다.

『이취경』은 남녀의 애욕을 대담하게 말하는 것으로 알려져 있는데, 그런 점에서 『금강정경』보다 한걸음 전진한다. 그 내용은 애욕의 장려도 아니고, 애욕의 사리捨離도 아니며 애욕 그 자체가 공의 사상과 본성청정설本性清淨說을 매개로 해서 애욕 그대로 정화된다고 말한다. 청정구清淨句(비슷디 파다[s. viśuddhi-pada])라는 말을 활발히 사용하며, '지고한 즐거움'(대락大樂)의 가르침이 분명하게 되어 있다.

밀교에서는 일반적으로 경을 탄트라[s. tantra]라고 부른다. 이 말은 원래 옷감을 짜는 베틀을 말하며, 이로부터 날실, 직물, 연속, 원칙, 요강, 정수 등의 뜻으로 확대하여 그 일의적인 정의는 불가능에 가깝다.

탄트라의 수는 극히 많은데 일반적으로는 티베트 불교의 대학자인 부톤t. Bu-ston(1290~1364년)의 분류에 따라 (1) 소작所作(크리야[s. kriyā]), (2) 행行(차리야[s. cariyā]), (3) 유가瑜伽(요가[s. yoga]), (4) 무상유가無上瑜伽(아눗타라요가[s. anuttarayoga)의 각 탄트라의 4종으로 나뉜다.

이 가운데 (1)은 이른바 잡밀雜密, (2)의 대표가 『대일경』, (3)의 대표가 『금강정경』으로 『이취경』도 이 안에 들어가며, (4)의 대표에 『비밀집회秘密集會』의 탄트라가 있다. (4)에는 후기의 여러 텍스트가 있으며 밀교에서는 이를 최고로 여긴다. 이 (4)에서는 갖가지 특질 가운데 힌두교에서 채용한 샤크티(성性의 힘)가 명비明妃로서 활약하여 이른바 좌도밀교左道密敎를 개척한다. 그 진전된 밀교는 티베트에 전래되었지만, 중국에는 전해지지 않았고 따라서 일본의 밀교와도 이어지지 않는다.

밀교의 개조로 간주되는 나가르주나[Nāgārjuna](용·맹龍猛, 7세기 전반)는 그 실재가 극히 의심스럽다. 그러나 후기 밀교의 조사인 인드라부티[Indrabhūti](8세기)는 많은 존숭을 받았다.

밀교 전체에 공통되는 여러 특징을 다음 세 가지로 개괄하여 제시하고자 한다.

첫째, 대일여래의 본존 및 수많은 제불과 제존을 모시고, 종래의 불교에서 등장하지 않았던 많은 명왕明王(대표는 부동명왕不動明王)과 불교 이외의 제신(=제천諸天), 귀신, 신장

神將, 여러 성자까지도 받아들여 이들을 대일여래의 화신(아바타라[s. avatāra], 권화權化)으로서 또는 외호자外護者로서 다룬다. 밀교는 이들 전원이 한데 모인 일대 만신전萬神殿(pantheon)을 구축하며, 이것이 만다라에 표현된다. 말하자면 매크로(극대)와 미크로(극소)를 하나로 만든 것 같은 우주를 구상하여, 이를 직관에 의해 파악하며 또한 그것이 구현하는 비의에 스스로 참가하려고 한다.

둘째, 제불, 제존, 제천 등을 염념念하고 진언 다라니를 암송하며 불을 피우는 등의 비의성秘儀性이 현저하며, 그에 더하여 종교적 엑스타시에 빠져들어 신비적인 세계에 몰입한다. 이는 여래장이 가능성에 머무르는 것을 바로 그 현장에서 실현하여 즉신성불卽身成佛(이에 상응하는 산스크리트어는 없다)을 현실화한다. 이 내부에서는 현재의 지복至福이 획득되고, 번뇌나 애욕은 있는 그대로 승인된다. 또한 이 비밀 의식에서 의례가 특히 중요하며, 갖가지 복잡한 형태를 취한다.

셋째, 위에서 서술한 만다라를 이론적, 추상적이 아니라 구체적, 현실적으로 표현하며 여기에는 상징성이 농후하다. 또한 이렇게 창작된 회화, 도표, 조각상, 음악 등의 예

술 작품은 일면 신비성을 띠고 있지만, 다른 일면에는 현
실 긍정의 사상을 리얼하게 표현하여 매력이 풍부하다.

⑥ 중관파

초기 대승의 나가르주나(용수)의 교설은 그의 제자인 아
리야데바[Āryadeva](제바提婆, 170~270년 무렵)를 거쳐 라훌라
바드라[Rāhulabhadra](나후라[발타라]羅睺羅[跋陀羅], 연대 미상)에게
전해진 후 잠시 모습을 감춘다. 아리야데바에게는『사백
론四百論』,『백론百論』등이 있는데, 이 두 책은 공空 사상을
강조하며 다른 사상에 대한 공격(파사破邪라고 함)이 극히 격
렬하다. 라훌라바드라는 불분명한 점이 많다(이 외에 미상인
사람이 여러 명 나온다).

대략 200년 이상을 거쳐『중론』에 의거한 이 계보가 부
활하는데, 중관파中觀派(마디야미카[Mādhyamika])라고 칭한
다. 먼저 붓다팔리타[Buddhapālita](불호佛護, 470~540년 무렵)
가, 이어서 바비야[Bhavya](바바비베카[Bhāvaviveka]라고도 함.
청변清辨, 490~570년 무렵)가 등장하여 모두『중론』에 대한 주
석서를 쓰는데, 전자의『근본중론주根本中論註』는 티베트

역이, 후자의 『반야등론석般若燈論釋』은 한역과 티베트역이 남아 있다. 후대 티베트에서는 전자를 프라상기카[s. prāsaṅgika]파, 후자를 스바탄트리카[s. svātantrika]파로 구분한다(현재는 그 내용에서 전자를 필과성공파必過性空派 또는 귀류논증파歸謬論證派, 후자를 자립논증파自立論證派라고 부른다). 그만큼 양자 모두 『중론』에 의거하고 있지만 그 이론에는 대립이 심하다. 그것은 전자를 계승한 찬드라키르티(월칭月稱, 600~650년 무렵)에게서 한층 선명하게 된다.

프라상가[s. prasaṅga]라는 말을 '과실에 빠지다'라고 해설하는 용례가 『중론』에는 적지 않다. 그것은 상대방의 주장을 문제 삼아 파고 들어가서, 그 속의 과실(도샤[s. doṣa], 자가당착)을 예리하게 지적하여 그 주장을 부숴버린다. 그 때문에 스스로는 주장을 세우지 않고 또한 자설이 없는 것을 표방하면서, 한결같이 상대를 힐문하고 배격한다. 이러한 프라상기카파의 이론은 찬드라키르티의 『정명구론淨明句論』(프라산나파다[s. Prasannapadā])에 상세하다. 이 책은 『중론』의 주석서 6종 가운데 산스크리트본이 현존하는 유일한 텍스트로서 (티베트역도 완비되며, 단지 한역은 없다) 널리 읽힌다. 그에게는 『입중론入中論』(중관에 대한 입문) 등이 있고, 티베트 불교는 그의 계보를 정통화하여 오늘날에 이른다.

이 학파에서 나온 샨티데바[Śāntideva](적천寂天, 650~750년 무렵)는 『보리행경菩提行經』(보디차리야바타라[s. Bodhicaryā-vatāra], 일본어역 『깨달음으로의 길』), 『대승집보살학론大乘集菩薩學論』(시크샤사뭇차야[s. Sikṣāsamuccaya])의 저서가 있는데, 모두 육바라밀六波羅蜜의 수행을 해설하고 장려하며, 또한 타자에 대한 봉사를 특히 강조한다.

한편 스바탄트리카파는 스바탄트리카라는 말이 자립自立이나 자기自起로 번역되듯이 자력으로 활동한다는 뜻이며, 자신의 공의 입장을 충분히 다듬은 논식論式에 따라서 주장한다. 여기에는 타자와 공통하는 인식론과 논리학에 대한 배려가 있는데, 이는 뒤에서 서술하는 같은 시대의 디그나가(진나陳那, 480~540년 무렵)의 불교 논리학에 통한다. 단지 바비야는 『중론』이 중시하는 이제二諦(두 가지의 진리)에 관하여, 제일의제第一義諦에는 말(언어)이 도달할 수 없으며 논식을 세속제世俗諦에만 한정시킨다. 그에게는 위에 언급한 『중론』의 주석서 『반야등론석』 이외 『중관심론송中觀心論頌』과 그에 대한 자신의 주석서 『중관사택염中觀思擇焰』(타르카즈발라[s. Tarkajvālā]), 또한 『대승장진론大乘掌珍論』 등이 있다.

위의 두 학파의 논쟁은 잠시 계속되지만 이윽고 사라지며, 중관파 그 자체가 부분적으로 유식의 사상을 받아들여 일반적으로 유가행 중관파라고 불리는 학파가 나타난다. 이를 달성한 것이 샨타라크쉬타[Śāntarakṣita](적호寂護, 730~783년 무렵)와 그의 제자인 카말라쉴라[Kamalaśīla](연화계蓮華戒, 740~797년 무렵)인데, 전자가 3,640여 편의 시를, 후자가 그 주석을 쓴 『진리강요眞理綱要』(탓트바상그라하[s. Tattvasaṃgraha])라는 대작이 있다. 이 책은 산스크리트본 26장(티베트역은 31장)에 걸쳐 당시 번영했던 인도 정통 철학의 여러 학파를 비판하고, 논리학을 포함하는 불교의 여러 학설을 면밀하게 고찰하며, 최후에 일체지자一切智者(사르바즈냐[s. sarvajña])를 논증한다.

또한 샨타라크쉬타의 『중관장엄론中觀莊嚴論』(마디야마카알랑카라[s. Madhyamaka-alaṅkāra])은 중관과 유가행 유식의 융합을 꾀하며, 카말라쉴라의 『수습차제修習次第』(바바나 크라마[s. Bhāvanā-krama], 한역은 『광석보리심론廣釋菩提心論』)는 불교에 입문할 때의 결의(발보리심發菩提心이라고 한다)에서 최후의 성불에 이르는 수행의 도정道程을 보여준다. 이 두 책을 티베트 불교는 특히 중시한다. 두 사람 모두 원래는 중관파의 스바탄트리카파(자립논증파)의 계통에 속하는데, 티베트왕인 치송데짼[t. Khri-srong lde-btsan](754~796년 무렵 재위)에게 초대되어 그곳에 가서 티베트 불교의 기초를 쌓고 확립하였다.

중관파의 중요 인물과 저서를 열거하면 다음과 같다. 하리바드라[Haribhadra](사자현師子賢, 800년 무렵)의 『팔천송반야해설八千頌般若解說·현관장엄명現觀莊嚴明』, 라트나카라샨티[Ratnākaraśānti](11세기, 티베트에서는 유식가로 여긴다)의 『반야바라밀다론般若波羅蜜多論』과 『중관장엄론中觀莊嚴論』, 아티샤[Atīśa](982~1054년)의 『보리도등론菩提道燈論』 등이 있다. 아티샤는 티베트왕에게 초대되어 티베트로 건너가 티베트 불교를 훌륭히 새로 부흥시킨 밀교승이기도 하다.

⑦ 유가행파

유가행파 유식은 바수반두 이후 세 가지로 구분된다. 무상유식파無相唯識派[s. nirākāravādin]의 구나마티(덕혜)와 스티라마티(안혜), 유상유식파有相唯識派[s. sākāravādin]의 디그나가(진나)와 아스바바바[Asvabhāva](무성無性, 500년 전후), 다르마팔라(호법)와 쉴라바드라[Śīlabhadra](계현戒賢, 529~645년), 다르마키르티(법칭, 650년 전후), 그리고 그 이외가 된다.

위에서 주로 무상유식을 파라마르타[Paramārtha](진제眞諦, 499~569년, 546년에 중국에 도래)가, 유상유식을 현장玄奘(600~664년)이 중국에 전하였다. 현장은 날란다사원에서 계현(쉴라바드라)에게 배웠는데, 현장역의『성유식론成唯識論』은 유식설을 알기 위한 필독서로서 극히 가치가 높다. 이 책은 유상유식설에 의하지만, 이 파의 여러 논사 이외에 무상유식에 대해서도 상세히 소개하여 현재도 가장 널리 읽힌다.

한편 구나마티와 스티라마티의 두 사람은『중론』의 주석도 완수하는데, 후자의『대승중관석론大乘中觀釋論』은 불완전한 한역이 현존한다.

디그나가는 인식론을 포함한 논리학의 대성자로서 가장 중요시되는데, 유식설을 그 속에서 채용한다. 그가 유상유식의 개조開祖로 여겨지는 것은 논리학이 상대 토론자를 비롯해 타자와의 공통성을 전제로 하는 점에서 유래한다.

또한 디그나가의 유식설은 인식론과 긴밀하게 결합한다. 즉 그에 따르면 인식의 대상은 실은 식識 내부의 상相(형상)이며, 인식은 자기 인식에 귀결된다. 바꿔 말하면 인식 작용(능취能取. 능량能量이라고 한다)이 스스로의 내부 형상을 대상(소취所取. 소량所量이라고 한다)으로서 인식하면서, 게다가 그 결과(양과量果라고 한다)를 자각하여 인식 자신에 대상을 인식했다고 하는 자각(자증自證이라고 한다)이 일어나 비로소 인식은 완성된다. 이 자각을 결여하면, 보아도 보지 못했다고 하는 결실이 없는 인식에 빠져버린다고 설하며, 그러한 완전한 인식만이 기억된다고 주장한다.

　기원후 671~695년에 남해를 거쳐 인도로 건너가 날란다사원에서 배운 의정義淨은 그의 여행기『남해기귀내법전南海寄歸內法傳』에서 당시 인도 불교의 사정을 전하면서 다음과 같이 말한다. '소승'은 대중부, 상좌부, 유부(근본설일체유부), 정량부의 4부파로 나뉘고, 대승은 중관과 유가의 2파로 대별된다. 대승과 소승의 구분은 일정하지 않고, 계율이 같으며 함께 사제四諦를 수행한다. 특히 보살을 예배하고 대승경을 읽는 것이 대승이며, 소승은 이를 행하지 않는다.

이미 유가행 중관파에 대해서 기술했듯이 샨타라크시타 이후는 중관과 유식의 융합이 도모되고 있으며, 나아가 그들에 밀교가 더하여 불교가 멸망할 때까지 인도에서 학습되었고, 그들 대부분이 티베트에 전해져서 오늘날에 이른다.

⑧ 불교 논리학과 인식론

인도에서는 불교 탄생 이전부터 토론과 논쟁이 실로 성행하였는데, 그것이 논리학의 형성을 촉진했다. 이 점은 고대 그리스와 유사한데, 이른바 논리학이 조직적으로 연구되어 그 체계를 확립한 것은 인류 역사상 그리스와 인도에 한정된다고 해도 좋다. 그 논리학을 불교에서는 '인因(이유 명제)에 근거하는 학'(헤투비디야[s. hetu-vidyā], 인명因明)으로, 인도 철학에서 니야야[s. nyāya](정리正理)로 부른다.

불교 논리학의 역사도 오래되었다. 2세기 무렵 성립된 것으로 추정되는 의학서 『차라카본집本集』(s. Caraka-saṃhitā), 한역이 남아 있는 『방편심론方便心論』(나가르주나 저술설도 있다), 나가르주나의 저서 『회쟁론廻諍論』과 같은 텍스트에 논리학에 대한 발언이 전해진다. 이들 책에서 사용되는 여러 술어는 후대의 불교 논리학에도, 인도 논리학의 니야야 학파에도 거의 그대로 공유된다.

불교 논리학은 정밀한 이론체계를 자랑하는 유식설에서 다듬어지는데, 그 한 사람 디그나가(진나)가 지식론-인식론과 함께 수립한다.

디그나가에게는 『프라마나 사뭇차야』[s. Pramāṇa-samuccaya](지식집성론知識集成論, 『집량론集量論』으로 번역됨. 티베트역만이 현존)라는 주저 이외 한역된 『관소연론觀所緣論』, 『장중론掌中論』, 『인명정리문론因明正理門論』 등이 있다.

디그나가는 올바른 인식(프라마나[s. pramāṇa], 양량이라고 한다)의 근거로서 직접 지각(프라티아크샤[s. pratyakṣa], 현량現量)과 추론(아누마나[s. anumāna], 비량比量)의 두 가지만을 승인하고, 직접 지각은 분별(판단에 상당한다)을 떠나 있어 내용이 없지만 거기에 추론이 더해짐으로써 구체적인 인식으로서 성립한다고 한다(이 부분은 칸트의 감성론과 분석론에서 말하는 인식의 성립과 매우 유사하다). 이렇게 추론이 효과(아르타크리야[s. arthakriyā])를 가진다는 것은 일상의 경험에서 확인된다(이 점에서 아프리오리(=선천적先天的) 또는 트란스첸덴탈(=선험적先驗的, 초월론적超越論的)을 설하는 칸트와 구별된다. 단지 칸트도 변증론에서는 대상과의 접촉이 결여된 이성은 가상假象을 낳는다고 한다].

나아가 디그나가는 추론을 '자신을 위한(스바 아르타) 추론'[s. sva-artha-anumāṇa]과 '타인을 위한(파라 아르타) 추론'[s. para-artha-anumāṇa]으로 이분하여 그의 인식론을 진행하며, 이후 이 두 가지 추론을 논증에 사용하면서 그의 최대의 공적인 논리학의 확립으로 향한다(이 '타인을 위한 추론'을 변증론이라고 명명하는 현재의 전문가도 있지만, 그것은 적어도 칸트가 말하는 디알렉틱[Dialektik, 변증론]과는 상당히 다르다).

그는 또한 인식의 대상을 개별(스바 라크샤나[s. sva-lakṣaṇa], 자상自相)과 보편(사마니야 라크샤냐[s. sāmānya-lakṣaṇa], 공상共相)으로 나누며, 인식에 즈음해서는 양자가 관계된다고 말한다. 다만 보편은 일종의 관념적인 존재(분별의 소산)에 불과하고, 독립된 개별이 단 한 번뿐인 찰나마다 직접 인식의 대상이 되는 것이며, 존재가 아니라 '타자의 배제'를 내용으로 하는 것이라고 주장한다.

이 배제(아포하[s. apoha], 이離)란 말과 그 응용은, 그 이후의 불교를 포함한 인도 철학의 각 학파에서 중시되며 각각 인식론의 키워드로서 논구된다[이는 스피노자(1632~1677년)가 말하는 '부정'이 헤겔(1770~1831년)에서 가장 중요시된 궤적과 유사하다].

한 가지 덧붙인다면 인식의 근거에 대해서 위에 서술한 직접 지각과 추론 이외에 오래된 자료(예를 들면 『회쟁론』 등)는 '성전聖典의 말씀'(아가마[s.p. āgama], 성교량聖敎量)과 비유(우파마나[s. upamāna], 비유량譬喩量)를 더하여 네 가지(사량四量)로 한다. 그러나 유가행파 유식(예를 들면 『해심밀경』, 스티라마티의 『유식삼십송에 대한 주석』)에서는 비유를 제외한 세 가지로 하고, 또한 디그나가는 '성전의 말씀'도 추론에 포함시켜 위에 서술했듯이 두 가지로 한다. 그것은 인식의 대상이 두 가지(개별과 보편)라는 것에 근거한다.

이 이근거二根據(이량二量)설은 그 이후의 논리학에 관계하는 사람들(다르마키르티는 물론이며 바비야 등도)에게 전해지고 지켜졌다.

디그나가의 논리학은 추론에 관하여 이유 명제(헤투[s. hetu], 인因이라고 한다)가 갖추어야 할 조건을 세 가지로 보며 이를 '인因의 삼상三相'이라고 한다. 명칭만을 들면, 변시종법성遍是宗法性, 동품정유성同品定有性, 이품변무성異品遍無性이며 주로 주연관계周延關係를 말한다. 또한 이유 명제가 있을 수 있는 조건을 아홉 가지 들면서, 이를 구구인九句因

(역시 주연에 관계하여 아홉 가지 가운데 두 가지만이 올바른 인이라고 한다)이라고 칭한다. 인의 삼상은 아상가가 이미 설하고 있지만, 구구인설은 디그나가의 새로운 설이라고 한다.

특히 그의 이름은 삼지작법三支作法이라 불리는 새로운 추론식推論式의 확립에 의해 인도 전체에 저명하게 되었는데, 이는 '신인명新因明'이라 명명되었다. 그것은 인도 논리학(인도 정통 철학에 있으며, 또한 여러 학파가 채용)의 전통이 5개의 명제를 들고 있던 것(오분작법五分作法이라고 한다)을 3개의 명제(삼지)로 개혁했는데, 그 이후에는 인도 논리학 전체에 보급된다.

삼지는 종宗(프라티즈냐[s. pratijñā], 주장 명제, 논증되어야 할 것), 인因(헤투[s. hetu], 이유 명제, 논증의 근거), 유喩(드리슈탄타[s. dṛṣṭānta], 실례. 동유同喩와 이유異喩의 두 가지)가 된다. 예는 다음과 같다.

종宗…… 소리(音)는 무상하다.
인因…… 소리는 만들어진 것이므로
유喩…… 모든 만들어진 것은 무상하다.
        예를 들면 병과 같이(同喩).

모든 상주(常住)하는 것은 만들어진 것이 아닌
성질을 갖고 있다.
예를 들면 허공과 같이(異喩).

신인명도 인명도 논증에 항상 유喩를 세운다는 특징이
있으며, 그 유는 경험에 근거한다고 생각해도 좋고, 그 전
체는 귀납적 논리로 간주될 수 있다.

그의 논리학에는 연대 불명의 샹카라스바민[Śaṅka-
ra-svāmin](상갈라주商羯羅主, 천주天主)이 저술한 『인명입정리론
因明入正理論, [s. Nyāyapraveśa]』(현장 역, 산스크리트본도 있다)이라
는 입문서가 있다.

디그나가의 논리학은 7세기 다르마키르티(법칭)에 의해
완성을 본다. 그리고 다르마키르티의 일곱 가지 저술이
티베트에 전해지는 가운데, (1)『정리일적론正理一滴論』(니
야야 빈두[s. Nyāya-bindu], 논리학 소론小論), (2)『양결택量決擇』
(프라마나 비니슈차야[s. Pramāṇa-viniścaya], 지식의 결정決定), (3)
『양평석量評釋』(프라마나 바르트티카[s. Pramāṇa-vārttika], 지식 비
판서)의 3부가 주저가 되며, 각각 전체 또는 일부에 산스크
리트본이 발견·출간되었고 티베트역은 완비되었다. 각본
모두 여러 주석서가 있어서, 동시대에도 후대에도 얼마나

잘 읽혔는지 알 수 있다.

다르마키르티는 유식설에 따르면서도 상당히 경량부에 가까운데, 예를 들면 외계를 팔식八識의 소산으로 귀결시키지 않고 외계의 존재는 추리된다고 한다. 단지 유부와 같은 외계의 소박실재론적이 아니라, 외계는 추론되는 것만으로 한정한다. 나아가 그는 경량부의 찰나멸刹那滅의 설을 도입해 대상은 찰나멸이라는 것을 논증하는데, 그런 의미에서는 비연속이며 동시에 그 흐름은 의식의 흐름과 상응하여 연속을 구상한다고 주장한다. 또한 추론의 효과(아르타크리야[s. arthakriyā])를 중시하고, 인식의 현실성은 대상과의 일관성consistency이라고도 한다.

다르마키르티는 인식론에서도 논리학에서도 거의 모든 문제를 망라하여 철저하게 논구했다. 다르마키르티의 전모에 대한 해명이 현재 진행되고 있는 가운데, 그는 불교 논리학을 연역적인 이른바 삼단논법으로 일신했다고 평가하는 전문가도 있다. 그의 몇 제자 가운데 데벤드라붓디[Devendrabuddhi] 등이 알려져 있다.

대미를 장식하듯이 모크샤카라굽타[Mokṣākaragupta](11~12세기)가 나와서 명저 『타르카바샤』[s. Tarkabhāṣā]를 저술하였다. 타르카[s. tarka]는 논리 또는 특히 추론을, 바샤[s. bhāṣā]는 말을 의미한다. 이 책은 다르마키르티설과 그 이후의 전개를 간결하면서 내용이 풍부하게 소개하고 해설하여, 불교 논리학의 가장 우수한 개론서로 손꼽힌다(참고 문헌으로 제시된 가지야마 유이치梶山雄一『논리의 말』은 이 책의 역주본이다).

　이러한 여러 학문은 그 후에도 끊이지 않고 계승되었지만, 이미 신자의 수도 감소하였으며 나아가 이슬람군에 의한 사원의 파괴와 출가승의 살해를 미루어보건대 그 거점을 상실함으로써 불교는 인도에서 쇠퇴를 맞는다.

탄생석가불 입상
(도다이지東大寺 소장, 이리에 다이키치入江泰吉 씨 촬영)

제3부
각지의 불교

제1장 남전불교

  남전불교南傳佛敎는 남방불교南方佛敎라고도 하며, 팔리
불교라고도 부른다. 그것은 스리랑카(실론)를 출발점으로
하여 동남아시아 전역 일대로 확대·보급된 이후, 이슬람
의 진출에 의해 일부가 소멸하고 현재는 스리랑카, 미얀
마, 태국, 캄보디아, 라오스 등에서 성행한다. 국가나 민족
과 인종마다 각자 고유한 언어(와 문자)를 사용하지만 불교
에 관해서는 거의 전부가 팔리어로 통일되어 있는데, 이는
가톨릭교회의 라틴어 사용 상황과 대체로 동등하다(혹은 그
보다도 철저하게 시행되고 있다).

  남전불교는 일찍이 인도 불교의 보수파에 속하는 상좌
부上座部(스타비라 바다[s. Sthavira-vāda] 또는 장로부長老部 = 테라바
다[p. Theravāda])의 전통을 계승하여, 교단의 양상 등도 팔
리 성전에 충실하며 지난날과 닮았다고 간주된다.

  출가승은 매일 아침 탁발에 의한 식사를 오전 중에 하는
데 다만 제2차 세계대전 후 스리랑카에서는 신자들이 교
대로 식사를 보내주어 승려의 탁발행은 거의 소멸하였다.
보시도 절의 건립부터 일상의 필수품까지 다양하게 이뤄

지기 때문에 경제적으로 자립한 절도 적지 않다. 오후에는 수행과 면학에 전념하여 팔리 성전을 송독誦讀하고 학습하며, 혹은 명상과 선정에 잠긴다. 전원이 황의黃衣를 입고 엄격한 사원 생활에 나날을 보내는데, 개중에는 독거獨居의 도량道場도 있다.

그들은 대승불교에서 주장하는 다불이나 다보살 또는 불성(여래장) 사상 등은 받아들이지 않고 석가불만의 일불을 지킨다. 한편 부처의 명호名號의 하나인 아라하트(아라한阿羅漢. 응공應供이라고 번역. 존경받아 공양을 받기에 어울리는 사람)를 말하자면 한 단계 내려서 이를 그들 수행의 최종 목표로서 삼았는데, 그 점은 인도 불교 초기의 말엽 이래 이미 있었다.

또한 니승尼僧, 비구니 교단은 팔리 율장이 규정하는 성립 조건을 결여했기 때문에 비교적 일찍(11세기 무렵) 소실되었다고 한다. 그러나 수계受戒의 정규 의식을 거치지 않은 니승(비구승)이 백의白衣나 황의黃衣를 입고 각지의 절에 거주하면서 남승(비구)과 마찬가지로 계를 견고히 지키는 생활을 보내는데, 그 단체도 몇 개인가 헤아릴 수 있다.

출가자가 죽은 사람의 장례식에 참석은 하여도 직접 주

재하는 경우는 드물며, 죽은 자의 공양은 재가자 사이에서 이루어진다. 기념비적인 것을 제외하면 묘도 묘지도 없고, 전반적으로 윤회 사상이 깊게 널리 편만遍滿하고 있다. 그런 점은 인도 불교를 따른다.

출가승에 대한 재가신자의 존경심은 독실하며 자주 출가자에게 봉사하고 보시에 힘쓴다. 불법승佛法僧의 삼보에 귀의하고 오계五戒(불살생, 불투도不偸盜, 불망어, 불사음, 불음주不飲酒)를 준수하며, 사후에 하늘에 태어나는 것(생천生天)을 희망한다. 또한 청소년이 한 번은 절에 들어가 수행에 정려하는 관습이 각국에 상당히 강하게 남아 있다.

한편 현재의 사원에 모셔지는 불상은 비교적 새롭지만 거의 규격을 따르고 있다.

각각 전체 인구에 대한 불교도의 비율은 대략 스리랑카 70%, 미얀마 85%, 태국 95%, 캄보디아 90%, 라오스 80%, 또한 대승 불교인 베트남은 80%라고 한다.

또한 남전불교의 최대 행사에는 5월(정확하게는 베사카[Vesakha] 달)의 보름날에 베사카 축제가 있는데, 붓다의 탄생과 성도, 그리고 입멸을 동시에 기념한다. 이 밖에 각지에서 신년제新年祭 등이 개최되어, 승려와 재가신자가 모두 크게 흥청거리며 즐긴다.

아래에서 나라별로 불교사의 개요와 현황을 기술한다.

1. 스리랑카

인도의 전 영토를 통치하며 불교에 귀의한 아소카왕(아
쇼카왕, 아육왕阿育王, 기원전 268~232년 재위)은 그의 아들(동생이라
고도 한다)인 마힌다[Mahinda]를 전도사로 해서 스리랑카(실
론)에 파견하여 여기에 처음으로 보수파인 상좌부上座部(장
로부長老部라고도 함)계의 분별부分別部(비밧자바다[p. Vibhajjavā-
da])불교가 전해졌다. 이 사절은 당시의 데바남피야티사
[Devanampiya Tissa](기원전 250~210년 무렵 재위)왕의 비호와 후
원을 받아, 수도 아누다라푸라Anuradhapura에 절이 세워
졌는데 후에 이 절이 대사大寺(마하비하라[Mahāvihāra])로 발
전하여 정통인 대사파大寺派의 근거지가 된다. 민중의 귀
의도 잇따르고 비구와 비구니의 교단이나 사원 등도 늘어
나 번영을 맞이했다.

기원전 1세기(기원전 29년이라고 한다)에 무외산사無畏山寺(아
바야기리비하라[Abhayagirivihāra])가 출현하자 정쟁도 얽히면

서 대사파大寺派와 무외산사파無畏山寺派로 분열하는데, 전자의 전통 보수에 대하여 후자는 인도 불교의 여러 파와도 교섭을 유지하고 나중에는 대승 불교와 밀교도 수용했기 때문에 두 파의 대립이 심화된다. 이는 이후 1,000년여나 지속되었지만, 마침내 12세기에 대사파로 통일되어 남전 불교의 중심이 되었다.

대사파에서는 기원전 1세기에 불전의 정비와 편집이 있으며, 서사書寫도 진행되어 팔리 성전(율·경·론의 삼장과 장외)이 거의 확정된다. 또한 이 파가 5세기 전반에 인도에서 초빙한 붓다고샤(불음佛音)는 초전初傳 이래 600여 년 동안의 대사파에서 성전 연구의 성과를 이어받아 삼장三藏의 거의 전부에 주석서를 쓰고, 또한 명저 『비숫디막가[p. Vi-suddhimagga]』(청정도론淸淨道論)를 저술했다. 이들 팔리어 문헌은 현재도 항상 참조된다.

11세기 초 이후의 약 반세기 동안은 힌두교 쉬바파의 촐라Chōla인이 남인도에서 침입해 섬 전체를 점령·통치했기 때문에 스리랑카 불교는 탄압당하며, 그 부흥에는 미얀마 장로의 도래를 이어받았다. 그런 일은 반복해서 일어나는데, 이후에 포르투갈인의 내도來島가 있고, 17세기 중반 이후는 네덜란드에 이어서 영국에 지배당하며 오랫동안 불교의 침체와 부진이 계속되어 어쩔 수 없이 미얀마나 태국에서 불교를 재수입한다. 제2차 세계대전 후에 독립이 달성되고, 불교의 융성이 현저하다.

2. 미얀마

인도에 인접한 미얀마로의 불교 전래는 오래되었는데, 3~9세기에 부파나 대승이 일어났지만 국가의 멸망과 함께 한 차례 소멸한다. 그 후 11세기까지는 혼돈되어서 대승이나 밀교에 힌두교 색채가 짙게 섞이며, 그들과 토착의 애니미즘과 결합한다. 11세기 중반 북미얀마의 바간 Bagan을 중심으로 국가 통일을 완수한 아노라타Anawrahta 왕(1044~1077년 재위)은 공략한 남미얀마에 전해진 상좌부계 불교를 환영하고, 나아가 이 무렵 탄압을 받고 있던 스리랑카에서 대사파 불교를 수입한다. 이 둘은 즉시 융합되지는 않았으며, 13세기 말에 원元의 공격이나 타이족 일파에 의한 침입이 있었어도 여전히 두 파의 분열은 계속되었지만, 이는 오히려 불교의 침투에 도움이 되었다고도 한다.

15세기에 다시금 스리랑카의 대사파를 도입하여 교단도 정비되고 이후 이 불교가 번성하면서 현재에 이른다. 이러한 영고성쇠를 겪는 동안에 거꾸로 스리랑카에 미얀마 불교를 전했던 역사도 여러 번 기록되어 있다.

3. 태국

태국에는 옛날에는 대승불교가 전해졌는데, 예를 들면 관음상 등도 만들어져 있지만 불분명한 점이 많다. 13세기 중엽 여러 지방을 통일한 타이 민족 최초의 수코타이 Sukhothai 왕조는 문자 제작 이외의 문화 사업을 일으키고, 스리랑카의 상좌부 불교를 받아들인다. 14세기부터 18세기에 걸쳐 아욧타야Ayutthaya(아유디야Ayudhya라고도 한다) 왕조가 지배하는데, 불교의 번영이 구가되었으며 1750년에는 스리랑카에 불교 사절을 보냈다.

1783년에 방콕 왕조(차끄리 왕조라고도 한다)가 탄생하고 불교는 쇄신된다. 명군이라고 일컬어지는 라마 4세(1851~1868년 재위)는 국내 여러 정책의 개혁을 추진하고, 특히 불교 교단의 숙정과 계율의 엄수를 꾀하였다. 왕을 따르는

탐마유트Thammayut파(정법파正法派)와 이에 가담하지 않았던 마하니카이Mahanikai파(대중파大衆派)로 나뉘어, 현재도 계속되고 있는 것처럼 보인다. 전자는 왕실과 친밀하고 지계持戒를 엄수하며, 후자는 전체 사원 총수의 90% 이상을 차지한다고 한다. 두 파 사이에 교의상의 차이는 전혀 없다.

서양 국가들의 식민지에 편입되어 있던 동남아시아의 여러 나라와 달리 태국은 옛날부터 독립을 유지하여 그 긍지도 높다. 1932년에 전정군주제專政君主制로부터 입헌군주제로 이행하며, 1939년에는 국호를 시암Siam에서 타이로 바꾸었다. 불교에 대한 신봉은 극히 독실하여 도시에서도 농촌에서도 사원이 번성하고, 그 신도 수도 전국에 2만5,000명 남짓을 헤아린다. 미얀마와 마찬가지로 태국에도 민간 신앙에는 애니미즘이 남아 있으며, 점이 유행하고 또한 힌두교적인 요소도 여러 곳에 섞여 있다.

4. 캄보디아와 라오스

태국과 인접하면서 북부의 산지인 라오스와 남부의 평

야가 바다로 향하는 캄보디아는 지금은 태국에서 전해진 상좌부 불교가 뿌리를 내려서, 현재 상황은 앞에 서술한 여러 나라와 그다지 다르지 않다.

그러나 캄보디아에는 일찍이 대승불교가 힌두교와 습합褶合하면서 번성하였다. 특히 자야바르만Jayavarman 2세(802~869년 무렵 재위)가 기초를 굳힌 크메르 제국은 이후 약 750년 동안이나 인도차이나반도의 대부분을 통치하였고, 그중 자야바르만 7세(1182~1201년 재위)는 가장 존경을 받았다. 9~13세기 초에 전성기를 맞이한 크메르 왕조가 수도 앙코르에 건립한 와트의 도성 사원과 톰의 대도성은 규모가 너무나도 크고 게다가 세부까지 정교함을 다하여 오늘날에도 사람들의 눈을 놀라게 하는데, 이 위대한 유적은 전 세계에 유명하다. 여기에는 불교와 힌두교의 두 문화가 혼연하게 융합되어 불상이나 비슈누 신상 등의 걸출한 다수의 조각상이 서 있다.

5. 기타

베트남은 동지나해의 해안선을 차지하는 지형상의 특

질로 말미암아 옛날부터 중국과의 관계가 밀접하며, 불교도 10세기 말부터 14세기 말까지 중국에서 전해진 대승불교가 근간을 이루고 남전불교의 영향은 적다. 단지 출가승의 계율은 엄격하여 독신으로 채식을 지키고 술은 마시지 않는데, 좌선에 힘쓰며 정토교가 선禪에 뒤섞인 교리를 배우고『법화경』의 감화도 지적된다.

이 지역은 오랫동안 프랑스의 통치하에 있었기 때문에 지배계급에 가톨릭 신자가 상당히 많지만, 민중의 대부분은 열성적인 불교도로서 출가승에 대한 신뢰가 두텁다. 현재는 사회주의 국가로 바뀌었다고는 해도, 승속僧俗의 긴밀한 관계는 계속되고 있다고 한다. 또한 그 불교에는 유교나 도교의 일부가 섞여 있는데, 이는 예전의 '과거科擧제도'(유불도의 3교를 채용하여 유교만의 중국과는 다르다)의 자취라고 한다.

말레이시아는 일찍이 불교가 번성했는데, 후에 이슬람권으로 들어갔다. 또한 다민족 국가인 싱가포르는 도교와 유교가 섞인 대승불교를 받드는 화교 세력이 강하다.

인도네시아는 다수의 도서로 이뤄져 있는데, 옛날부터 동서 해상교역의 중계를 수행하였다. 5세기 무렵부터 대승불교가 전해지고, 7~12세기에는 밀교나 힌두교도 가세하여 특히 인도차이나반도와 근접한 수마트라섬이나 그 동쪽의 자바섬에서 번성했다.

자바섬 중부의 보로부두르Borobudur 대사원(760~840년 건립)은 그 유적의 하나이며, 또한 자바섬 동쪽의 발리섬에는 그 문화가 오늘날에 전해져 과거의 융성을 이야기한다. 16세기 이후 인도네시아는 이슬람권으로 들어갔지만, 대서사시『라마야나』나『마하바라타』등의 인도 문화나 토착의 여러 신앙도 뿌리가 깊다. 오늘날 불교도의 수는 적다.

제2장 북전불교

1. 중국 불교

인도 불교는 기원전 1세기 무렵 간다라에서 파미르고원을 넘어, 이른바 서역西域인 오늘날 중국 서부에 들어간다. 그 이상의 서방 진출은 당시 이란(페르시아)에 활발한 조로아스터교에 저지되었다고 이해된다.

중국으로의 불교 전래는 다양한 전설로 수식되고 있다. 아마도 불교를 신봉하는 서역인이 기원 전후 무렵 중국에 유입·이주하였고, 이것이 중국 불교의 기원이 되었을 것이다.

주지하듯이 중국은 이 시대까지 이미 대단히 고도의 문화를 확립하였고 게다가 중화中華의 긍지에 불타서, 다른 나라의 문화는 반드시 한자화되고 한문으로 번역되었다. 중국 불교사는 4세기 말까지의 전도 시대, 581년의 수나라 건국까지의 연구 시대, 8세기 중반까지의 수~당(盛唐)의 독립 시대, 12세기 초기까지의 당말唐末~오대五代~북송北宋의 실천 시대, 남송南宋 이후의 계승 시대로 거의 다섯으로 구분된다.

전도 시대에는 안세고安世高(148?~180년?), 지루가참支婁迦讖(147~189년?), 지겸支謙(192~252년?), 축법호竺法護(232 ? ~309년?) 등의 외국 승려와 주사행朱士行(203~282년?), 도안道安(312~385년), 혜원慧遠(334~416년. 여산廬山, 때로 백련사白蓮社의 혜원) 이외의 중국인 학승이 유명하다.

그러나 불교사상의 독자성은 대승의 정토 구제 사상의 일부를 제외하고는 쉽사리 이해되지 않아서 전설상의 황제黃帝나 노자老子와 병렬해서 받아들이고, 특히 반야의 공空을 노자의 무無에 의해 해석하는 절충이나 융합이 칭송받으며 격의불교格義佛敎(중국 고전과의 유비類比를 통해 불교를 이해하는 것 - 역자 주)라는 일종의 혼효混淆(뒤섞임)가 행해지는 중에, 위의 도안과 혜원은 이를 수정하고자 힘을 쏟았다. 어쨌든 진秦·한漢(전한前漢)이라는 대제국의 쇠멸에 수반하는 유교의 권위 실추, 장기간에 걸친 동란, 전쟁, 제국 분열諸國分裂 등의 불안정한 정황 아래에서 불교는 점차 중국 사회에 침투한다.

연구 시대는 구마라집鳩摩羅什(350~409년 무렵. 쿠마라지바, 나집羅什이라고 약칭. 구자龜玆=쿠차 출신)이 장안에 도착(401년)하여 시작된다. 그는 다양한 초기 대승불교의 논서에 극히 훌륭한 번역을 수행하여 이후 불전 한역의 궤범軌範을 만들었다. 나집 이전을 고역古譯, 이후를 구역舊譯이라 칭하는 것은 약 200년 후의 현장玄奘(600~664년)의 신역新譯에 대비된다. 나집은 또한 3,000여 명의 한인漢人 제자를 교육했는데, 여기서 불교 연구는 인도의 원전을 벗어나 번역된 한문 경전만으로 추진되어간다.

나집 이외에 각현覺賢(붓다바르라Buddhabhadra, 359~429년), 구나발타라求那跋陀羅(구나바드라Guṇabhadra, 394~468년), 진제眞諦(파라마르타, 499~569년) 등의 인도인 도래승渡來僧이 속속 한역을 진행했다. 한역된 다수의 번역본 가운데는 특정한 경, 율, 논을 선택하여 그 외의 전체를 구성하면서 자기 학설을 체계화한 학파들이 형성되고, 그들은 이윽고 종파로 발전한다. 이러한 체계화를 교상판석敎相判釋(교판敎判이라 약칭)이라 칭하며 중국 불교의 특징(의 하나)이 되는데, 이는 이 시대에 개시되어 다음의 독립 시대에 이르러 그 정점에 달한다.

이 연구 시대에는 또한 역경서를 정리하고 경록經錄(불교 경전의 목록 - 역자 주), 전기 등의 불교사 자료들이 작성되는 한편, 불교는 점차 민중화하여 한漢 민족의 습속과 융합하며 우란분회盂蘭盆會 등의 법회法會도 성행하게 된다. 때로 왕조 권력에 따른 폐불廢佛이 있었더라도 불교의 부흥은 빨랐으며, 나아가 운강雲崗의 석불, 용문龍門이나 돈황 등의 석굴 공사가 착수된다.

300년에 가까운 분열에서 수·당의 통일을 맞이하여 불교는 독립시대로 들어서며, 그 황금기가 구축되었다. 먼저 수나라의 3대 법사로 불리는 정영사淨影寺 혜원慧遠(523~592년), 천태대사天台大師 지의智顗(538~597년), 가상대사嘉祥大師 길장吉藏(549~623년)이 이 시기에 등장한다. 이들 3인 가운데 혜원은『대승의장大乘義章』을 저술하고 지론종地論宗의 토대를 마련하였다. 지의는『법화경』에 근거하는『중론中論』의 이론을 구사하여 천태종天台宗을 열었으며, 이른바 오시팔교五時八敎의 교판을 제시하고 지관止觀(정신 집중)에 힘쓰고 많은 제자의 육성에 노력한다. 길장은『중론』과『백론百論』과『십이문론十二門論』의 삼론에 의해 삼론종三論宗을 확립하는 이외에도 극히 다수의 경론에 대해 주석을 저술하였다.

수말에서 당초는 인도 불교에 보이는 후오백세後五百歲설을 이어받아 말법사상末法思想(중국 불교도에 의하면 552년에 말법이 도래. 589년에 수나라가 통일을 완수하기 조금 이전의 해)이 유행하며, 이에 부응하는 삼계교三階敎가 민중에 확산되자 그 과격함 때문에 머지않아 탄압을 받는데 정토교가 이를 흡수한다. 정토교는 담란曇鸞(476~542년), 도작道綽(562~645년), 선도善導(613~681년)라는 각별히 특필할 만한 고승에 의해 일념으로 아미타불에 귀의하는 교리와 그 명호를 암송하는 실천을 수립하였다.

17년에 이르는 인도, 곧 서역으로의 여행에서 645년에 귀국한 현장은 방대한 불전 등을 가져오는데, 그 번역은 믿기 어려울 정도의 양과 질에 이른다. 특히 아비다르마, 유식, 논리학因明 등은 가장 귀중하며, 나아가『대반야경大般若經』600권이나 인도 철학의 논서도 있다. 유식설은 그와 그 제자 자은대사慈恩大師 기基(632~682년, 규기窺基라고도 함)에 의해 법상종法相宗으로 결실을 맺는다.

이에 대해 현수대사賢首大師 법장法藏(643~712년)은『화엄경』의 번역에 참가하여 두순杜順(557~640년), 지엄智儼(602~668년)의 법등法燈을 계승하여 화엄종을 확고부동하게 하였다. 이는 사事와 리理, 하나와 일체를 포함해서 모든 것이 서로 상즉상입相卽相入한다고 하는 중중무진重重無盡의 연기설을 기본으로 한다.

또한 수나라 이전에 보리달마菩提達磨(달마達摩라고도 함, 보디다르마[Bodhidharma], 남인도 출신)가 전한 선禪은 그 계보의 제6대 혜능惠能(638~713년)과 동문인 신수神秀(605~706년)가 나와 선종禪宗으로서 출발한다.

이 시대 말에 밀교를 수용하여 선무외善無畏(슈바카라싱하[Śubhākarasiṃha], 637~735년), 금강지金剛智(바즈라보디[Vajrabodhi], 671~741년), 불공不空(아모가바즈라[Amoghavajra], 705~774년)이 인도에서 도래하고, 밀교 초기(『대일경大日經』, 『금강정경金剛頂經』을 포함)에서 중기에 걸친 경전들과 탄트라류를 한역함과 아울러 다라니陀羅尼, 만다라 등에 의한 가지加持 기도 이외의 독자적인 수법修法을 전하며 실천하였다. 참신한 이 진언眞言 밀교는 서서히 지대한 성과를 올려갔지만, 회창會昌의 파불破佛(845년)을 만나 종파의 형성에는 도달하지 못하였다.

실천 시대로 이행할 무렵은 이미 인도에서 불교가 쇠퇴로 향하고 중국으로의 새로운 도입도 없자, 중국 불교도의 활력도 감쇠되어 새로운 바람은 거의 보이지 않는다. 송(북송)은 화려하고 웅대한 당 문화의 정착에 열심이었으며,

불교의 여러 종파도 실천에 주력한다.

그런 가운데 정토와 선, 또한 민간 신앙에 습합習合한 진언 밀종이 보급되었다. 특히 선종은 중국의 풍토에 합치되는 고승이 배출되고 많은 어록語錄(『임제록臨濟錄』, 『벽암록碧巖錄』, 『종용록從容錄』, 『무문관無門關』 등)이 편집되어 선의 고전이 된다. 또한 선사禪寺는 '청규淸規'라 칭하는 자급자족의 생활 규정을 만들어 사원 내의 생산 노동(작무作務라고 함)을 수행으로서 받아들이는데, 이는 인도 불교와는 완전히 다른 새로운 직업 윤리를 도입한 것으로 뒤에 거사불교居士佛敎(재가불교)로 이어진다.

송대에는 불교의 모든 사본寫本을 대장경大藏經(일체경一切經이라고도 함)에 편집하여 정리하였을 뿐만 아니라 판목版木에 새겨서 (개판開板이라 함) 종이에 인쇄하는 대사업이 거행되어 많은 간본刊本이 처음으로 발행되었다.

계승 시대는 이전 시대보다 선이 유행하고 정토, 천태, 진언, 율종이 널리 퍼져 결사結社가 만들어진다. 몽골계의 원나라는 한민족의 여러 문화와 대응하기 위해 티베트 불교와 친하고, 밀교의 사원과 승려가 활약한다.

명대에는 국가 통제가 엄격하며 불교에도 중앙집권적

인 규제가 진행되어 불교의 세력은 본래 현세주의적인 중국인 사회에 매몰되어버린다. 유·불·도의 3교 융합 속에서 불교의 활기는 대부분 상실된 채로 청나라, 국민 정부, 나아가 현재의 사회주의 체제 아래에서 불교는 쇠퇴의 길을 밟는다. 다만 대만 불교는 여전히 성행한다고 보인다.

2. 한국 불교

한반도의 불교는 해동 불교海東佛敎라고도 칭하는데, 전반적으로 호국 불교의 전통이 단단하며 교리 면에서는 종합적인 색채가 짙다. 한역 대장경에 근거를 두면서 걸출한 학승과 고승도 적지 않지만, 사원의 가람伽藍 등에는 도교나 민간 신앙의 흔적도 엿볼 수 있다.

한반도의 불교 전래는 4세기 이후라고 하는데, 당시의 3국마다 다르다.

즉 공인된 전승은 북의 고구려에는 372년, 남서의 백제에는 384년, 또한 남동의 신라에는 5세기 전반에 육로 또는 해로를 거쳐 불교가 전래됐다고 기록돼 있다. 그러나 이미 그 이전에 불교는 중국 문화(의 일부)로서 민간에 전래되어 있었다. 삼국은 각기 불교를 환영하여 사원의 건립이나 유학승의 파견에도 힘쓰며, 특히 신라 법흥왕法興王(514~540년 재위)의 불교 홍융과 원광圓光, 자장慈藏 등 당나라에서 배운 학승들의 활약, 백제의 성왕聖王(523~554년 재위)이 일본에 불상과 경권經卷을 보낸(538년, 또는 552년) 일 등이 주목할 만하다.

신라에 의한 삼국 통일(676년) 이후 불교는 국교가 되어 눈부시게 번성한다. 7세기에는 법상종의 원측圓測(613~696년), 불교의 거의 전체에 통달했던 원효元曉(617~686년), 화엄종의 의상義湘(625~702년)이라는 3인의 학승이 학문에도 실천에도 각별히 탁월하여 전성기 성당盛唐의 불교를 능가할 만한 업적을 올렸다. 앞의 법상과 화엄 이외에 열반종涅槃宗, 율종律宗 등이 행해졌고 이어 밀교가 더하며 또한 아미타, 관음, 미륵 신앙도 번성한다. 각지에 사원이 건립되었는데 그중에서도 경주 불국사나 석불사石佛寺 등이 잘 알려져 있으며, 뛰어난 금동불상도 다수 제작되었다.

8세기에는 선禪이 전해지며, 9세기에 도의道義(784년 입당, 821년 귀국)가 남송의 선을 배워 귀국한 이후 선이 유행하여 신라 불교의 주류가 되었다.

고려는 918~1392년의 약 470년간 반도를 통일·지배하였다. 초대 태조太祖(877~943년, 918~943년 재위)는 불교를 후원하는 동시에 도교道敎의 비법을 섞은 세속적인 불교를 신봉하였기 때문에, 이것이 유행하여 후대에도 영향을 주었으며 현재에도 잔존한다고 이야기된다. 후에 승려의 계위階位 제도가 설정되었으며, 또한 사원 외에 다수의 도량道場이 개설되어 법회가 더욱 번성하게 된다. 10세기에는 천태종의 제관諦觀(?~970년)과 화엄종의 균여均如(923~973년)가 활약한다.

11~12세기 초가 고려 불교의 전성기라고 하며 선, 화엄, 천태, 법상, 정토 등의 여러 종파나 밀교의 융성도 본다. 그중에서도 송나라에 갔던 의천義天(1055~1101년)은 천태를 가져와서 『신편제종교장목록新編諸宗敎藏目錄』이라는 경전 목록을 만들며, 화엄 등에도 밝다. 12세기 중반 이후에 지눌知訥(1158~1210년)은 선을 부흥시켜 조계종曹溪宗을 창시하였다. 한편 정토교나 밀교에 의한 기복 불교祈福佛敎도 유행하였다.

또한 고려대장경 개판이라는 대사업을 특필할 만하다. 그 초조판初彫板(1010~1031년 재위했던 현종顯宗이 30년을 필요로 하였다)은 원의 침략으로 불타버렸지만, 한층 완비된 재조판 再雕板(1214~1259년 재위한 고종高宗에 의함)이 만들어져 8만 여 장의 목판은 현재까지 전해지며, 최고의 학술적 가치를 지녀 전체 한역 불전의 보고寶庫가 된다.

1392년에 이씨 왕조가 반도를 통일하여 국호를 조선이라 하였는데, 50년 뒤에는 한글(언문諺文)이 만들어졌다. 약 500년에 이르는 조선 왕조는 주자학의 유교를 국교로 삼고 때로 폐불廢佛을 반복했기 때문에 불교는 쇠퇴한다. 그러나 민간에서는 여전히 선종禪宗과 교종敎宗 두 종파가 전해지며, 선종의 휴정休靜(서산대사西山大師, 1520~1604년) 등의 활약도 빛난다.

현재의 한국에서는 이미 대처승帶妻僧은 추방되었고 선계통의 조계종이 엄격한 계율 아래 출가 생활을 지키면서 불교의 활력은 증강되고 있다. 이 조계종을 필두로 신종교인 원불교圓佛敎도 더하여 18개의 종파가 있으며, 승려가 약 1만, 신도는 500만여 명이라고 한다.

3. 일본 불교

중국과 한국의 불교는 그들의 여러 문화와 함께 상당히 오래전부터 일본에 전해졌는데, 애초에는 도래인渡來人 사이에서, 이윽고 점차 일반의 민간인에서도 신봉되었다. 공식적인 불교 전래는 긴메이천왕欽明天皇 시대(538 또는 552년)라고 하며, 이후 소가씨蘇我氏(백제계라는 설이 유력함)의 숭불崇佛과 모노노베씨物部氏, 나카토미씨中臣氏의 배불排佛 사이의 다툼은 쇼토쿠태자聖德太子(574~622년, 573년부터 섭정)에 의해 불교의 수용과 그 보급이 확정되었다.

중앙 집권을 지향한 태자는 일본 최초의 성문법(내용은 도덕 규범)인 「17조 헌법憲法」을 제정하는데, 이 속에 불교사상(화和, 독실하게 삼보를 공경한다 등)을 활용하여 『법화경』, 『유마경』과 『승만경』의 3경에 의소義疏(주석)를 썼으며 또한 '세간허가유불시진世間虛假唯佛是眞'이란 말도 유명하다(「17조 헌법」과 『유마경의소維摩經義疏』에는 진짜 저술인지에 대한 이설도 있다). 앞에서 서술하였듯이 『법화경』의 일승사상一乘思想의 종합통일성과 『유마경』과 『승만경』 두 경의 재가불교적인 성격은 이후 일본 불교의 기조를 형성한다.

태자는 4회에 걸쳐 수隋 나라에 사신을 보내어 적극적

으로 대륙 문화의 흡수에 힘썼으며, 시텐노지四天王寺를 건립하여 병자나 빈민을 구제하는데, 이에 버금가는 호류지法隆寺와 절 내부 불상 등의 예술 작품은 이른바 아스카飛鳥, 이카루가斑鳩, 하쿠호白鳳의 아름다움을 창출했다. 한편 같은 시대에 소가노 우마코蘇我馬子(?~626년)가 호코지法興寺(아스카데라飛鳥寺. 후대의 간고지元興寺)를 창건하여 일본 최고의 가람이라고 하지만 태자는 소가蘇我 씨와 거리를 두었다고 전해진다. 8세기에 발생한 태자 신앙은 다소의 기복을 거치면서 현재에 이른다.

　다이카개신大化改新(645년)을 사이에 두고 천황의 사원 건립이 본격화하자 불교 수용은 씨족으로부터 궁전으로 이동하여 말하자면 위로부터의 국가 불교의 성격이 율령 체제의 확대와 함께 강화되며, 불교와 정치의 일종의 밀착은 이후 일본 불교에 계속 흐르고 있다. 이는 남도南都(나라奈良) 불교가 정점에 달하고, 쇼무천황聖武天皇(701~756년, 재위 724~749년)에 의한 전국적인 규모의 고쿠분지國分寺(741년 불교에 의한 국가 진호鎭護를 위해 당시 일본의 각 국에 건립하도록 명한 사원. 승사僧寺와 니사尼寺로 나뉨-역자 주), 도다이지東大寺(나라에 있는 일본 화엄종의 본산. 남도 7대사의 하나-역자 주) 대불大佛의 조성에 의해 상징된다.

　나라奈良 시대(나라에 수도가 있던 시기, 710~794년)는 또한 대륙에서 중국 불교의 독립 시대, 황금기에 해당하며 그 종파들의 전래에 의해 아래의 남도육종南都六宗이 성립한다.

　(1) 삼론종은 당나라에 가서 창립자 길장吉藏(549~623년)에게 삼론을 배운 고구려 승려 혜관慧觀(생몰 미상)이 쇼토쿠태자 시대에 일본으로 건너와 전하는데, 간고지元興寺에서 강의하며 우수한 제자를 통하여 대승불교의 기초학문을 넓혔다. (2) 성실종成實宗은 백제의 도장道藏(생몰미상. 684년 방일)이 전했으며, 이후 삼론종의 부속 종파가 된다.

　(3) 법상종法相宗은 입당한 도쇼道昭(629~700년)가 처음 전한 이후 겐보玄昉(?~746년)까지 이르는 유학승이나 신라승이 네 차례에 걸쳐 수입하였다. 후지와라씨藤原氏의 우지데라氏寺(특정한 씨족 가문이 귀의하여 기원하거나 위패를 모시는 사원-역자 주)인 고후쿠지興福寺를 비롯해 호류지法隆寺와 야쿠시지藥師寺(나라에 있는 법상종의 본산 -역자 주) 등에서 번영하며, 그 전통은 오늘날에 이른다. 그 부속 종파인 (4) 구사종俱舍宗과 함께 유식과 『구사론俱舍論』에 근거하는 치밀하고 견고한 불교학을 구축한다.

(5) 율종은 당나라 화엄종의 도선道璿(702~760년)이 사분율종四分律宗을 전하고, 이후 감진鑑眞(687~763년)의 고난에 가득찬 방일訪日 덕분에 계단戒壇이 성립하여 정식으로 수계 의식의 완성을 이룬다. 감진은 도다이지를 거쳐 계율의 근본 도량인 도쇼다이지唐招提寺를 열었다.

(6) 화엄종은 도선 이후 화엄을 법장法藏(643~712년)에게서 배운 신라의 심상審祥(?~742년)이 일본에 도래하여 가르쳤으며, 그의 제자인 로벤良辨(689~774년)이 확립하였다. 고쿠분지(승사와 니사)와 도다이지를 건립할 때 로벤의 활약이 있었다. 화엄학은 대승불교의 커다란 봉우리에 해당하는 것으로 일본 사상의 형성에도 영향을 끼쳤다고 평가할 수 있다.

이상의 육종六宗은 학문적 색채가 농후하며, 또한 개인이 여러 종파를 겸하여 배우고 하나의 절寺이 여러 종파를 겸한 사례가 많다.

남도 불교는 국가의 통제 아래에 있어서 득도得度하는 승려의 수도 엄격히 제한되었다. 이를 깨뜨리는 사도승私度僧(관의 허가가 없이 승려가 된 자-역자 주)은 금지되었지만 오히려 민중은 사도승을 환영하였고, 그 대표에 교키行基(668~

749년)가 있는데, 사도승의 활동은 설화문학(『일본영이기日本靈異記』등)에 보인다.

헤이안平安(794~1185년) 불교는 사이초와 구카이에 의해서 일신된다.

사이초最澄(767~822년)는 생애를 구도求道에 바쳤다. 일찍이 당시에는 인적이 드물었던 히에이산比叡山에 머물며 천태를 배웠으며, 이윽고 수도를 교토京都(헤이안쿄平安京)로 천도한 간무천황桓武天皇(737~806년, 재위 781~806년)의 친임관親任官이 되었고 이후 칙허勅許에 의해 당나라에 들어가 천태를 깊이 연구한 이외에 선禪, 밀密, 계戒도 배운다. 귀국한 뒤에는 자신이 승계한 앞의 4종을 합일하는 천태법화종天台法華宗을 히에이산에 창립하였다. 이 종합은 『법화경法華經』의 일승사상一乘思想에 이어지며, 중국 천태와는 다른 일본 불교의 하나의 특징을 보여준다. 그러나 천태일승설은 남도 불교와 충돌하며, 법상종의 도쿠이쓰德一(?~843년)와의 논쟁이 격렬하다.

사이초는 새로운 대승계단大乘戒壇을 산 위에 설치하고 '산가학생식山家學生式'을 제정하였다. 이것 역시 남도의 계단으로부터 공격받는다. 대승계단은 사이초의 입멸 7일째에 공인을 받는데, 이후 이른바 원돈계圓頓戒에 근거하는 출가가 연이어 불교승은 거의 모두가 히에이산에서 수학하고, 가마쿠라鎌倉 신불교新佛敎를 비롯해 오랫동안 일본 불교(특히 본각사상本覺思想, 상행삼매常行三昧, 선정禪定, 제반 의례儀禮 등)의 모태가 된다. 한편 히에이산은 엔닌円仁 이외의 후계자에 의해 전면적으로 밀교 색이 강화되어 이른바 태밀台密의 본거지도 된다.

구카이空海(774~835년)는 사이초와 함께 개인적으로 당으로 건너간 이후 장안長安에 오래 머물면서 불공不空의 제자 혜과惠果(746~805년)를 따라 때마침 중국에서 전개를 시작한 진언밀교眞言密敎를 배운 뒤 다수의 경전과 불구佛具 등을 지니고 귀국한다. 이윽고 사가천황嵯峨天皇(786~842년, 재위 809~823년)에게 중용되어 고야산高野山에 곤고부지金剛峯寺, 교토에 도지東寺를 세워 진언종眞言宗(동밀東密)을 열었으며 진호국가鎭護國家의 근본 도량으로 삼았다. 구카이가 새롭게 전한 가지기도加持祈禱는 사람들에게 받아들여졌으며, 또한 남도 불교 특히 화엄종과도 협조한다.

구카이는 젊은 시절『삼교지귀三敎指歸』를 써서 유·불·도 3교를 비교하고, 귀국 후에『십주심론十住心論』이외의 명저를 저술하여 즉신성불卽身成佛의 교의를 확립했다. 또한 여러 나라를 순례하며 민중의 교화나 많은 사회사업을 완수했다. 이 밖에 서예나 문예 등 넓은 의미의 예술에 뛰어나 다채로운 문화 활동에 종사하고, 종예종지원綜藝種智院을 창립해서 일반 자제를 교육하는 등 그 활약은 참으로 광범위하다.

한편 진언종에는 헤이안 말기 가쿠반覺鑁(1095~1143년)에 의해 신의진언종新義眞言宗이, 이후에 치산智山파와 부잔豐山파의 두 파가 생겨난다.

헤이안 불교는 귀족의 귀의와 보호 아래 사원의 조성, 이에 부수되는 불상 등의 제작, 기도, 법회가 번성하고, 또한『겐지이야기源氏物語』를 비롯한 왕조문학王朝文學과의 관계도 깊어 귀족 불교로 불린다. 사원에 부속된 장원莊園의 수호를 위해 길렀던 승병僧兵이 비대해지는 일도 있었다.

헤이안 중기 이후에는 천재와 전란 등의 사회적 불안과 더불어 말법사상末法思想(1052년에 말법이 도래한다고 함)이 겹치어 아미타 신앙이 유행하고, 염불에 의한 정토왕생에 대한 희구는 시성市聖이라고 불렸던 구야空也(903~972년),『왕

생요집往生要集』을 저술한 겐신源信(942~1017년), 화엄사상
과 결부된 융통염불종融通念佛宗의 개조인 료닌良忍(1072~
1132년) 등에 의해서 가속된다.

가마쿠라鎌倉(1185~1333년) 불교에서 민중 불교가 발족하
여, 최초 전래 이래 약 600여 년을 거쳐 일본 불교의 탄생
을 본다.

그 신불교新佛敎의 개척자가 된 호넨法然(1133~1212년, 겐
구源空)은 그때까지의 정토신앙에서 순수한 정토종淨土宗을
창립하였다. 호넨은 중국 선도善導의『관경소觀經疏』에 의
거해 일심으로 단지 아미타불의 명호를 염송하는 것만(일
향전수一向專修의 염불)을 철저히 행하며,『선택본원염불집選擇
本願念佛集』을 저술하였다. 이 구칭염불口稱念佛은 일단은
기성 불교의 탄압을 받았지만, 그 세력은 귀족의 일부에서
나아가 재가 민중 사이에 더욱더 타오른다.

호넨이 입적한 뒤 정토종은 문하門下에 이견이 발생하
여 여러 분파로 나뉘며, 이후 그 하나의 파에서 잇펜一遍
(1239~1289년)의 시종時宗이 나와 전국을 유행하며 아미타
불과의 일체화를 강조하는데, 이에 환희하는 춤(염불춤)이
확산한다.

신란親鸞(1173~1262년)은 수학한 지 20년 만에 히에이산을 내려와 호넨에게 경도되어, 아미타불에 대한 신심을 극한까지 철저하게 일관한다(信心爲本). 에치고越後로 유배된 이후 간토關東로 나와 여기에서 오랫동안 머물며 농민이나 하급 무사 등에게 포교하고, 동시에『교행신증教行信證』을 완성하여 정토진종淨土眞宗에 기초를 부여하였다.

신란은 이미 대처帶妻와 비승비속非僧非俗을 선언하고 고난에 허덕이는 민중과 함께 동료와 친구의 길을 걸으며 칭명稱名을 꿰뚫고 나가는데, 미타의 보은報恩은 절대 타력의 믿음(信)으로 결실을 맺는다. 신란 어록의 일부가 되는『탄이초歎異抄』는 죄악이 심중하고 번뇌가 치성熾盛한 중생에게 악인정기惡人正機(선인조차 이로써 왕생을 이루는데, 하물며 악인이랴) 이외를 설하는데, 단편적이지만 그의 사상은 격렬하고 예리하다.

이 무렵 남도에는 법상종의 조케이貞慶(1155~1213년), 화엄종의 고벤묘에高辨明惠(1173~1232년)가 염불의 유행에 대항하여 엄격한 도심道心에 근거하는 수행과 지계를 역설하며 실천하였다.

선종은 가마쿠라 불교에 새로운 기축을 그었다. 선禪은

이미 나라 시대 이래 종종 전래되어 사이초도 배우고는 있지만, 선종의 확립은 에이사이榮西(1141~1215년)로부터 시작된다. 에이사이는 두 번이나 송나라에 들어가 임제선臨濟禪을 익히고 중국 선의 여러 문화를 가져오는 동시에 『흥선호국론興禪護國論』을 저술하여 가마쿠라와 교토를 왕복하며 막부의 후원 아래 선을 확산하였다. 이윽고 그 임제선은 무사에게 환영받았으며, 점차 문인에게도 침투하여 마침내 선사禪寺와 그 기풍, 오산문학五山文學(가마쿠라와 교토의 대표적 선종 사원 각 다섯 곳인 오산五山을 중심으로 성행한 선승에 의한 한시문漢詩文의 총칭-역자 주), 다도茶道, 기타의 일본 독자적인 선문화로 개화한다.

도겐道元(1200~1253년)은 일체의 타협을 배제한 순수한 선禪을 결정結晶시켰다. 약 4년간 송나라에 들어가 불법을 추구하던 끝에 천동여정天童如淨(1163~1228년)을 방문해 수학修學을 완성하고, 귀국한 이후 『보권좌선의普勸坐禪儀』를 저술하여 좌선의 진의를 선양하였다. 교토의 후카쿠사深草와 우지宇治에 약 10년, 에치젠越前(후쿠이福井)의 에이헤이지永平寺에 약 10년간 머물며 엄격한 실천을 쉬지 않고 행하면서 행주좌와行住坐臥의 모든 것이 좌선으로 이어지는 지관타좌只管打坐를 가르치고, 일본 문자로『정법안장正法眼藏』의 명저를 썼다.

도겐선道元禪은 조동종曹洞宗이라 불리며, 수제자 에조懷奘(1198~1280년)가 쓴『정법안장수문기正法眼藏隨聞記』는 널리 읽혀진다. 뒤에 게이잔 조킨瑩山紹瑾(1268~1325년)은『전광록傳光錄』을 저술하는 외에도 소지지總持寺 등 많은 절을 열어 민중에게 포교를 해간다. 한편 가마쿠라 시대에는 송宋이 원元에게 쫓겨나 남방으로 이전했기 때문에 중국 선禪의 고승이 잇따라 일본으로 건너와 선사禪寺는 물론이고 일반의 일상생활 양식에도 커다란 영향을 끼쳤다.

가마쿠라 신불교의 대미는 니치렌日蓮(1222~1282년)의 법화종(일련종日蓮宗)이 장식한다.

니치렌은 앞에서 서술한 여타의 종조宗祖와는 달리 간토(지바千葉의 소토보外房) 출신으로 처음으로 진언 밀교를 이어서 히에이산에서 천태를 배우는 동안 말법을 알아차리면서『법화경法華經』하나만을 선택하여 고향에 돌아가 종파 설립을 선언하고 즉각 포교에 들어간다. 기성 불교 외에 앞의 새로운 종파들이 확산되는 가운데 니치렌은 그들을 격렬하게 공격하며, 또한 그의 저서『입정안국론立正安

國論』은 원구元寇를 예견하여 이른바 민족주의적인 정치색을 띠고 있다. 그 주장도 실천도 첨예하였기 때문에 이즈伊豆로, 사도佐渡로 유배되는 법난法難을 입었지만, 만년에는 온화하게 바뀌며 가이甲斐(야마나시山梨) 미노부산身延山의 초암草庵에 머물다가 에도江戸의 이케가미池上에서 입적하였다.

니치렌이 제시한 실천은 피안이 아니라 현세에서의 구제를 '나무묘법연화경南無妙法蓮華經'이라는 경의 제목을 외우는 것에 의탁한다는 완전히 독자적인 간결성 등에 의해 민중에게 받아들여지고, 간토 일원에서 이윽고 교토京都로 보급되어 자치민(町衆)을 고무한다. 한편 종 내부에서는 종종 논쟁이 격렬했으며, 몇 개인가의 분파를 낳고서 현재에 이른다.

이상의 가마쿠라 신불교를 통하여 공통된 항목을 다음과 같이 지적할 수 있다. 첫째, 하나의 경 또는 부처를 선택하여 다른 것을 엄격히 배격한다. 둘째, 종합적인 것이 아니라 오직 하나로 응축. 셋째, 차별이 없는 철저한 민중 종교. 넷째, 일상생활에서 이행易行 즉 타력 수행에 의해 신봉된다. 다섯째, 큰 절이 아니라 작은 암자(草庵)에서 출발. 여섯째, 선禪을 제외하고 중국 대륙으로부터 부처의 진리를 구하는 것과는 관계가 없다.

한편 같은 시대에 계율을 부흥시킨 에이손叡尊(1201~1290년, 흥정보살興正菩薩)과 닌쇼오忍性(1217~1303년, 良觀)는 전국에 극히 대규모의 자선 구제 활동을 진행하여 정말로 특필할 만하다.

무로마치室町 이후 가마쿠라 신불교의 각 종파는 단시일에 전국적인 규모로 확산되어 민중에 뿌리내리며 때로 잇키一揆(무사나 백성 등의 동지적 집단 또는 그들의 집단 행동, 특히 폭동 - 역자 주)도 낳는다. 렌뇨蓮如(1415~1499년) 등의 활약도 두드러진다. 그러나 오다 노부나가織田信長(1534~1582년), 도요토미 히데요시豊臣秀吉(1537~1598년)의 천하 통일과 함께 불교의 여러 종파는 세속의 무력과 권력에 완전히 굴복되며, 에도江戸 초기에는 당시 최대인 혼간지本願寺도 동서로 양분된다. 나아가 가톨릭교 금제禁制에 수반하는 인별종문개人別宗門改(에도 시대의 인구조사인 인별개와 소속 종파의 조사인 종문개가 통합되어 정기적으로 시행된 제도-역자 주)와 사청증문寺請證文(기독교나 금제종파의 신자가 아님을 개인이 소속 사원으로부터 증명받는 문서-역자 주) 등을 통해 막부가 정한 엄격한 사단寺檀 정

책으로 개인은 자유로운 믿음을 빼앗기고 전부 단나사檀
那寺(개인이 귀의해 소속된 사원-역자 주)에 소속되며, 집안의 종
문宗門이 우선하는 동시에 각 종파 내부도 본사本寺와 말
사末寺로 묶이게 된다.

막부에서 행하였던 몇 종류인가의 불교 보호책은 다름
이 아니라 막번체제幕藩體制, 곧 봉건제 강화 유지의 겉치
레였지만, 그런 가운데에도 수많은 고승이나 학승이 등장
하여 종학宗學을 확립하는 한편, 각지의 데라코야寺子屋(서
민 자제를 위한 사설 초등 교육기관-역자 주)는 광범위한 기초 교육
기관으로서 기능하였다.

메이지 시대에 들어서면 신불분리神佛分離(신도와 불교의
구별을 명확히 하는 종교정책-역자 주)로부터 폐불훼석廢佛毀釋(신
도국교화 정책에 의해 일어난, 불교를 배척하며 사원, 불상, 불구 등을 파
괴하는 운동-역자 주)의 폭풍이 거칠게 불어, 그때까지 오랫동
안 무기력했던 불교는 소수의 예외를 제외하고는 일종의
습속처럼 전해진다. 메이지 시대 이래의 대다수 일본인은
서구의 새로운 문화에 광분하며 유행을 따라가기를 마지
않았다. 그러나 불교도 가운데는 전통의 유지만이 아니라
이를 뛰어넘는 더욱 강력한 갖가지 활동들을 다양한 영역

에서 행하고, 민중도 먼 기억에서 불교를 상기하여 산발적인 불교 붐을 일으킨다.

일반적으로 불교는 말하자면 절실한 긴박감과 무관심 사이를 방황하며 현재에 이른다. 그리고 앞서의 세계대전 이후에 점차 불교는 평화에 철저하며, 개인의 안심과 세계 사상에 대한 공헌을 시행착오를 겪으면서 추구하고 있노라고 평가받을 수 있다.

이제까지 논하여왔듯이 일본 불교는 거의 전부가 여러 종파에 의한 종파 불교로 시종하였으며, 대승불교에 근거하면서 형식적인 승과 속의 구별이라는 저류에서조차 재가 불교의 색채가 현저하게 짙다. 또한 그 대승 문화는 일본인의 일상생활에 깊게 연관되어 인생관이나 사상을 육성하고 회화, 조각, 음악, 예능, 문학, 건축, 정원 등의 예술이나 문화와 밀접히 연결된다.

4. 티베트 불교

티베트 전 영토를 통일한 송쩬감포[t. Srong-btsan sgam-po], 송찬간포松贊幹布, 581~649년, 일본의 쇼토쿠태자와 거의 동시대)

왕은 처음으로 불교를 인도와 중국(당唐)에서 수입했으며, 또한 티베트 문자를 제정했다. 그 뒤에 치송데짼[t. Khri-srong lde-btsan], 742~797년) 왕은 후기 대승과 밀교에 정통한 3인의 인도 고승, 즉 샨타라크쉬타[Śāntarakṣita](적호寂護)와 파드마삼바바[Padmasaṃbhava](연화생蓮華生), 카말라쉴라[Ka-malaśīla](연화계蓮華戒)를 새로 신축한 삼예[t. bSam-yas], (상야사桑耶寺) 사원에 개별로 맞이하였다. 이 사원에서 카말라쉴라와 중국 승려인 마하연摩訶衍의 불법 논쟁이 있었는데, 전자의 승리 이후 티베트 불교는 모두 인도 불교에 근거한다. 이리하여 산스크리트어 불전에서 티베트어로 번역이 진행되고 목록도 만들어진다.

약 100년의 폐불기廢佛期를 거쳐 11세기 전반에 티베트에 도래한 밀교승 아티샤[Atīśa](982~1054년)는 불교를 재건하고, 열심히 계율 부흥에 힘쓰는 티베트 승려들도 나와서 불교가 번영을 이루었다. 때로 이완이 있었지만 곧 개혁파가 등장하고, 13세기 후반에는 '티베트 대장경'도 성립한다. 그 전후에 원元의 지배를 받지만, 티베트 승려이자 학자인 파스파['Phags-pa], (팔사파八思巴, 1235~1280년)가 제왕의 스승으로 영입되어 몽골에 티베트 불교의 보급을 촉진한다.

14세기 중반 이후 티베트 최대의 고승 총카파[Tsong kha pa], (종객파宗喀巴, 1357~1419년)는 엄격한 계율 준수를 통해 근본적인 개혁을 완수하며, 현재까지 그가 창설한 거루파[t. dGe-lugs-pa], (속칭으로 황모파黃帽派라고도 함)가 계속된다. 그는 현밀顯密의 두 교파에 밝았으며, 특히 중관파(프라상기카파)의 해석을 다시금 철저하게 만든 『보리도차제론菩提道次第論』, (람림[t. Lam-rim]) 등의 명저가 있으며, 밀교의 순화도 달성하였다.

이 이후 '달라이라마'라고 부르는 법왕法王이 계승한다. 18세기의 달라이라마 5세 이후는 전 티베트의 통일 군주가 되어 종교, 정치, 문화 전부를 통솔하며 현재의 14세에 이른다. 한편 그 계승은 전생轉生이라고 하는 독자적인 방법에 의거한다. 또한 이 달라이라마 5세는 다른 대사원의 고승에게 '판첸라마[Pan chen bla ma], (반선라마班禪喇嘛)'의 칭호를 부여하였다. 근세에서 현대까지는 영국, 러시아 그리고 최근은 중국에 의해 다대한 압박을 받는다고는 해도, 티베트 불교의 뿌리 깊은 저력은 여전히 쇠퇴하지 않는다.

일찍이 티베트는 당을 공략했던 한 시기도 있고, 토번吐

藩이라 칭해졌다. 티베트 불교는 몽골과 구 소비에트연방의 일부 등에도 착실하게 계속 살아가고 있다.

'티베트(서장西藏) 대장경'은 칸규르[t. bKaḥ-ḥgyur], (감수이 甘殊爾, 불설부佛說部 즉 경과 율과 탄트라)와 텐규르[t. bsTan-ḥgyur], (단수이丹殊爾, 논소부論疏部 즉 주석의 논서)로 구성되는데, 특히 산스크리트 원전이 소실된 대승불교와 밀교의 여러 텍스트를 규칙대로 번역하여 전하며, 그 양은 한역 대장경을 능가한다. 그것은 불교 연구에서 불가결한 귀중한 보고로서 세계 각지의 연구자에게 활용된다.

덧붙여 말하면 '라마[t. bla-ma]'는 최고의 스승을 의미하는 것으로, '라마교'라는 명칭을 티베트 불교도는 사용하지 않으며 이교도만이 사용하고 있다.

마치면서

이 책은 프롤로그는 있지만 에필로그는 없다. 불교는 일관하여 무상을 설하는데, 자신의 무상도 충분히 분별하며, 그 내부는 다양하게 생멸·변화하면서도 일본을 포함한 아시아의 각지에서 마음과 영혼의 원점으로서, 또는 고향(heimat)(의 하나)으로서 역사적으로만이 아니라 실제로 지금 살아 있으며, 생명이 있는 것이 생명이 있는 한 계속해서 살아갈 것이기 때문이다.

더구나 단순한 계속이 아니라 불교사상들의 무엇인가(복수)가 강인한 사색과 활력과 표현을 얻어서 세계 사상 또는 보편 사상의 일익으로서 비상하고, 혹은 한층 충실하고 심화하여 큰 결실을 이루기를 사상 연구자의 한 사람으로서 나 개인은 간절히 염원하고 희구하고 있기에 사적인 해석이나 비교나 비판이나 평가 등도 이 책의 도처에 기술하고 논의하였다.

역자 후기

불교란 무엇일까? 결코 쉽지 않은 질문이다. 이에 대답하려는 시도를 흔히 장님이 코끼리를 만지는 일로 비유한다. 먼저 불교가 기원전 5세기 무렵 고타마 싯닷타가 부처가 된 이후 그 깨달음을 설교한 것에서 시작하는 장구한 역사를 지니고 있기 때문이다. 다음으로 이후에 그의 가르침이 인도에서는 부파불교, 대승불교, 밀교 등으로 다양하게 전개되었으며, 아시아 각지로 전파되는 과정에서도 남전불교와 북전불교로 양분되었기 때문이다. '팔만대장경'이라는 말은 이를 상징하는 표현이라고 할 수도 있다. 요컨대 불교의 정의가 어느 곳, 어느 때, 누구에 따라 다양하게 나타날 수 있음을 장님과 코끼리의 우화는 보여준다.

사이구사 미쓰요시三枝充悳의 『불교 입문』은 이 어려운 도전에 대한 세계적인 불교학자의 응답이다. 이 책은 작은 분량이지만 불교 이해의 핵심적인 문제들에 대해 학술적 연구를 토대로 쉽고도 충실하게 서술하고 있다. 주요한 불교 용어를 문헌적 근거 위에서 명확하게 분석하며, 나아가 불교 전체를 시대별, 지역별, 주제별로 체계적이고 종합적으로 서술하는 명저이다.

저자는 1923년 4월 18일 시즈오카靜岡시에서 태어났다. 부친은 해군 군의관을 지낸 의사이다. 흥미롭게도 청소년 시절에는 교회를 다녔다. 제1고등학교 재학 중 학도병으로 출진하였으며, 패전 이후 도쿄대학 문학부 철학과에 진학하였다. 재학 중 「중론강독」 수업을 계기로 "불교 사상을 서양철학에서 배운 방법론과 술어를 사용해 해명"하고자 결심한다. 졸업하고 구제대학원을 수료한 뒤 도쿄대학 조수로 근무하였다. 훔볼트 장학생으로 뮌헨대학에 유학해 3년 만인 1962년 철학박사 학위를 받는다. 귀국한 후 고쿠가쿠인國學院대학 조교수로 근무하며 1971년 니혼日本대학에서 '비교사상'으로 다시 박사 학위를 받는다. 이어 1975년 개교 초기의 쓰쿠바筑波대학에 부임하여 '비교사상' 강좌를 개설한다. 1987년 퇴임 이후 니혼대학으로 전직하였다. 아울러 나카무라 하지메中村元가 설립한 동방학연구원 부설 동방학원에서 '비교사상' 강의를 하며 원장으로도 재직하였다. 2010년 10월 19일 폐렴으로 도쿄에서 향년 87세로 사망하였다.

저자의 주요한 업적은 8권의『사이구사 미쓰요시 저작집』(호조칸法藏館, 2004~2005년)으로 정리되었다. 저작집은 1.『불교개설』, 2.『초기 불교의 사상』, 3.『바웃다』, 4.『연기緣起의 사상, 5.『용수龍樹』, 6.『불교의 종교관·인간관』, 7.『비교사상론 I』, 8.『비교사상론 II』로 이뤄져 있다. 여기엔 그의 대표적 저서 13점과 단행본 미수록 논문 10여 점을 수록했는데, 이 책『불교 입문』은 제1권에『인도 불교 사상사』,『인도 사상』,『불교사상』과 함께 포함되어 있다. 제8권의 「저작 목록」에 의하면, 그의 업적은 저서와 역서 56점, 공저를 포함한 편저서 32점, 논문 521점, 신문과 잡지에 게재된 에세이 등 449점이라는 방대한 분량이다.

그의 연구 영역은 크게 세 분야로 나눌 수 있다. 첫째, 초기 불교에 관한 연구이다. 광범위한 자료를 구사한 대표작『초기 불교의 사상』(1978년/1995년)은 연기緣起, 무상無常, 무아無我 등 불교의 가장 중요한 근본적 교의에 대한 분석과 통찰을 통해 학계에 크게 공헌하였다. 둘째, 대승불교 중관 사상 특히『중론』중심의 용수 철학 연구이다.

학부 졸업논문이 「중론의 연구」이며, 뮌헨대학의 박사 논문은 『대지도론연구』이다. 필생의 과제인 용수 연구의 성과는 논문을 비롯해 대중적 저술, 나아가 『중론』 원문의 결정본인 『중론게송 총람中論偈頌總覽』(1985년)을 남기고 있다. 셋째, 비교사상의 연구이다. 일본 학위 논문 『동양사상과 서양사상 비교사상 서론』에서 보이듯 그는 불교를 세계적 시야에서 파악하고, 나아가 동서철학의 융합을 모색하였다. 그에게 비교사상이란 "고금동서의 철학과 사상을 조망하고 종횡으로 대비·분석함으로써 지知의 본질을 해명하고 자기의 생존 방식을 묻는 학문"이다. 칸트 『자연지리학』의 번역으로 1966년 제2회 번역출판문화상을 수상한 일도 흥미롭다.

국내에 소개된 사이구사 미쓰요시의 저서를 출간 순으로 살펴보면 다음과 같다. 기시다 슈岸田秀와의 공저 『불교와 정신분석』(하나의학사, 1989년), 나카무라 하지메와의 공저 『바웃드하 불교』(김영사, 1990년), 『세친의 삶과 사상 : 명쾌하게 정리한 유식사상의 요점』(불교시대사, 1993년), 『불교철학 입문』(경서원, 1997년)이다. 또한 그가 주편한 『강좌 불교사상』(전 7권)의 일부가 '불교학 세미나' 시리즈로 소개되었다. 그 시리즈는 1. 『존재론·시간론』(불교시대사, 1995년), 2. 『인식론·논리학』(불교시대사, 1996년), 3. 『인간론·심리학』(불교시대사, 1996년), 4. 『종교론·진리론』(불교시대사, 1998년)이다. 사이구사는 각 책의 서문을 썼으며, 제2권에는 그의 「초기 대승불교의 인식론」이 수록되어 있다. 『존재론·시간론』은 다시 『불교의 존재론 : 시간론·공간론』(해조음, 2007년)으로 소개되었다. 아울러 히라카와 아키라平川彰 주편의 『대승 불교 개설』(김영사, 1999년)에는 그의 「보살과 바라밀」이 수록되어 있다.

이 책 『불교 입문』은 1990년 1월 출간된 이래 줄곧 독자의 사랑을 받아온 명저로서, 역자가 작업의 저본으로 한 것은 2016년 11월의 36쇄이다. 프롤로그에서 불교 개괄을, 1부에서 인도 불교의 역사를, 2부에서 인도 불교의 사상사를, 3부에서는 각지로 퍼져나간 불교의 전개 양상을 다룬다. 저자가 68세에 출간한 이 책에는 그의 학문적 온축과 원숙한 역량이 잘 나타나 있다. 먼저 기본 용어와 개념을 명확하게 분석하며 그 의미를 파악하는 데서 저자의 학문적 방법론을 엿볼 수 있다. 아울러 문헌학적 분석을 중시하면서도 사상적 이해를 병행하고 서양철학과의 비교도 시도한다. 이 책이 먼저 국내에『불교철학 입문』로 소개되었던 점도 그런 이유일 것이다. 나아가 '원시불교'의 배제, 인도 불교사의 3분법, 팔리『상응부』와 한역『잡아함경』경전의 수, 석존과 십이연기의 관계 검토 등 자신의 독자적 관점과 고증이 드러나는 점도 간과할 수 없다.

　동아시아 고전학을 연구하고 있는 역자는 전통 문명에서 불교가 차지하는 위상과 의의에 대해 관심을 가지고 있었지만, 그에 대한 이해에서 부족함과 아쉬움을 항상 느끼고 있었다. 편집부에서 번역을 권유받았을 때 자신의 능력을 헤아리지 못하고 승낙한 동기이다. 그러나 작업을 진행하는 과정에서 여러 난관에 부딪쳤다. 먼저 산스크리트어와 팔리어의 표기 문제이다. 일러두기의 방침으로 최종 결정한 이유는 많은 일반 독자들에게 환영받기를 기대하기 때문이다. 적용 과정에서 저지른 실수는 전문가의 질정을 바란다. 다음으로 주석을 어느 정도로 덧붙일 것인가의 문제이다. 동양철학을 전공했지만 불교학과 인도학에 대한 연구가 부족한 역자로서는 적절한 균형을 찾기가 어려웠다. 가장 어려운 과제는 "평이하고 분명한 어구와 문장에 충실하게 서술"하고자 한 원숙한 저자의 의

도를 충분히 이해하고 제대로 전달하는 점이었다. 최대한 노력하였으나 여전히 아쉬움을 느끼고 있다. 끝으로 이 책이 불교를 이해하고 평가하는 데 기여하는 디딤돌이 되기를 바라면서, 늦어지는 작업을 기다려준 편집부에 감사를 표하고자 한다.

옮긴이 이동철

주요 참고문헌(초)

아카누마 치젠赤沼智善「석존의 사중四衆에 대하여」(『원시불교의 연구原始佛
　敎之硏究』하진카쿠쇼보破塵閣書房, 1939년)

나카무라 하지메中村元『인도사상사』제2판, 이와나미전서岩波全書, 이와
　나미서점岩波書店, 1968년 (『인도사상사』동국대학교 역경원. 1984년 / 『인도사상
　사』서광사, 1990년)

같음『고타마 붓다, 석존의 생애, 중촌원 선집 제11권』슌쥬샤春秋社,
　1969년

같음『인도인의 사유방법, 중촌원 선집(결정판) 제1권』슌쥬샤, 1988년

같음『불교어대사전佛敎語大辭典』전 3권, 도쿄서적東京書籍, 1975년

같음『붓다의 말, 숫타니파타』개역본 이와나미문고岩波文庫, 이와나미서
　점, 1984년

히라카와 아키라平川彰『초기 대승불교의 연구』슌쥬샤, 1968년

같음『인도 불교사』전 2권, 슌쥬샤, 1974년, 1979년(『인도 불교의 역사』민
　족사, 1989)

이와모토 유타카岩本裕·사사키 교고佐佐木敎悟·후지요시 지카이藤吉慈海
　『동남아시아의 불교』(아시아불교사 인도편 VI, 코세이출판사佼成出版社, 1973년 (
　『동남아 불교 사 : 상좌부 불교의 전개와 현황』반야샘, 1987)

가지야마 유이치梶山雄一 역주『논리의 말』주코문고中公文庫, 주오코론샤
　中央公論社, 1975년

같음『'깨달음'과 '회향廻向'』고단샤講談社 현대신서現代新書, 고단샤講談
　社, 1983년 (『대승과 회향』여래, 2002년)

하야시마 교쇼早島鏡正·다카사키 지키도高崎直道·하라 미노루原實·마에
　다 센가쿠前田專學『인도사상사』도쿄대학東京大學 출판회, 1982년
　(『인도사상의 역사』민족사, 1988년)

다카사키 지키도高崎直道『인도사상사』도쿄대학東京大學 출판회, 1983년

마에다 센가쿠前田專學 편『현대 스리랑카의 상좌불교上座佛敎』산키보불
　서림山喜房佛書林, 1986년

후지다 고타쓰藤田宏達『원시 정토사상의 연구』이와나미서점, 1970년

야마구치 즈이호山口瑞鳳『티베트』전 2권, 도쿄대학 출판회, 1987년, 1988년

하라 미노루原實『고전인도의 고행』슌쥬샤, 1979년

다케우치 쇼코武內紹晃「불타관의 변천」(『강좌·대승불교1』) 슌쥬샤, 1981년 (『대승불교 개설』김영사, 1999년)

같음「불타론 - 불신론을 주로 하여」(『이와나미강좌 동양사상9, 인도불교 2』) 이와나미서점, 1988년

가와사키 신죠川崎信定「일체지자의 존재 논증」(『강좌·대승불교 9』) 슌쥬샤, 1984년 (『인도 불교의 인식과 논리』민족사, 1989년)

가쓰라 쇼류桂紹隆·도사키 히로마사戸崎宏正·아카마쓰 아키히코赤松明彦·미마키 가쓰미御牧克己·나가사키 호준長崎法潤의 여러 논문, 위와 같음

가마타 시게오鎌田茂雄『조선불교사』도쿄대학 출판회, 1985년 (『한국불교사』민족사, 1988년)

이와사키 타케오岩崎武雄『서양철학사』유희카쿠有斐閣, 1953년 (『서양철학의 흐름』이문출판사, 2011년)

다카사키 지키도高崎直道·가마타 시게오鎌田茂雄·후지이 마나부藤井學·이시이 요네오石井米雄「불교」(『세계대백과사전 24』헤이본샤平凡社, 1988년)

나카무라 하지메中村元「불교」(『브리태니카 국제대백과사전 17』티비에스·브리태니카, 1975년)

나카무라 하지메中村元·사이구사 미쓰요시三枝充悳『바웃다 불교』쇼가쿠칸小學館, 1987년 (『바웃드하 불교』김영사, 1990년)

사이구사 미쓰요시三枝充悳『초기 불교의 사상』도요데쓰가쿠東洋哲學 연구소, 1978년

같음『용수·친란 노트』호조칸法藏館, 1983년

같음『불교와 서양사상 비교사상논집 3』슌쥬샤, 1983년

같음『중론 계송총람』다이산분메이샤第三文明社, 1985년

같음『담마파타·법구경』세이도샤青土社, 1989년 등

간이 연표(1)

인도, 동남아시아, 중국, 한국, 티베트

(전 : 기원전, 후 : 기원후. 숫자는 연도)

전	1200 무렵	아리아인이 인도 진출
	1000 무렵	『리그 베다』 성립 브라만교와 카스트제도 시작되다
	463 무렵	석존釋尊 탄생(전 383 무렵, 일설 전 565~485)
	327	알렉산드로스 대왕이 인도에 침입
	280 무렵	교단의 분열(근본 분열), 중기 불교로 이행
	268	마우리아 왕조 아소카왕 즉위(~전 232 재위)
		스리랑카에 불교 전래
	100 무렵	부파불교 확립
		카티야야니푸트라(가다연니자迦多衍尼子)
		스투파(불탑) 숭배가 번성하다
	전 0~후	100 무렵 대승불교 일어나다
		중국에 불교 전래
후	100 무렵	아슈바고샤(馬鳴, 50~150 무렵)
	129 무렵	쿠샨 왕조 카니슈카왕 즉위(~153 재위)
	150 무렵	불경의 한역 시작되다
		나가르주나(용수龍樹, 150~250 무렵)
	200 무렵	불상조각이 나타나다
	320	굽타왕조 성립, 육파철학 성행하다
		후기 불교, 중기 대승으로 이행
	370 무렵	도안道安(312~385), 여산혜원廬山慧遠(334~416)
	370~450 무렵	한반도(당시는 삼국)에 불교 전래
	390 무렵	아상가(무착無著, 390~470 무렵, 이설 310~390 무렵)
	400 무렵	바수반두(세친世親, 400~480 무렵, 이설 320~400 무렵)
		법현法顯(339~420)의 인도 여행(399~414)
	401	구마라집鳩摩羅什(쿠마라지바 350~409 무렵)이 장안에 도착
	415 무렵	붓다고사(불음佛音)가 스리랑카에 감
	500 무렵	붓다파리타(불호佛護, 470~540 무렵)
		디그나가(진나陳那, 480~540 무렵)

	바비야(청변淸辯, 490~570 무렵)
	스티라마티(안혜安慧, 510~570 무렵)
	다르마팔라(호법護法, 530~561 무렵)
	중국에 담란曇鸞(476~542)
546	파라마르타(진제眞諦, 499~569)가 중국으로 감
589	수隨가 중국을 통일
	정영혜원淨影慧遠(523~592), 지의智顗(538~597), 길장吉藏(549~623)
593	송짼감포(581~649)가 티베트 왕에 즉위
	티베트 불교 시작되다
610 무렵	마호메트(571~623)에 의해 이슬람 성립
618	당唐이 중국 통일(618~907)
	도작道綽(562~645), 도선道宣(596~667), 신수神秀(605~706),
	선도善導(613~681), 혜능慧能(638~713), 법장法藏(643~712)
629	현장玄奘(600~664)의 인도 여행(629~645)
	인도는 후기 대승불교로
	찬드라키르티(월칭月稱, 600~680 무렵)
	다르마키르티(법칭法稱, ~650~)
	밀교 일어남, 『대일경大日經』『금강정경金剛頂經』
671	의정義淨(635~713)의 인도 여행(671~695)
	샨티데바(적천寂天, 650~750 무렵)
	샨타라크쉬타(적호寂護, 730~780 무렵)
	카말라쉴라(연화계蓮華戒, 740~797 무렵)
676	한반도, 통일신라 시대 시작되다
719	불공不空(아모가바즈라, 705~774)이 중국으로
754	치송데짼 왕 즉위(~796 재위)
936	고려의 한반도 통일
1000	이후 동남아시아 각지에 남전불교가 확산
1042	아티샤(982~1054)가 티베트로
1100 무렵	앙코르 와트 건립
1203	비크라마쉴라 사원이 파괴되고 인도 불교 쇠퇴
1373	총카파(1357~1419)가 중앙티베트로
1392	조선 왕조 성립
1877	빅토리아여왕이 인도 통치 선언
1950	인도연방, 파키스탄의 건국

간이 연표(2) - 일본

239(~)	히미코卑彌呼가 위魏에 사자 파견
538(센카宣化 3)	백제로부터 불교 공식 전래(일설에는 552년)
584(비다츠敏達 13)	소가노 우마코蘇我馬子, 불전佛殿을 만들다
593(스이코推古 1)	쇼토쿠태자聖德太子(574~622)가 섭정攝政하다
604(〃12)	「17조 헌법」 제정
607(〃15)	호류지法隆寺 건립
624(〃32)	승제僧制가 정해지다
625(〃33)	고구려승 혜관慧灌이 도래, 삼론종三論宗을 전하다(초전)
646(다이카大化2)	다이카개신大化改新의 조칙
700(몬부文武4)	법상종法相宗을 처음 전한 도쇼道昭가 입몰, 최초의 화장
701(다이보大寶1)	「대보승니령大寶僧尼令」 완성
710(와도和銅3)	헤이조平城로 천도
712(〃5)	『고사기古事記』 완성
715(요로養老1)	사도승私度僧 금지, 교키行基(668~749)의 활동 금지
741(덴표天平 13)	고쿠분지國分寺, 고쿠분니지國分尼寺 창설의 조칙
752(덴표쇼호大平勝寶 4)	도다이지東大寺 대불大佛의 개안開眼 공양
754(〃6)	당으로부터 감진鑑眞(687~763) 일본에 와 율종律宗을 확립
766(덴표신고天平神護 2)	도쿄道鏡, 법왕法王이 되다
788(엔랴쿠延曆7)	사이초最澄(767~822), 히에이산比叡山 엔랴쿠지延曆寺를 창건
794(〃13)	헤이안平安으로 천도
797(〃16)	구카이空海(774~835),『삼교지귀三教指歸』를 저술하다
805(〃24)	사이초, 천태종天台宗을 전하다
806(다이도大同 1)	천태종의 독립이 공인되다 구카이, 진언종眞言宗을 전하다
816(고닌弘仁7)	구카이, 고야산高野山 곤고부지金剛峯寺의 개창을 칙허勅許받다
822(〃13)	사이초 입몰하고, 히에이산에 대승계단大乘戒壇의 설립이 칙허되다
828(덴쵸天長5)	구카이, 종예종지원綜藝種智院을 창설

	이 무렵 『일본영이기日本靈異記』 완성
838(조와承和5)	엔닌圓仁(794~864) 입당入唐, 이후 엔랴쿠지의 좌주座主
938(엔교天慶1)	구야空也(903~972), 교토京都에서 염불念佛을 제창하다.
985(간나寛和1)	겐신源信(942~1017), 『왕생요집往生要集』을 저술하다
1007(간코寛弘4)	이 무렵 『겐지이야기源氏物語』 완성
1052(에이쇼永承7)	말법末法 제1년으로 믿어지다
1053(덴기天喜1)	뵤도인平等院 호오도鳳凰堂 건립
1100(고와康和2)	이 무렵 승병僧兵 맹렬히 다투다
1124(덴지天治1)	료닌良忍(1072~1132)이 염불융통종念佛融通宗을 시작하다
1126(다이지大治1)	추손지中尊寺 건립
1140(호엔保延6)	신의진언종新義眞言宗의 개조 가쿠반覺鑁이 고야산에서 네고로지根來寺로
1175(조안承安5)	호넨法然(겐쿠源空 1133~1212), 전수염불專修念佛(정토종淨土宗)을 제창하다
1180(지쇼治承4)	도다이지가 다이라노 시게히라平重衡(1157~1185)에 의해 화공火攻을 당하다
1190(겐큐建久1)	사이교西行(1118~1190), 입몰하다
1191(〃2)	에이사이榮西(1141~1215), 임제종臨濟宗을 전하다
1192(〃3)	미나모토노요리토모源賴朝(1147~1199), 정이대장군征夷大將軍이 되다
1198(〃9)	에이사이가 『흥선호국론興禪護國論』, 호넨이 『선택본 원염불집選擇本願念佛集』을 저술하다
1201(겐닌建仁1)	친란親鸞(1173~1262), 호넨의 문하에 들어가다
1207(조겐承元1)	염불 정지가 선포되고, 호넨·친란 모두 유배
1227(안테이安貞1)	도겐道元(1200~1253)이 송나라에서 귀국(1223 입송入宋), 조동종曹洞宗을 전하다
1230(간기寛喜2)	이 무렵 친란親鸞이 『교행신증敎行信證』을 찬술하다
1232(조에이貞永1)	화엄華嚴을 중흥한 고벤묘에高辨明惠(1173~1232) 입몰
1244(간겐寛元2)	도겐이 에이헤이지永平寺를 열다
1246(〃4)	송나라 승려 난계도륭蘭溪道隆이 일본에 오다
	이 무렵 도겐이 『정법안장正法眼藏』을 저술하다
	이 무렵 에이손叡尊이 계율戒律 부흥과 사회구제 사업
1253(겐초建長5)	니치렌日蓮(1222~1282)이 일련종日蓮宗의 입종立宗을 선언
1267(분에이文永4)	닌쇼忍性(1217~1303)가 간토關東에서 자선구제 사업에 진력
1268(〃5)	교넨凝然(1240~1321)이 『팔종강요八宗綱要』를 저술하다
1271(〃8)	니치렌이 사도佐渡에 유배되다
1274(〃11)	잇펜一遍(1239~1289), 시종時宗을 열다
1275(겐지建治1)	무소 소세키夢窓疎石 태어나다(~1351)

1279(고안弘安2)	송나라 승려 무학조원無學祖元이 일본에 와서 엔가쿠지圓覺寺를 열다
1325(쇼추正中2)	조동종을 중흥한 게이잔 조킨瑩山紹瑾(1268~1325) 입몰
1392(겐추元中 9/메이토 쿠메이德3)	남북조南北朝(1336~1392)가 통일, 무로마치室町(1336~1573) 시대 시작되다
1467(오닌應仁1)	오닌應仁의 난 시작되다(~1477)
1480(분메이 文明12)	렌뇨蓮如(1415~1499), 교토의 야마시나山科에 혼간지本願寺를 재흥
1506(에이쇼永正3)	제국諸國에 잇키一揆 일어나다
1571(겐키元龜2)	오다 노부나가織田信長가 히에이산을 화공하다
	덴카이天海(1536~1643)
	스덴崇傳(1569~1633)
	다쿠안 소호澤庵宗彭(1573~1645)
	스즈키 쇼산鈴木正三(1579~1655)
1602(게이쵸慶長7)	혼간지, 동서로 분열
1603(〃8)	에도江戶 막부幕府 열리다
1612(〃17)	막부幕府가 기독교 금지
1615(겐나元和1)	본산말사本山末寺 제도가 정해지다
1630(간에이寬永7)	데쓰겐 도고鐵眼道光 태어나다(~1682년)
1654(조오承應3)	명나라에서 은원隱元(1592~1673)이 일본에 와서 황벽종黃檗宗을 전하다
	반케이盤珪(1622~1693)
	호탄鳳潭(1637~1738)
	멘잔 스이호面山瑞方(1683~1769)
	하쿠인 에카쿠白隱慧鶴(1685~1768)
	도미나가 나카모토富永仲基(1715~1746)
	지운 온코慈雲飮光(1718~1804)
	료칸良寬(1758~1831)
1868(게이오慶應4)	메이지유신明治維新·「신불분리령神佛分離令」이 공포되고, 폐불기석廢佛棄釋 운동 일어나다
1872(메이지明治5)	승려의 육식, 대처帶妻, 축발蓄髮을 허가
1899(메이지22)	「대일본제국헌법大日本帝國憲法」 발포
1945(쇼와昭和20)	제2차 세계대전에 패전
1947(〃22)	「일본국헌법日本國憲法」 시행
1951(〃26)	종교법인법 공포

색인

① 본 색인은 산스크리트어, 팔리어, 티베트어를 중심으로 작성하였다.

② s.는 산스크리트어, p.는 팔리어, t.는 티베트어.

③ 본문 속에 사용되는 말에 따라 s.와 p.를 표시. 또한 √ 는 어근.

④ 고유명사는 대문자로 시작한다.

⑤ 각 장과 각 항목의 표제어는 여기에서는 생략한다.

⑥ 본서 「제3부 각지의 불교」도 생략한다.

일본의 지성을 읽는다

001 이와나미 신서의 역사
가노 마사나오 지음 | 기미정 옮김 | 11,800원

일본 지성의 요람, 이와나미 신서!
1938년 창간되어 오늘날까지 일본 최고의 지식 교양서 시리즈로 사랑받고 있는 이와나미 신서. 이와나미 신서의 사상 · 학문적 성과의 발자취를 더듬어본다.

002 논문 잘 쓰는 법
시미즈 이쿠타로 지음 | 김수희 옮김 | 8,900원

이와나미서점의 시대의 명저!
저자의 오랜 집필 경험을 바탕으로 글의 시작과 전개, 마무리까지, 각 단계에서 염두에 두어야 할 필수사항에 대해 효과적이고 실천적인 조언이 담겨 있다.

003 자유와 규율 -영국의 사립학교 생활-
이케다 기요시 지음 | 김수희 옮김 | 8,900원

자유와 규율의 진정한 의미를 고찰!
학생 시절을 퍼블릭 스쿨에서 보낸 저자가 자신의 체험을 바탕으로, 엄격한 규율 속에서 자유의 정신을 훌륭하게 배양하는 영국의 교육에 대해 말한다.

004 외국어 잘 하는 법
지노 에이이치 지음 | 김수희 옮김 | 8,900원

외국어 습득을 위한 확실한 길을 제시!!
사전 · 학습서를 고르는 법, 발음 · 어휘 · 회화를 익히는 법, 문법의 재미 등 학습을 위한 요령을 저자의 체험과 외국어 달인들의 지혜를 바탕으로 이야기한다.

005 일본병 -장기 쇠퇴의 다이내믹스-

가네코 마사루, 고다마 다쓰히코 지음 | 김준 옮김 | 8,900원

일본의 사회·문화·정치적 쇠퇴, 일본병!
장기 불황, 실업자 증가, 연금제도 파탄, 저출산·고령화의 진행, 격차와 빈곤의 가속화 등의 「일본병」에 대해 낱낱이 파헤친다.

006 강상중과 함께 읽는 나쓰메 소세키

강상중 지음 | 김수희 옮김 | 8,900원

나쓰메 소세키의 작품 세계를 통찰!
오랫동안 나쓰메 소세키 작품을 음미해온 강상중의 탁월한 해석을 통해 나쓰메 소세키의 대표작들 면면에 담긴 깊은 속뜻을 알기 쉽게 전해준다.

007 잉카의 세계를 알다

기무라 히데오, 다카노 준 지음 | 남지연 옮김 | 8,900원

위대한 「잉카 제국」의 흔적을 좇다!
잉카 문명의 탄생과 찬란했던 전성기의 역사, 그리고 신비에 싸여 있는 유적 등 잉카의 매력을 풍부한 사진과 함께 소개한다.

008 수학 공부법

도야마 히라쿠 지음 | 박미정 옮김 | 8,900원

수학의 개념을 바로잡는 참신한 교육법!
수학의 토대라 할 수 있는 양·수·집합과 논리·공간 및 도형·변수와 함수에 대해 그 근본 원리를 깨우칠 수 있도록 새로운 관점에서 접근해본다.

009 우주론 입문 -탄생에서 미래로-

사토 가쓰히코 지음 | 김효진 옮김 | 8,900원

물리학과 천체 관측의 파란만장한 역사!
일본 우주론의 일인자가 치열한 우주 이론과 관측의 최전선을 전망하고 우주와 인류의 먼 미래를 고찰하며 인류의 기원과 미래상을 살펴본다.

010 우경화하는 일본 정치
나카노 고이치 지음 | 김수희 옮김 | 8,900원

일본 정치의 현주소를 읽는다!
일본 정치의 우경화가 어떻게 전개되어왔으며, 우경화를 통해 달성
하려는 목적은 무엇인가. 일본 우경화의 전모를 낱낱이 밝힌다.

011 악이란 무엇인가
나카지마 요시미치 지음 | 박미정 옮김 | 8,900원

악에 대한 새로운 깨달음!
인간의 근본악을 추구하는 칸트 윤리학을 철저하게 파고든다. 선한
행위 속에 어떻게 악이 녹아들어 있는지 냉철한 철학적 고찰을 해본
다.

012 포스트 자본주의 -과학·인간·사회의 미래-
히로이 요시노리 지음 | 박제이 옮김 | 8,900원

포스트 자본주의의 미래상을 고찰!
오늘날 「성숙·정체화」라는 새로운 사회상이 부각되고 있다. 자본주
의·사회주의·생태학이 교차하는 미래 사회상을 선명하게 그려본
다.

013 인간 시황제
쓰루마 가즈유키 지음 | 김경호 옮김 | 8,900원

새롭게 밝혀지는 시황제의 50년 생애!
시황제의 출생과 꿈, 통일 과정, 제국의 종언에 이르기까지 그 일생을
생생하게 살펴본다. 기존의 폭군상이 아닌 한 인간으로서의 시황제
를 조명해본다.

014 콤플렉스
가와이 하야오 지음 | 위정훈 옮김 | 8,900원

콤플렉스를 마주하는 방법!
「콤플렉스」는 오늘날 탐험의 가능성으로 가득 찬 미답의 영역, 우리
들의 내계, 무의식의 또 다른 이름이다. 융의 심리학을 토대로 인간의
심층을 파헤친다.

015 배움이란 무엇인가
이마이 무쓰미 지음 | 김수희 옮김 | 8,900원

'좋은 배움'을 위한 새로운 지식관!
마음과 뇌 안에서의 지식의 존재 양식 및 습득 방식, 기억이나 사고의
방식에 대한 인지과학의 성과를 바탕으로 배움의 구조를 알아본다.

016 프랑스 혁명 -역사의 변혁을 이룬 극약-
지즈카 다다미 지음 | 남지연 옮김 | 8,900원

프랑스 혁명의 빛과 어둠!
프랑스 혁명은 왜 그토록 막대한 희생을 필요로 하였을까. 시대를 살
아가던 사람들의 고뇌와 처절한 발자취를 더듬어가며 그 역사적 의
미를 고찰한다.

017 철학을 사용하는 법
와시다 기요카즈 지음 | 김진희 옮김 | 8,900원

철학적 사유의 새로운 지평!
숨 막히는 상황의 연속인 오늘날, 우리는 철학을 인생에 어떻게 '사용'
하면 좋을까? '지성의 폐활량'을 기르기 위한 실천적 방법을 제시한다.

018 르포 트럼프 왕국 -어째서 트럼프인가-
가나리 류이치 지음 | 김진희 옮김 | 8,900원

또 하나의 미국을 가다!
뉴욕 등 대도시에서는 알 수 없는 트럼프 인기의 원인을 파헤친다. 애
팔래치아 산맥 너머, 트럼프를 지지하는 사람들의 목소리를 가감 없
이 수록했다.

019 사이토 다카시의 교육력 -어떻게 가르칠 것인가-
사이토 다카시 지음 | 남지연 옮김 | 8,900원

창조적 교육의 원리와 요령!
배움의 장을 향상심 넘치는 분위기로 이끌기 위해 필요한 것은 가르
치는 사람의 교육력이다. 그 교육력 단련을 위한 방법을 제시한다.

020 원전 프로파간다 -안전신화의 불편한 진실-
혼마 류 지음 | 박제이 옮김 | 8,900원

원전 확대를 위한 프로파간다!
언론과 광고대행사 등이 전개해온 원전 프로파간다의 구조와 역사를
파헤치며 높은 경각심을 일깨운다. 원전에 대해서, 어디까지 진실인
가.

021 허블 -우주의 심연을 관측하다-
이에 마사노리 지음 | 김효진 옮김 | 8,900원

허블의 파란만장한 일대기!
아인슈타인을 비롯한 동시대 과학자들과 이루어낸 허블의 영광과 좌
절의 생애를 조명한다! 허블의 연구 성과와 인간적인 면모를 살펴볼
수 있다.

022 한자 -기원과 그 배경-
시라카와 시즈카 지음 | 심경호 옮김 | 9,800원

한자의 기원과 발달 과정!
중국 고대인의 생활이나 문화, 신화 및 문자학적 성과를 바탕으로, 한
자의 성장과 그 의미를 생생하게 들여다본다.

023 지적 생산의 기술
우메사오 다다오 지음 | 김욱 옮김 | 8,900원

지적 생산을 위한 기술을 체계화!
지적인 정보 생산을 위해 저자가 연구자로서 스스로 고안하고 동료
들과 교류하며 터득한 여러 연구 비법의 정수를 체계적으로 소개한다.

024 조세 피난처 -달아나는 세금-
시가 사쿠라 지음 | 김효진 옮김 | 8,900원

조세 피난처를 둘러싼 어둠의 내막!
시민의 눈이 닿지 않는 장소에서 세 부담의 공평성을 해치는 온갖 악
행이 벌어진다. 그 조세 피난처의 실태를 철저하게 고발한다.

025 고사성어를 알면 중국사가 보인다

이나미 리쓰코 지음 | 이동철, 박은희 옮김 | 9,800원

고사성어에 담긴 장대한 중국사!
다양한 고사성어를 소개하며 그 탄생 배경인 중국사의 흐름을 더듬
어본다. 중국사의 명장면 속에서 피어난 고사성어들이 깊은 울림을
전해준다.

026 수면장애와 우울증

시미즈 데쓰오 지음 | 김수희 옮김 | 8,900원

우울증의 신호인 수면장애!
우울증의 조짐이나 증상을 수면장애와 관련지어 밝혀낸다. 우울증을
예방하기 위한 수면 개선이나 숙면법 등을 상세히 소개한다.

027 아이의 사회력

가도와키 아쓰시 지음 | 김수희 옮김 | 8,900원

아이들의 행복한 성장을 위한 교육법!
아이들 사이에서 타인에 대한 관심이 사라져가고 있다. 이에 「사람과
사람이 이어지고, 사회를 만들어나가는 힘」으로 「사회력」을 제시한다.

028 쑨원 -근대화의 기로-

후카마치 히데오 지음 | 박제이 옮김 | 9,800원

독재 지향의 민주주의자 쑨원!
쑨원, 그 남자가 꿈꾸었던 것은 민주인가, 독재인가? 신해혁명으로
중화민국을 탄생시킨 희대의 트릭스터 쑨원의 못다 이룬 꿈을 알아
본다.

029 중국사가 낳은 천재들

이나미 리쓰코 지음 | 이동철, 박은희 옮김 | 8,900원

중국 역사를 빛낸 56인의 천재들!
중국사를 빛낸 걸출한 재능과 독특한 캐릭터의 인물들을 연대순으로
살펴본다. 그들은 어떻게 중국사를 움직였는가?!

030 마르틴 루터 -성서에 생애를 바친 개혁자-

도쿠젠 요시카즈 지음 | 김진희 옮김 | 8,900원

성서의 '말'이 가리키는 진리를 추구하다!

성서의 '말'을 민중이 가슴으로 이해할 수 있도록 평생을 설파하며 종교개혁을 주도한 루터의 감동적인 여정이 펼쳐진다.

031 고민의 정체

가야마 리카 지음 | 김수희 옮김 | 8,900원

현대인의 고민을 깊게 들여다본다!

우리 인생에 밀접하게 연관된 다양한 요즘 고민들의 실례를 들며, 그 심층을 살펴본다. 고민을 고민으로 만들지 않을 방법에 대한 힌트를 얻을 수 있을 것이다.

032 나쓰메 소세키 평전

도가와 신스케 지음 | 김수희 옮김 | 9,800원

일본의 대문호 나쓰메 소세키!

나쓰메 소세키의 작품들이 오늘날에도 여전히 사람들의 마음을 매료시키는 이유는 무엇인가? 이 평전을 통해 나쓰메 소세키의 일생을 깊이 이해하게 되면서 그 답을 찾을 수 있을 것이다.

033 이슬람문화

이즈쓰 도시히코 지음 | 조영렬 옮김 | 8,900원

이슬람학의 세계적 권위가 들려주는 이야기!

거대한 이슬람 세계 구조를 지탱하는 종교·문화적 밑바탕을 파고들며, 이슬람 세계의 현실이 어떻게 움직이는지 이해한다.

034 아인슈타인의 생각

사토 후미타카 지음 | 김효진 옮김 | 8,900원

물리학계에 엄청난 파장을 몰고 왔던 인물!

아인슈타인의 일생과 생각을 따라가 보며 그가 개척한 우주의 새로운 지식에 대해 살펴본다.

035 음악의 기초
아쿠타가와 야스시 지음 | 김수희 옮김 | 9,800원

음악을 더욱 깊게 즐길 수 있다!
작곡가인 저자가 풍부한 경험을 바탕으로 음악의 기초에 대해 설명하는 특별한 음악 입문서이다.

036 우주와 별 이야기
하타나카 다케오 지음 | 김세원 옮김 | 9,800원

거대한 우주의 신비와 아름다움!
수많은 별들을 빛의 밝기, 거리, 구조 등 다양한 시점에서 해석하고 분류해 거대한 우주 진화의 비밀을 파헤쳐본다.

037 과학의 방법
나카야 우키치로 지음 | 김수희 옮김 | 9,800원

과학의 본질을 꿰뚫어본 과학론의 명저!
자연의 심오함과 과학의 한계를 명확히 짚어보며 과학이 오늘날의 모습으로 성장해온 궤도를 사유해본다.

038 교토
하야시야 다쓰사부로 지음 | 김효진 옮김

일본 역사학자의 진짜 교토 이야기!
천년 고도 교토의 발전사를 그 태동부터 지역을 중심으로 되돌아보며, 교토의 역사와 전통, 의의를 알아본다.

039 다윈의 생애
야스기 류이치 지음 | 박제이 옮김

다윈의 진솔한 모습을 담은 평전!
진화론을 향한 청년 다윈의 삶의 여정을 그려내며, 위대한 과학자가 걸어온 인간적인 발전을 보여준다.

040 일본 과학기술 총력전

야마모토 요시타카 지음 | 서의동 옮김

구로후네에서 후쿠시마 원전까지!
메이지 시대 이후 「과학기술 총력전 체제」가 이끌어온 근대 일본 150년. 그 역사의 명암을 되돌아본다.

041 밥 딜런

유아사 마나부 지음 | 김수희 옮김

시대를 노래했던 밥 딜런의 인생 이야기!
수많은 명곡으로 사람들을 매료시키면서도 항상 사람들의 이해를 초월해버린 밥 딜런. 그 인생의 발자취와 작품들의 궤적을 하나하나 짚어본다.

042 감자로 보는 세계사

야마모토 노리오 지음 | 김효진 옮김

인류 역사와 문명에 기여해온 감자!
감자가 걸어온 역사를 돌아보며, 미래에 감자가 어떤 역할을 할 수 있는지, 그 가능성도 아울러 살펴본다.

043 중국 5대 소설 삼국지연의 · 서유기 편

이나미 리쓰코 지음 | 장원철 옮김

중국 고전소설의 매력을 재발견하다!
중국 5대 소설로 꼽히는 고전 명작 『삼국지연의』와 『서유기』를 중국 문학의 전문가가 흥미롭게 안내한다.

044 99세 하루 한마디

무노 다케지 지음 | 김진희 옮김

99세 저널리스트의 인생 통찰!
저자는 인생의 진리와 역사적 증언들을 짧은 문장들로 가슴 깊이 우리에게 전한다.

IWANAMI 045

불교 입문

초판 1쇄 인쇄 2019년 10월 10일
초판 1쇄 발행 2019년 10월 15일

저자 : 사이구사 미쓰요시
번역 : 이동철

펴낸이 : 이동섭
편집 : 이민규, 서찬웅, 탁승규
디자인 : 조세연, 백승주, 김현승
영업·마케팅 : 송정환
e-BOOK : 홍인표, 김영빈, 유재학, 최정수
관리 : 이윤미

㈜에이케이커뮤니케이션즈
등록 1996년 7월 9일(제302-1996-00026호)
주소 : 04002 서울 마포구 동교로 17안길 28, 2층
TEL : 02-702-7963~5 FAX : 02-702-7988
http://www.amusementkorea.co.kr

ISBN 979-11-274-2868-6 04220
ISBN 979-11-7024-600-8 04080

BUKKYO NYUMON
by Mitsuyoshi Saigusa
Copyright ©1990, 2010 by Akihiro Saigusa
First published 1990 by Iwanami Shoten, Publishers, Tokyo.
This Korean print form edition published 2019
by AK Communications, Inc., Seoul
by arrangement with Iwanami Shoten, Publishers, Tokyo.

이 도서의 국립중앙도서관 출판예정도서목록(CIP)은 서지정보유통지원시스템 홈페이지
(http://seoji.nl.go.kr)와 국가자료공동목록시스템(http://www.nl.go.kr/kolisnet)에서 이용
하실 수 있습니다. (CIP제어번호: CIP2019037070)

*잘못된 책은 구입한 곳에서 무료로 바꿔드립니다.